Heinrich Rockstroh

Schmetterlinge und Raupen

REPRINT – VERLAG
LEIPZIG

Die zum Teil geminderte Druckqualität ist auf den
Erhaltungszustand der Originalvorlage zurückzuführen

Volker Hennig, Goseberg 22-24, 37603 Holzminden
ISBN 3-8262-1806-X

Reprint der Originalausgabe von 1869
nach dem Exemplar der Universitätsbibliothek Leipzig
(Signatur: Zool. 339)

Lektorat: Andreas Bäslack, Leipzig
Einbandgestaltung: Jens Röblitz, Leipzig
Gesamtfertigung: Westermann Druck Zwickau GmbH

Taf. V.

Dr. H. Rockstroh,

Buch der Schmetterlinge und Raupen,

nebst Mittheilungen

über die

Eier, Raupen und Puppen der Schmetterlinge,

über

Fang und Zucht von Schmetterlingen und Raupen,

sowie

Anleitung zur Anlage von Sammlungen und deren Behandlung.

Vierte Auflage,

nach dem neuesten System (Dr. Staudinger's) völlig umgearbeitet von

Ernst Heyne.

Mit 12 naturgetreuen, colorirten Kupfertafeln.

Leipzig,

Verlag von Carl Enobloch.

1869.

Vorwort.

Unter den Insecten sind es namentlich die Schmetterlinge, die von jeher wegen ihrer Farbenpracht und oft wunderbaren Zeichnung die Aufmerksamkeit der Naturfreunde auf sich zogen. Es kann daher nicht auffallen, wenn die Knabenwelt sich eifrig mit dem Einfangen von Schmetterlingen beschäftigt.

Obwohl dies nun die meisten der jungen Leute nur als angenehme Spielerei betreiben und demgemäß mit dem Eintritte in's bürgerliche Leben an andere Sachen denken und theils denken müssen, so bleibt doch immer eine lernbegierige Minderheit übrig, welche dauernden Sinn für diese Liebhaberei behält und die Natur nach dieser Seite hin näher kennen zu lernen wünscht.

Für Diejenigen also, denen an einer auf wissenschaftlicher Grundlage beruhender Anweisung in der Schmetterlingskunde gelegen ist, wird vorliegendes Buch ein belehrender Leitfaden sein, welcher, dem neuesten Standpuncte dieser Wissenschaft entsprossen, die Knabenwelt in die Wunder der Lepidopterologie einführen und dankbare Jünger für dieselben erziehen soll.

Das vorliegende Buch ist zunächst eine neue Bearbeitung des Rockstroh'schen Buches unter dem Titel:

„Anweisung wie Schmetterlinge gefangen werden." 3. Auflage,

jedoch ist in Folge der erweiterten Ansprüche jetziger Zeit so Vieles geändert und gestrichen, sowie andrerseits hinzugefügt worden, daß der Herausgeber wohl nicht mit Unrecht behaupten darf, eine im Wesentlichen neue Arbeit geliefert zu haben.

Die Neuerungen bestehen nun hauptsächlich in der Beseitigung der im Laufe der Jahre erkannten Irrthümer, in der Verwandlung des früher gebräuchlichen in das jetzt bestehende (seit nunmehr 8 Jahren fast allgemein eingeführte Dr. Staudinger'sche) System, unter Hinzufügung der Accentuirung der lateinischen Namen durch hervorstechende, fette Lettern, wodurch der junge Entomolog bei geringer Mühe lernt, auch gesprächsweise mit seinen Freunden die Fehler in der Aussprache zu vermeiden, was ihm beim Studium anderer Wissenschaften, z. B. der Botanik, einen weitgehenden Nutzen bringen muß.

Ferner wird man bei der Durchlesung des Buches in Bezug auf die Erlangung, Zucht, Behandlung, Aufbewahrung u. s. w. der Schmetterlinge und ihrer Raupen manches Neue vorfinden und hat der Herausgeber seine in einem Zeitraume von fast 30 Jahren gesammelten Erfahrungen in diesen Blättern zum Besten der Jugend niedergelegt.

Die hinzugefügten Tabellen haben den Zweck, den Werth der einzelnen Stücke festzustellen, und wird man hier sehr interessante Vergleichungen anstellen können, auch hat man einen Anhaltspunkt bei dem neuerdings stark sich entwickelnden Tauschverkehr.

Was endlich die Ausstattung anbelangt, so ist solche eine recht ansprechende; das Colorit ist von einem doppelten Fachmann hergestellt, derselbe ist Colorist und Entomolog und betreibt beide Fächer mit Kenntniß und Hingebung.

So möge sich denn das Werkchen einer allseitigen Beachtung der Freunde der Entomologie zu erfreuen haben.

Leipzig, am 1. September 1868.

Der Herausgeber.

Uebersicht des Inhaltes.

Erklärung der 12 Kupfertafeln.

Tafel I.

Nr. 1. 2. 3. Pap. Podalirius. (Segelfalter) nebst Puppe und Raupe.
Nr. 4. Pap. Machaon. (Schwalbenschwanz).
Nr. 5. Thais Polyxena. (Osterluzeifalter).
Nr. 6. Parn. Apollo.
Nr. 7. Pieris Crataegi. (Baumweißling).
Nr. 8. Anthoch. Cardamines. (Aurorafalter).
Nr. 9. Col. Edusa.

Tafel II.

Nr. 1. Thecla Quercus. (Viereichenfalter).
Nr. 2. Polyomm. Virgaureae. (Goldruthenfalter).
Nr. 3. Lyc. Arion.
Nr. 4. Apat. Iris. (Schillerfalter).
Nr. 5. 6. 7. Limen. Populi. (großer Eisvogel) nebst Raupe und Puppe.
Nr. 8. Van. v. Prorsa.
Nr. 9. Van. Urticae. (kleiner Fuchs).
Nr. 10. 11. 12. Van. Io. (Tagpfauenauge) nebst Raupe und Puppe.

Tafel III.

Nr. 1. Van. Antiopa. (Trauermantel).
Nr. 2. Van. Atalanta. (Admiral).
Nr. 3. Van. Cardui. (Distelfalter).
Nr. 4. Melit. Maturna.
Nr. 5. Arg. Latonia. (kleiner Perlmutterfalter).
Nr. 6. 7. Arg. Paphia. (Silberstrich) (Pärchen).

Tafel IV.

Nr. 1. Melan. Galatea. (Damenbret).
Nr. 2. Ereb. Medusa.
Nr. 3. Sat. Proserpina.
Nr. 4. Par. Egeria.
Nr. 5. Epin. Janira.
Nr. 6. Coen. Pamphilus.
Nr. 7. Cart. Paniscus.

Tafel V.

Nr. 1. 2. 3. Acher. Atropos. (Todtenkopf) nebst Raupe und Puppe.
Nr. 4. 5. Sph. Ligustri. (Ligusterschwärmer.) (die Raupe und Puppe).
Nr. 6. Deil. Euphorbiae. (Wolfsmilchschwärmer) die Raupe.
Nr. 7. Deil. Nerii. (Oleanderschwärmer).

Tafel VI.

Nr. 1. Smer. Tiliae. (Lindenschwärmer).
Nr. 2. Smer. Ocellata. (Abendpfauenauge).
Nr. 3. Smer. Populi. (Pappelschwärmer).
Nr. 4. Macrogl. Stellatarum. (Sternkrautschwärmer).
Nr. 5. Troch. Apiforme. (Apiformis) (Hornißähnlicher Schwärmer).
Nr. 6. Ino Statices.
Nr. 7. Zyg. Filipendulae.
Nr. 8. Zyg. Carniolica. (Onobrychis).
Nr. 9. Synt. Phegea.

Tafel VII.

Nr. 1. Set. Irrorella (Irrorea.)
Nr. 2. Gnophr. Rubricollis.
Nr. 3. Euch. Jacobaeae.
Nr. 4. Call. Dominula.
Nr. 5. Pler. Matronula. (Augsburger Bär).
Nr. 6. 7. Arctia Caja. (Deutscher Bär.) Nebst Raupe.
Nr. 8. Arctia Villica. (Schwarzer Bär).
Nr. 9. Arctia Purpurea. (Purpurbär).
Nr. 10. Arctia Hebe. (Englischer Bär).

Tafel VIII.

Nr. 1. 2. Epial. Humuli. (Hopfenspinner) (Pärchen).
Nr. 3. 4. 5. Cossus Ligniperda. (Weidenbohrer) nebst Raupe und Puppe.
Nr. 6. Zeuz. Aesculi. (Roßkastanienspinner).
Nr. 7. 8. 9. Org. Antiqua. (Sackträger.) (Schmetterlings-Paar und die Raupe.)
Nr. 10. 11. Ocn. Dispar. (Dickkopf) nebst Raupe.
Nr. 12. Psil. Monacha. (Nonne).
Nr. 13. 14. 15. Dasych. Pudibunda. (Schmetterlings-Paar und die Raupe.)
Nr. 16. Bomb. Quercus. (Quittenvogel).

Tafel IX.

Nr. 1. Lasioc. Potatoria. (Graselephant).
Nr. 2. Lasioc. Pini. (Fichtenspinner).
Nr. 3. 4. Lasioc. Quercifolia. (Kupferglucke). Nebst Raupe.
Nr. 5. Endr. Versicolora. (Scheckflügel).
Nr. 6. 7. 8. Sat. Pavonia. (Carpini) (kleiner Nachtpfau). Nebst Raupe und Cocon.
Nr. 9. Platypt. Falcataria. (Falcula) Sichelflügel).
Nr. 10. Cil. Spinula.
Nr. 11. 12. Harp. Vinula. (Gabelschwanz). Nebst Raupe.
Nr. 13. 14. Staur. Fagi. Nebst Raupe.

Tafel X.

Nr. 1. 2. 3. Hyboc. Milhauseri. Nebst Raupe und Puppe.
Nr. 4. Notod. Bicoloria.
Nr. 5. Loph. Carmelita.
Nr. 6. Pter. Palpina.
Nr. 7. Pyg. Bucephala. (Mondvogel.).
Nr. 8. Thyat. Batis.
Nr. 9. 10. Asph. Flavicornis. Nebst Raupe.
Nr. 11. Asph. Ridens. (Xanthoceros).

Tafel XI.

Nr. 1. 2. Moma Orion. Nebst Raupe.
Nr. 3. Agr. Fimbria.
Nr. 4. Agr. Pronuba. (Gelber Erdpfahl).
Nr. 5. Mam. Tincta.
Nr. 6. Dich. Aprilina.
Nr. 7. Brot. Meticulosa. (Achateule).
Nr. 8. Mania Maura. (Schwarzes Ordensband).
Nr. 9. Catoc. Fraxini. (Blaues Ordensband).
Nr. 10. Catoc. Nupta. (Rothes Ordensband).
Nr. 11. Catoc. Paranympha. (Gelbes Ordensband).

Tafel XII.

Nr. 1. Geom. Papilionaria. (Grünes Blatt).
Nr. 2. 3. Zer. Grossulariata. (Harlekin.) Nebst Raupe.
Nr. 4. Zer. Marginata.
Nr. 5. Eug. Alniaria.
Nr. 6. Sel. Illustraria.
Nr. 7. Ang. Prunaria. (Pflaumenspanner).
Nr. 8. 9. Urapt. Sambucaria. (Hollunderspanner). Nebst Raupe.
Nr. 10. Amph. Betularia. (Birkenspanner).
Nr. 11. Boarm. Roboraria. (Steineichenspanner).

Allgemeines

aus der

Naturgeschichte der Schmetterlinge.

Die Schmetterlinge (Lepidoptera) sind geflügelte Insecten, welche bis zur Entwickelung des vollkommenen Thieres drei Verwandlungsformen durchzumachen haben: Ei, Raupe, Puppe.

1) Die Eier.

Die **Eier** sind, je nach der Größe des daraus seiner Zeit entstehenden Schmetterlings, größer oder kleiner; die kleinsten (namentlich diejenigen der **Microlepidoptera** (Kleinschmetterlinge, als Motten, Blattwickler und Zünsler) sind meist mit unbewaffnetem Auge kaum sichtbar, während die größten höchstens die Stärke eines mittleren Stecknadelkopfes erreichen. Ihre Gestalt ist entweder ovalrund (eirund) oder halbeirund (in letzterem Falle sind dieselben an Blätter, Äste, Stämme u. s. w. mit der platten Seite angeheftet, was von dem weiblichen Schmetterling sogleich beim Ablegen bewerkstelligt wird). Von Farbe sind dieselben sehr verschieden, es giebt grüne, blaue, gelbe, weiße, braune, rothe; die meisten sind einfarbig, doch hat man deren auch bunte, geringelte und punktirte. In den meisten Fällen werden die Eier auf die Unterseite der Blätter, in die Ritzen der Baumrinde, oder sonst an geschützte und versteckte Stellen gelegt. Die Anzahl der Eier, welche ein Weibchen ablegt, ist verschieden, meist zwischen 50—200, auch wohl bis 500 Stück. Manche Arten legen dieselben gruppenweise an einen und denselben Ort, andere einzeln und zerstreut. Das Ausschlüpfen der Eier geschieht meist 10—14 Tage nach der Zeit der Ablegung, ausgenommen diejenigen, welche nach Überstehung des Winters, mit dem Wiedererwachen der Vegetation im Frühjahre, erscheinen.

2) Die Raupen.

Die Raupen (**Larvae**), nachdem solche den Eiern entschlüpft sind, verzehren, namentlich wenn sie nicht sofort die ihnen der Natur nach zustehende Nahrung vorfinden, die eben verlassenen Hüllen, die Eierschalen, begeben sich aber dann sogleich weiter, und finden die gesuchte Nahrung bald genug, indem der weibliche Schmetterling schon bei der Ablegung der Eier darauf Bedacht nimmt, letztere auf den Nahrungspflanzen selbst oder in deren unmittelbarer Nähe anzubringen.

Das Wachsen der Raupen geht erstaunlich schnell vorwärts und ist die Quantität ihrer Nahrung eine verhältnißmäßig beträchtliche, sodaß manche Arten, in Masse auftretend, der Land- und Forstwirthschaft empfindlichen Schaden thun und deshalb eifrigst verfolgt werden.

Obwohl die allermeisten Raupen sich von den Blättern der Bäume und niederer Pflanzen nähren, so giebt es doch auch eine Anzahl, welche die Blüthen, die Früchte, das Mark, die Wurzeln, ja selbst das Holz der Bäume verzehren; endlich hat man Arten, die Pelze, Kleider u. s. w. zu ihrer Nahrung ausersehen, und dadurch nicht wenig schädlich werden können.

Vielen Raupen dient zu ihrem Unterhalt nur ein und dasselbe, anderen dagegen mehr als ein Nahrungsmittel, wiewohl sie das eine dem anderen vorziehen. Erstere Raupen sterben, wenn sie das ihnen zusagende Nahrungsmittel entbehren müssen. Gewisse Arten von Raupen fressen sogar einander selbst auf, meist jedoch nur aus großem Hunger und wenn sie nichts Anderes zu fressen haben. Z. B. thun dies die sogenannten Bärenraupen. Diese und jene Art der Raupen lebt auch zu mehreren oder in Menge mit einander gesellig. Daher unterscheidet man einsam lebende und gesellig lebende Raupen. So ist die Raupe des Pieris Crataegi eine gesellig lebende Raupe. Sowohl über diese als auch über gewisse andere gesellig lebende Raupen, namentlich die des Porth. Chrysorrhoea, des Bomb. Neustria, des Cneth. Processionea, wird sich weiterhin Einiges der Beachtung sehr Werthes gesagt finden.

Äußere Beschaffenheit. Ihr langgestreckter, rundlicher, mit Kopf und 8—16 Füßen versehener Körper zeigt zwölf in einander gelenkte Abtheilungen oder Ringe. Der Kopf ist, von vorn betrachtet, gerundet und bei sehr vielen Raupen herzförmig. Er ist hornhäutig hart und mit einem Zangengebiß versehen, unter diesem aber mit zwei Warzen, aus welchen heraus die Raupen feine Fäden zum Gespinnst ziehen. Viele so kleine Warzen, daß sie sich nur mittelst des Mikroskops sehen lassen, befinden sich als Augen am Kopfe.

Längs jeder Seite finden sich neun Luftlöcher (Stigmata). Fast alle Abtheilungen oder Ringe haben deren zwei und fehlen sie nur dem zweiten, dritten und letzten Ringe. Durch dieselben, bei großen Raupen ohne, bei kleinen Raupen aber nur mittelst des Mikroskops deutlich erkennbar, ziehen die Raupen die ihnen nothwendige Luft ein, sie stoßen dieselbe aber nicht durch diese Luftlöcher wieder aus, sondern durch das Maul, den After und vornehmlich durch die überaus viel und fein durchlöcherte Haut. Bei manchen Arten von Raupen sind die Luftlöcher einmal, bei anderen mehr als einmal umrahmt, und zeigen sich deshalb in der Haut mehr oder weniger vertieft.

Die Füße sitzen den Raupen nur an gewissen ihrer zwölf Ringe und zwar zu zwei bei einander; nämlich an jedem der drei vorderen Ringe zwei, vorn demnach sechs — man nennt sie Brustfüße; — an jedem des sechsten, siebenten, achten und neunten Ringes zwei, demnach acht — man nennt sie Bauchfüße; — an dem letzten oder zwölften Ringe zwei; — man nennt sie Schwanzfüße. — Die Mehrzahl der Raupen hat sechzehn Füße. Sie kann deren aber auch weniger haben, in welchem Falle es ihr entweder an Bauchfüßen oder an den zwei Schwanzfüßen mangelt, niemals aber an den Brustfüßen. Gar sehr unterscheiden sich aber die drei vorderen Füße von den übrigen Füßen. Erstere nämlich sind hornhäutig, gegliedert, dünn und klauenförmig; letztere dagegen fleischhäutig, nicht gegliedert und dick. Auch diese sind — wiewohl man es nur durch's Mikroskop bemerkt — mit feiner Klaue versehen. Deshalb läßt sich denn auch begreifen, wie die meisten Raupen in jeder Richtung und an jeder Fläche, sei sie flach oder erhaben, kriechen können und warum es einiger Gewalt bedarf, wenn man sie von manchem Gegenstande abnehmen will. Die Brustfüße dienen den Raupen namentlich zum Erfassen des Futters und zum Spinnen und, was die Schwanzfüße betrifft, zum Nachschieben bei ihrer Fortbewegung. Wegen Mangels an Bauchfüßen müssen gewisse Gattungen von Raupen bei ihrem Gange mit dem Vordertheile und Hintertheile ihres Körpers eine Bewegung machen, als wenn man mit der Hand eine Länge nach Spannen mißt, und dabei also den Rücken zu einem starken Bogen krümmen; sie heißen darum Spanner. (Geometrae).

Sowohl in der Größe als auch in der äußeren Gestalt und Farbe der Raupen finden sich viele Verschiedenheiten. Die von 3 Zoll Länge werden schon für groß, die von 1 Zoll für klein gehalten. Hiernach sind denn auch die Raupen gewisser Dämmerungsfalter, z. B. die Ligusterraupe, sowie die Wolfsmilchraupe, da ihre Länge an 4 Zoll beträgt, sehr große Raupen. Die Todtenkopfsraupe ist sogar 5 Zoll lang. Dagegen sind z. B. die Minirer und viele der Blattwickler, da ihre Länge kaum einige Linien, d. h. Zehntel eines Zolls, ausmacht, sehr kleine Raupen. — Viele Raupen sind glatt, viele haben eine narbige oder mit Wärzchen oder mit Knöpfchen besetzte Haut. Viele Raupen sind kahl, andere kurz- oder langhaarig. Von den glatten Raupen zeigen viele ein Horn auf ihrem Schwanzende, wie z. B. die kaum erwähnte Ligusterraupe. Gewisse Arten von Raupen zeigen ein sehr auffallendes Äußere. Sie sind höckerig oder gebuckelt; sie sind mit Haarbüscheln oder mit diesen wie mit Bürsten besetzt oder sie führen eine Menge von Dornen auf ihrer Haut. Verschiedene Gattungen der Spannerraupen können sich so gestalten und steifen, und sie thun es in der Ruhe, daß sie wie kleine Baum- oder Strauchzacken oder wie die Stengel oder Stiele gewisser Früchte aussehen, welche Täuschung oft noch von ihrer rindenartigen Farbe befördert wird, wie z. B. die Raupe des Birkenspanners (Amph. Betularia). Auch giebt es Raupen, die längs ihres Rückens hinweg mit häutigen Blättchen und mit Schildchen bedeckt sind, und solche, die sich in einem, von ihnen aus Stückchen von Grasstengeln, Blättern oder Baum- oder Strauchrinde verfertigten Sacke versteckt halten und diesen ihre ganze Lebenszeit mit sich fortschleppen; man nennt erstere Schildraupen, letztere aber Sackträgerraupen oder auch Sackträger; — so wie es solche Raupen giebt, die gleich nach ihrem Entschlüpfen aus den Eiern in, von ihnen selbst gefertigten, röhrenförmigen Gehäusen leben, es sind verschiedene Arten der Motten.

Viele Raupen sind einfarbig, viele verschiedenfarbig. Sie zeigen hierbei zugleich mancherlei Abzeichen in Punkten, Flecken, Linien und Streifen. Es giebt überaus schönfarbige Raupen. Dergleichen sind z. B. die bereits erwähnte Todtenkopfsraupe, die Ligusterraupe, Wolfsmilchsraupe u. s. w. Jedoch nicht gerade aus schönen Raupen entstehen auch schönfarbige Schmetterlinge. Im Gegentheile können diese aus recht unansehnlichen Raupen entstehen. Z. B. ist die Raupe des Van. Jo (Tagpfauenauge) eine unansehnliche Dornenraupe, wird aber ein schöner Schmetterling, dagegen z. B. die Raupe des Ocn. Dispar recht schön von Farbe, aber ein unansehnlicher Schmetterling.

Innere Beschaffenheit. Betreffend das Innere der Raupen, so erstreckt sich in diesem vom Kopfe an bis zum After, ein mehrere Knoten führender Faden, wie ein Rückenmark, aus welchem sich die Nerven verbreiten. Im ersten Knoten, im Kopfe, ist das Gehirn. Über diesen Faden hin zieht sich ein Kanal, den Schlund, den Magen und die Gedärme enthaltend; über diesen Kanal aber läuft längs des Rückens hin eine feine Röhre, die, wie gewisse glatte Raupen es äußerlich wahrnehmen lassen, in beständiger wellenförmiger Bewegung ist, sich wechselsweise ausdehnt und zusammenzieht; zu beiden Seiten des Kanals aber liegen die gewundenen Gefäße oder zarten Röhrchen, die Flüssigkeit zu dem von der Raupe zu verfertigenden Gespinnste enthaltend und in den beiden Spinnwärzchen, welche sich außerhalb unter dem Maule der Raupe befinden, endigen.

Häutung. Alle Raupen legen von Zeit zu Zeit ihre Haut ab und bekommen eine andere, erst nur dünne, dann stärkere Haut. Ihnen ist, da sie schnell wachsen, die bisherige Haut zu enge geworden; eine minder steife und ihnen bequemere Haut hat sich unter dieser schon angesetzt; sie suchen sich der bisherigen äußeren Haut, nachdem dieselbe oben am Kopfe geborsten ist, durch verschiedene Anstrengungen zu entledigen, nämlich sie krümmen sich so, daß sie weiter berstet und sich ganz löst und wird nun die bisher verborgene Haut zur äußeren Haut. Die Häutung erfolgt während der Lebenszeit der Raupe bis zu ihrer Verwandlung dreimal, auch viermal und noch öfter. Die Raupe hört aber, wenn diese merkwürdige Veränderung mit ihr vorgeht, zu fressen auf; sie befindet sich nur schwach und in einem kränklichen oder doch nicht behaglichen Zustande.

Kunst und Geschicklichkeit. Gewiß sehr merkwürdig ist es, wie die Raupen, indem sie eine klebrige Flüssigkeit aus ihrem Innern hervorziehen, so überaus feine und doch an sich recht feste Fäden spinnen, und welchen Gebrauch viele derselben von dieser Spinnkunst machen. So lassen sich die Blattwicklerraupen und gewisse Spannerraupen, auch noch andere, an den Fäden, die sie spinnen oder in Bereitschaft haben, von einem Orte zum andern hinab und begeben sich an eben diesen Fäden zu ersterem Orte wieder hinauf. — Gewisse Arten von Raupen verfertigen sich mittelst ihres Gespinnstes sogar eine Art von Strickleiter, wenn sie an einer steilen aber sehr glatten Fläche, wie die etwa eines cylindrischen Glases, hinauf wollen, nämlich sie ziehen an der steilen Fläche ihren Faden vor sich höher und immer höher in einen Zickzack. Z. B. macht es so der Cossus Ligniperda, wie man sich hiervon leicht überzeugen kann, wenn man diese Raupe in einem großen cylindrischen Glase gefangen hält und beobachtet. — Gewisse noch andere Arten verfertigen sich mittelst ihres Gespinnstes ein in seiner Beschaffenheit merkwürdiges Nest, wie z. B. der Porth. Chrysorrhoea. — Sind es einzelne Blätter, welche die Blattwicklerraupen zu ihrer Höhlung wählen, so wird jedes von nur einer solchen Raupe in mehreren Windungen zusammengezogen oder sie biegt oder faltet es etwas über und um sich, daß es offen bleibt und bespinnt dann auch noch diese Öffnung. Sind es aber mehrere Blätter, so werden sie von der Raupe oder deren mehreren dadurch, daß sie spinnen, um- und zusammengezogen, dazu aber solche Blätter gewählt, die erst im Anwuchse sind und auch ihrer Stellung wegen sich zu einer solchen Höhlung eignen. Wie die Blattwickler, verstecken sich aber auch gewisse Spannerraupen, z. B. Chim. Brumata.

Besonders viele Kunst und Geschicklichkeit zeigen aber viele Arten von Raupen bei ihrer nahe bevorstehenden Verwandlung zur Puppe, wie davon weiterhin einige Beispiele darthun werden.

Merkwürdige Eigenschaften mancher Arten von Raupen. Wird die Raupe des Van. Jo oder Urticae berührt, so schlägt sie mit dem Kopfe um sich und giebt aus ihrem Maule einen grünen Saft von sich; außerdem fällt sie an einem Faden, den sie bald zu spinnen weiß, hinab. Ein solches Hinabfallen an einem selbst gesponnenen Faden geschieht auch von gewissen Spannerraupen, so wie von allen Blattwicklern, wenn sie sich in Gefahr wissen, und begeben sie sich an eben diesem Faden wieder hinauf, wenn sie merken, daß die Gefahr vorüber ist.

Die Bärenraupen, wie z. B. Arctia Caja, und noch viele andere Raupen, rollen sich bei der geringsten Berührung zusammen, sodaß Kopf und Unterleib verwahrt sind, einige fallen auch wohl zu Boden und liegen ohne alle Bewegung wie todt da, bis sie merken, daß man sie nicht weiter beunruhigt.

Der Hopfenspinner, (Epial. Humuli), hat ein großes, scharfes Gebiß. Will man ihn anfassen, so strebt er zu beißen; er krümmt sich dabei wie eine Schlange und geht rückwärts.— Wird der Cossus Ligniperda angegriffen oder beunruhigt, so setzt er sich aus allen Kräften zur Wehr. Er schreckt durch sein Zangengebiß, welches er auseinander sperrt und durch einen rothen Saft, den er aus dem Maule von sich spritzt. Wo er ankommen kann, beißt er heftig. — Harp. Vinula (der Gabelschwanz), setzt sich, wenn er beunruhigt wird, gleichfalls zur Wehr und spritzt in einer grimmigen Stellung fußweit einen scharfen Saft aus und zwar aus einem Spalte unterhalb des Kopfes. Auch streckt er hierbei rothe Fäden aus seinen Schwanzspitzen heraus.

Merkt die, vorn ein Horn führende, Raupe des Acron. Psi sich in Gefahr, so reckt sie den vorderen Theil ihres Körpers empor, krümmt die spitzigen Vorderfüße unterwärts zusammen, daß der Kopf verborgen wird und das Horn vorwärts heraussteht. Der Erlenspanner, Eug. Alniaria, sitzt, wie mehrere andere Arten von Spannern, in der Ruhe gerade und starr ausgestreckt und ähnelt so einem dürren Astzäckchen. Kommt ihm aber Etwas zu nahe, so schlägt er nach allen Seiten um sich.

Die Cuc. Tanaceti besitzt eine solche Kraft, daß sie, indem sie den Körper stark zusammenzieht und auf einmal auseinander schnellt, rechts und links Sprünge zu 5 bis 6 Zoll machen kann, und daß man sie, ohne sie zu zerdrücken, kaum zwischen den Fingern festhalten kann. Wird sie an der Pflanze berührt, so schlägt sie mit dem vorderen Theile ihres Körpers unbändig um sich und sucht sich endlich durch einen Sprung zu retten. — Ein gar artiges Beispiel von Geschicklichkeit, nur freilich anderer Art, als die bereits erwähnten, giebt die Gnophria Quadra. Diese Raupe hat ohnehin vor vielen andern Raupen einen schnellen Gang. Wenn sie aber von einen Orte zu einem tieferen hinunter will, so kriecht sie bis an den Rand, schiebt sich hierbei zusammen und begiebt sich etwas zurück, gleichsam als wollte sie einen Anlauf nehmen und nun — macht sie einen Sprung durch die Luft, und das so geschickt, daß sie jedesmal, es mag noch so tief gehen, wie eine Katze, wenn sie von einer Höhe hinabspringt oder fällt, auf die Füße zu fallen kommt.

Verwandlung der Raupen. Nach mehrmaliger Häutung der Raupen und nach ihrer erreichten gehörigen Größe betrifft sie die so überaus merkwürdige Verwandlung, nämlich die zu Puppen. Dem Äußern nach sind dergleichen Puppen längliche, in sich selbst geschlossene, hornhäutige, zarte Hülsen, verschieden an Gestalt wie an Farbe, aus einer jeden solchen Puppe aber entwickelt sich, wenn sie nicht Schaden nimmt und gut beschaffen bleibt, ein geflügeltes Insekt, ein Schmetterling.

Kurz vor ihrer Verwandlung verlieren die Raupen, wie bei ihrer Häutung, alle Freßlust, sie zeigen viele Unruhe, ändern auch wohl ihre Farbe, wie z. B. die der Dämmerungsfalter, welche hinten ein Horn führen. Sie entledigen sich ihres Unrathes und suchen dann einen ihnen bequemen und sichern Ort zur Verpuppung — die Tagfalterraupen über der Erde — die Dämmmerungsfalterraupen an, auf oder in der Erde, auch wohl gewisse Arten über der Erde — die Nachtfalterraupen theils über, theils an oder auf der Erde, theils in der Erde. Hier, am Orte der Verwandlung, berstet dann und löst sich in kurzer oder minder kurzer Zeit, indem sich die Raupen wiederholt krümmen, ihre Haut; sie verkürzen sich der Länge nach merklich, wohl um den dritten Theil, und aus einer jeden gestaltet sich nun die ihr ganz unähnliche Puppe. Doch zeigt das, was noch vor der Verwandlung geschieht, je nachdem es Tagfalter, Dämmerungsfalter oder Nachtfalter betrifft, gar merkwürdige Verschiedenheiten, wie sogleich erklärt werden soll.

Die Tagfalterraupen bei ihrer Verwandlung. Gewisse Tagfalterraupen hängen sich und zwar dadurch, daß sie mittelst einiger Fäden ihres Gespinnstes an irgend einem Gegenstande ihr Schwanzende befestigen, an diesem Gegenstande gestürzt auf, und zwar so, daß sie den vorderen Theil ihres Körpers dabei erheben und einwärts krümmen. Andere Tagfalterraupen hängen sich und zwar dadurch, daß sie mittelst einiger Fäden ihres Gespinstes an irgend einem Gegenstande ihr Schwanzende, aber auch an demselben Gegenstande und um sich einen aus mehreren Fäden ihres Gespinnstes bestehenden starken Faden befestigen, wageregt, schief oder auch wohl senkrecht auf.

Die Dämmerungsfalterraupen bei ihrer Verwandlung. Diejenigen Dämmerungsfalterraupen, die sich an der Erde verwandeln, kriechen hier unter Blätter oder umgeben sich mit Blättern, indem sie dieselben mittelst ihres Gespinnstes zusammenziehen — die sich aber in der Erde verwandeln, wühlen sich in derselben eine Höhle, und die sich über der Erde verwandeln, umgeben sich, indem sie sich umspinnen und das Gespinnst mit einem aus sich selbst genommenen Schleim überziehen, mit einem pergamentartigen Gewebe, oder auch wohl so, daß sie mittelst solchen Schleims von ihnen abgenagte Holztheilchen oder Erdtheilchen vereinigen, mit einem holzigen oder erdigen Gewebe. So wühlt sich die Ligusterraupe in die Erde und umgiebt sich hier mit einer Höhle, die Wolfsmilchraupe aber verbirgt sich auf der Erde unter zusammengezogenen Blättern. Die Raupe der **Zyg. Filipendulae** umgiebt sich über der Erde, an der Pflanze, die sie nährt, mit einem pergamentartigen Gewebe. Sie bemüht sich hierbei, ein in die Höhe gerichtetes Gespinnst um sich herum zu ziehen und überzieht es mit einem Schleime, den sie aus sich selbst nimmt und der nicht nur bald trocknet und das Gewebe hart und steif macht, sondern ihm auch vielen Glanz giebt. Zu dieser Arbeit braucht sie nicht mehr als vier bis fünf Stunden Zeit.

Die Nachtfalterraupen bei ihrer Verwandlung. Die Nachtfalterraupen, die sich über der Erde verwandeln, umgeben sich mit einem mehr oder minder dünnen Gewebe; oder sie spinnen vermittelst Holz- oder Erdtheilchen, welche erstere sie abnagen, ein bald mehr bald minder steifes, holziges oder erdiges Gewebe; — oder sie spinnen, indem sie Stückchen ihrer eignen Haare, die sie sich selbst abbeißen, mit einflechten, ein mehr oder minder dichtes, wolliges oder filziges Gewebe; — oder sie kitten, indem sie holzige oder erdige Theilchen, die sie zu trennen verstehen, mittelst eines aus ihrem Innern sich darbietenden Schleimes zusammen und erzeugen so ein oft sehr hartes und festes Gehäuse.

Worin aber eine solche zur Verwandlung dienende Umgebung bestehen möge, so ist es nicht minder merkwürdig, was die Raupen auch sonst dabei vornehmen. Z. B. zieht der Clost. Anastomosis mittelst einiger Fäden seines Gespinnstes einige Blätter des Baumes, auf dem er lebt, zusammen und schützt sich so und die werdende Puppe. Erst dann aber umgiebt er sich innerhalb dieser Blätter mit einem und zwar dünnen Gewebe. — Dagegen zieht der Arctia Purpurea im Gesträuch Fäden seines Gespinnstes umher, so daß später die Puppe sicher darauf ruhen kann, und nun erst umgiebt er sich mit einem filzigen Gewebe. — Die Acron. Psi kriecht an den Stamm oder den Ast des Baumes, dessen Blätter sie befrißt, und umgiebt sich hier mit einem dichten und festen holzigen Gewebe. Dil. Caeruleocephala kriecht an einen Baumstamm, einen Pfahl, eine Holz- oder Mauerwand und umgiebt sich hier mit einem holzigen oder erdigen Gewebe. — Cossus Ligniperda verbleibt in der Höhlung des Baumes, in dem er lebt und umgiebt sich hier mit einem holzigen Gekitte oder Gehäuse.

Die Nachtfalterraupen, die sich in der Erde verwandeln, begnügen sich hier bloß mit der Höhle, die sie sich wühlen, sie bespinnen deren Beflächung, oder sie umgeben sich innerhalb derselben mit einem Gewebe oder Gehäuse. — Die Nachtfalterraupen aber, die sich an oder auf der Erde verwandeln, begeben sich hier unter abgefallene Blätter, unter Moos, unter von ihnen zusammengesponnene Blätter, oder unter Steine, theils ein Gewebe spinnend, theils ohne ein solches anzufertigen. So begnügt sich der Pyg. Bucephala, die Rittersporneule, Char. Delphinii und die Erbseneule, Mam. Pisi, mit einer bloßen Erdhöhle, — Loph. Camelina und Caloc. Exoleta dagegen überspinnen und tapezieren gleichsam die Beflächung der Höhle. Der Hopfenspinner, Epial. Humuli, umgiebt sich innerhalb der Höhle mit einem erdigen Gewebe; — dagegen kriecht Amph. Pyramidea unter das Gesträuch und umgiebt sich hier zwischen Blättern mit einem Gewebe.

Einige Beispiele von besonderer Kunst und Geschicklichkeit bei der Verwandlung. Diejenigen Tagfalterraupen, die sich zu ihrer Verwandlung gestürzt aufhängen, krümmen sich mit dem Vorderleibe zum Öftern aufwärts, bis die Haut berstet und sie sich aus dieser ganz herauswinden können. Sie würden aber herunterfallen, wenn sie nicht mit den mit Füßen versehenen vorderen Ringen des bis jetzt noch geschmeidigen Körpers einen Theil des Balges ergriffen, um sich zuerst daran fest zu halten. Nun strecken sie den Hintertheil in die Höhe und klettern auf diese Art rücklings an dem Balge hinauf, bis sie das Gespinnst erreichen und sich daran mit den Häkchen ihres Hintertheils anhängen. Nun aber drehen sie sich um sich selbst herum, bis durch diese Bewegung der Balg abfällt und sie als Puppen frei hängen.

Die Tagfalterraupen aber, welche sich zu ihrer Verwandlung so ansetzen oder aufhängen, daß sie um sich einen starken Faden ziehen, beobachten hierbei, dieses Fadens wegen, ein Verfahren, das leicht räthselhaft bleibt, wenn man sich davon nicht überzeugt. Die Raupe befestigt nämlich den Anfang des einzelnen Fadens an einer Stelle zunächst neben ihrem Kopfe. Mit dem Kopfe aber fährt sie hinüber auf die andere Seite und befestigt den einzelnen Faden ebenso und fährt in dieser Bewegung fort, bis der Fäden genug sind. So oft aber die Raupe einen Faden von einer Stelle zur andern gezogen hat, so oft schiebt sie jedesmal den Kopf unten hindurch, sodaß alle diese Fäden dicht aneinander im Bogen zu stehen kommen und gleichsam eine Schlinge bilden, in der sich die Raupe mit dem Halse gefangen hat. Ist aber nun diese Schlinge, der mehrfachen Fäden wegen, stark und fest genug, so dehnt die Raupe ihren bis jetzt etwas in die Kürze gezogenen Körper allmälig auseinander, so daß sich der erste Ring nach dem Kopfe unter der Schlinge hindurch schieben muß und diese in den ersten Einschnitt einrückt. Sie sucht nun auch den zweiten Ring durch die Schlinge zu zwingen und dann auch den dritten und vierten Ring u. s. w.

Diejenigen Nachtfalterraupen, die zur Gattung Saturnia gehören, umgeben sich zu ihrer Verwandlung mit einem pergamentartigen Gehäuse, geben aber diesem einen gar merkwürdigen Verschluß, nämlich so, daß der Schmetterling sich sehr leicht den Ausgang verschaffen kann, aber zur Puppe der Eingang ohne Verletzung dieses Verschlusses nicht möglich ist. Der äußeren Gestalt nach ähnelt das Gehäuse einer runden Flasche mit engem aber offenem Halse. Die Verschließung betreffend, so endigt sich der Bauch des Gehäuses in einem Kreis elastischer, konusförmig zusammengestellter Stacheln. In seiner äußeren Beflächung ist das Gehäuse röthlichbraun, auch weißlich, dabei glänzend, wiewohl faserig. Bomb. Lanestris verschließt das Gehäuse, womit er sich zu seiner Verwandlung umgiebt und das eine topfförmige Gestalt hat, mit einem Deckel, der sich von Außen her nicht leicht löst, von dem Schmetterlinge aber bei seiner Befreiung aus der Puppe leicht aufgestoßen wird.

Lebensdauer der Raupen bis zur Verwandlung. Viele Raupen leben nicht länger als einige Wochen im Sommer. Sie werden zu Puppen; aus diesen aber entkommen meist schon nach wenigen Wochen, noch vor Ende des Herbstes, die Schmetterlinge. Diese begatten sich und — sterben kurze Zeit danach. Zuvor werden jedoch von dem Weibe die Eier abgesetzt. Diese sind entweder an sich schon so beschaffen, daß auf sie keine Kälte des Winters nachtheilig wirkt, oder sie sind vom Weibe genugsam verwahrt. Ist der Winter aber vorüber und treiben die Pflanzen, von der Wärme begünstigt, wieder neue Blätter, welche den jungen Raupen zur Nahrung dienen, so kriechen diese Eier aus. Die Räupchen erwachsen in kurzer Zeit zu Raupen, welche nun wieder einige Zeit im Sommer leben. Viele Raupen leben im Herbste und auch länger, selbst noch, wiewohl in einiger Erstarrung, im Winter. Sobald es aber anfängt kalt zu werden, so verbergen sie sich, die einsam lebenden unter Steinen, unter der Rinde alter Bäume oder in der Erde, die gesellig lebenden aber in einem gemeinschaftlichen Neste. So erhalten sie sich bis zum künftigen Sommer. Aus den vom Weibchen hinterlassenen Eiern entkommen bald die Räupchen und diese erwachsen, da es ihnen, weil der Herbst die Pflanzen noch nicht ganz entblättert hat, nicht an Futter fehlt, bald zu Raupen. Noch viele andere Raupen verpuppen sich, nachdem sie den Sommer eine längere oder kürzere Zeit durchlebt haben, am Ende des Sommers oder zu Anfange des Herbstes oder, wenn sie auch diesen durchleben, zu dessen Ende. Eine große Menge derselben kriecht dann, damit auf die Puppen die Kälte nicht nachtheilig wirke, zuvor in die Erde, in die engen Vertiefungen alter Wände oder Bäume, auch wohl unter Steine, oder sie verwahren die Puppen mittelst selbst gefertigter Gewebe oder Gehäuse. Andere hängen sich ganz frei in der Luft auf und verpuppen sich hier, ohne eines besonderen Schutzmittels gegen die Kälte zu bedürfen, da diese, sei sie auch noch so streng, den Puppen ohne Nachtheil ist. Aus ihnen aber erscheinen im nächsten Frühlinge oder Sommer die Schmetterlinge.

Hindernisse der allzugroßen Vermehrung der Raupen. Es würden sich die Raupen, bei der so großen Menge von Eiern, welche von dem weiblichen Schmetterlinge abgelegt werden, ungeheuer vermehren, wenn es nicht gewisse Arten von Vögeln gäbe, die nicht allein die Raupen, sondern auch die Schmetterlinge und deren Eier, begierig auffräßen; und wenn sie nicht an verschiedenen Insekten, besonders an der Schlupfwespe und der Sandwespe, dem sogenannten Raupentödter, sehr gefährliche Feinde hätten. Die Schlupfwespe nämlich legt mittelst ihres scharfen Stachels ihre Eier in die Raupen hinein, wovon diese erkranken und vor oder in ihrer Verpuppung sterben, den ausgekrochenen Larven dieser Schlupfwespe aber nun zur Nahrung dienen. Die Sandwespe (Raupentödter) dagegen schleppt die Raupen einzeln, indem sie dieselben zugleich tödtet oder doch lahm beißt, in die von ihr gemachte Sandhöhle, legt ihre Eier daneben und verscharrt die Öffnung, wo denn nun die ausgekrochenen Larven dieser Sandwespe in der getödteten Raupe ihre Nahrung finden. Beide Wespen vernichten so nicht nur gar manche der sehr vielen Raupen, sondern auch in jeder einen Schmetterling und in diesem eine große Menge möglich gewesener Raupen.

Schädlichkeit und Nützlichkeit der Raupen. Manche Arten von Raupen sind durch ihre Gefräßigkeit schädlich, wenn sie sich in Menge vorfinden — denn sie entblättern die Bäume, die Sträucher und andere Pflanzen, wodurch dieselben oder ihre Früchte verderben; oder sie verwüsten das Getreide und andere Hülsenfrüchte. Andere Arten sind es in dem Gegenstande, welcher von ihnen befressen und dadurch verderbt wird. So befressen gewisse Motten wollenes Zeug und Pelzwerk. Noch andere sind es durch ihre Ausdünstung oder ihren Haarabwurf, da sie hierdurch Geschwülste und andre üble Zufälle verursachen. Schädlich durch ihre Gefräßigkeit, wenn sie in Menge vorhanden sind, zeigen sich z. B. die Nesterraupen, die Ringelraupen, die Processionsraupen, die Raupen des Weißdornfalters oder Baumweißlings und andere gesellige Raupen; schädlich aber durch ihre Ausdünstung oder ihren Haarabwurf die kaum erwähnte Processionsraupe und andere haarige Raupen. Doch sind manche Raupen auch wieder von erheblichem Nutzen. Sie vermindern nämlich, wie von vielen Insekten geschieht, den Wuchs mancher Pflanzen, welche durch ihre allzugroße Vermehrung andern Gewächsen und manchen Thieren hinderlich fallen würden, und nützen auch, wie es von vielen Insekten geschieht, den Pflanzen selbst, indem sie die überflüssigen Blätter und Blüthen benagen und so den üppigen Wuchs dieser Pflanzen beschränken, wodurch das Zurückbleibende desto mehr Nahrungssäfte erhält und um so besser gedeiht. Auch dienen sie, wie es wiederum auch von anderen Insekten gesagt werden kann, gewissen Gattungen von Vögeln und anderen Thieren zur Nahrung. Die für die Menschheit bisher am nützlichsten gewordene Raupe ist die des Seidenspinners (**Bomb. Mori.**) Sie ist eine Nachtfalterraupe und umgiebt sich zu ihrer Verwandlung mit einem der äußern Gestalt nach länglich runden Gewebe. Dieses Gewebe hat aber vor denjenigen, die andere Nachtfalterraupen auch verfertigen, den bedeutenden Vorzug, daß von demselben ein einziger mehrere hundert Ellen langer, fester Faden abgewickelt werden kann, der sich folglich auch mit Nutzen zu Zeugen verarbeiten läßt. Seidenraupen giebt es auch in Deutschland, es sind aber keine im Freien daselbst vorkommenden Raupen, sondern nur Zuchtraupen. Das eigentliche Vaterland des **Bomb. Mori** ist Ostindien. Außer der obengenannten Art sind in den letzteren Jahren auch noch andere Seidenraupen in Deutschland eingeführt und zur

Gewinnung von Seide, wenn auch einer etwas gröberen Sorte, gezogen worden. Die hervorragendsten sind Sat. Cynthia und Fagara, welche zudem in Form des Schmetterlings eine Zierde für Sammlungen bilden. Sie erreichen fast die Größe des Sat. Pyri und sind bei einer schönen olivengrünen Farbe, gleich dem Sat. Pyri, mit 4 pfauenaugenartigen Zeichnungen geschmückt.

---

3) Die Puppen.

Die Puppen, (Chrysalides) in welche die Raupen sich verwandeln, haben, überhaupt genommen, eine längliche, mehr oder weniger rundliche, am Schwanzende der Raupe spitzig auslaufende Gestalt. Sie haben, gleich den Raupen, zwölf Ringe, auch neunmal zwei Luftlöcher. Jedoch nicht alle Ringe, sondern nur ihre untere Anzahl, ist gelenkig; an und für sich aber sind die Ringe der Puppen mehr abgerundet, als die der Raupen. Vermittelst dieser sechs unteren Ringe können denn auch die Puppen eine Bewegung vornehmen, und es geschieht dies meist bei der Berührung. Denn dem innenwohnenden Wesen ist ein solches Berühren empfindlich. Gewisse Arten von Puppen zeigen sogar eine recht starke Bewegung. So schlägt die Puppe des Hopfenspinners, Epial. Humuli, mit ihrem Hintertheile nicht nur stark um sich, sondern krümmt sich auch wie eine Sgestalt. Mit wenigen Ausnahmen können sich die Puppen, wenn sie auch lose liegen, nicht von der Stelle bewegen. Unter diese Ausnahmen gehört die Puppe des Cossus Ligniperda, welche sich aus dem Innern des Stammes, und die des Hopfenspinners, Epial. Humuli, die sich aus der Erde ans Tageslicht, und zwar zur Zeit, wenn sich der Schmetterling entwickeln will, herausbohrt; hier verläßt dieser die Puppenhülse und setzt sich in Freiheit.

Die zwar gerundeten, aber scharf gebuckelten, mit Zacken und Spitzen versehenen Puppen nennt man eckige Puppen; solche hingegen, die sich mehr abgerundet zeigen, nennt man glatte Puppen. Wie man hiernach leicht beurtheilt, so zeigt sich denn auch unter den eckigen Puppen mehr Verschiedenheit in der äußeren Gestalt, als unter den glatten Puppen. Gewisse der ersteren haben sogar das Eigene, daß sie an dem, dem Schwanzende gegenüber befindlichen Kopfende eine oder zwei konische Spitzen führen, Hörnern gleich; man nennt solche Puppen gehörnte Puppen. Auch zeigen gewisse eckige Puppen die Sonderbarkeit einer Gesichtslarve, z. B. die des Van. Antiopa (Trauermantel). Eine gar sonderbar gestaltete eckige Puppe ist die des Bergkreßfalters, Antoch. Cardamines. Sie ähnelt einem Blatte und zwar der Pflanze, an der die Raupe lebt, und welche Puppe leicht so für ein Blatt gehalten wird. — Nur aus eckigen Puppen kommen, mit weniger Ausnahme, Tagfalter, aus den glatten und mehr gerundeten Puppen demnach Dämmerungsfalter oder Nachtfalter.

Die Puppen der meisten Dämmerungsfalter unterscheiden sich von den Puppen der Nachtfalter durch eine recht merkliche, vom Endringe an sehr flach und breit, gegen das Ende aber spitzig zulaufende Schwanz- oder Stielspitze, welche gewöhnlich nach der Brust zu gekrümmt ist. Auch sind bei den Puppen der Dämmerungsfalter die Ringe an sich dem Auge deutlicher sichtbar, als bei denen der Nachtfalter, und die Puppen einiger Dämmerungsfalter führen eine mehr oder minder lange abgesonderte Zungenscheide oder Saugerscheide, die entweder kurz und gerade auf der Brust herunter liegt oder lang und wie ein Henkel gebogen absteht. An dem oberen Theile der Puppen verschiedener Dämmerungsfalter erkennt die Einbildungskraft ein Eulengesicht.

Die Puppen der Nachtfalter zeigen, was insbesondere ihre Schwanz- oder Stielspitze betrifft, bemerkenswerthe Verschiedenheiten. Bald ist diese Schwanz- oder Stielspitze eine mit kleinen Stacheln oder Spitzen besetzte Verlängerung ihres letzten Ringes, bald ist sie mit einigen Haarborsten besetzt, bald ist sie weder das eine noch das andere, und man sieht nur zwei kurze Spitzen in der Gestalt einer Gabel am Ende des Afters, bald aber auch und zwar meist ist sie nichts weiter als eine kolbige Endigung des letzten Ringes. Noch ist Vieles, die Puppen der so zahlreichen Nachtfalter betreffend, nicht ausgemittelt; von denen der Spanner aber läßt sich sagen: sie sind sehr glatt, glänzend und meist von schönen, lichten Farben und ist ihre Schwanz- oder Stielspitze nicht selten langborstenförmig, ja mitunter von solcher Länge, das sie den vierten Theil der Puppe ausmacht.

Ihrer äußeren Farbe nach sind die Puppen überhaupt genommen von dunklem Ansehen und hierbei verschieden braun oder grau; sonst aber von hellerem Ansehen und mit andersfarbigen Punkten, Fleckchen, Strichen, Linien, Knöpfchen oder anderen Erhabenheiten insbesondere gezeichnet und schön in dieser Zeichnung. So ist die Puppe des Ehrenpreisfalters, Mel. Artemis, grünlich weiß, hierbei aber gelb und schwarz gefleckt und gelbe Knöpfchen führend. Die Puppen gewisser Arten von Tagfaltern sind sogar mit Gold- oder Silberglanz geschmückt. Vornehmlich sind es die Van. Cardui, Urticae, Atalanta, C album, Polychloros. Nur kommen, wie nicht nur aus schönen Raupen schöne Schmetterlinge erscheinen, auch nicht nur aus schönen Puppen schöne Schmetterlinge. Erstere können unansehnliche, dagegen unansehnliche Puppen schöne Schmetterlinge zum Vorschein bringen.

An jeder Puppe unterscheidet man Kopf-, Vorderleibs- und Hinterleibsscheide und die Gliederscheiden. Die Vorderleibsscheide heißt auch Rumpfscheide. Der kleine obere Theil — er steht der Schwanzspitze entgegen — ist die Kopfscheide. An ihr bemerkt man die Augenscheiden und den Anfang der Flügelscheiden. Sie ist hart und unbeweglich und führt mehrere Luftlöcher. Die nun folgende Vorderleibsscheide oder Rumpfscheide ist gleichfalls hart und unbeweglich, aber ohne Luftlöcher. In ihr liegen die Flügel, Füße, Fühler und die Zunge oder der Sauger; es sind folglich auch hier die Gliederscheiden. Die Hinterleibsscheide ist auch hart und enthält die gelenkigen Ringe, ist demnach der zur Bewegung geeignete Theil der Puppe. Diese Hinterleibsscheide hat Luftlöcher und zwar die größere Anzahl. Deutlich lassen sich die erwähnten äußeren Theile, z. B. an der Puppe des Pier. Crataegi, erkennen. Der Vorderleib geht bis zum Gürtel. Oben in der vorderen Reihe steckt der Rücken, unter einer niedrigen Hervorragung der Kopf, unter dem Knöpfchen vorn am Kopfe die gelbe, schwarz eingefaßte, gekrümmte Zunge. Daselbst, wo der schwarze Strich ist, der von jeder Seite vom Kopfe angeht und mitten unten am Bauche zusammen, dann einfach bis zur Schwanzspitze, fortläuft, liegen Fühler und zwischen diesen die drei Paar Füße. Die Flügelscheiden haben am äußersten hellen Rande eine schwarze Einfassung, welche aus großen, länglichen, nahe an einander sich befindenden Punkten besteht.

Anfangs sind alle Puppen in ihrem Äußern weich und werden erst nach und nach, sowie die Feuchtigkeit verdunstet, hart und zerbrechlich. Aber auch kurz vor dem Auskommen des Schmetterlings erweicht die äußere Schale und wird durchsichtig, nicht selten so, daß selbst die Farben, welche der zu erwartende Schmetterling auf seinen Flügeln hat, sich erkennen lassen. — Ist der Zeitpunkt gekommen, wo der Schmetterling aus der Puppe erscheint, so ist das Äußere der Puppe da, wo sich der Kopf befindet, besonders weich geworden; der Falter durchbricht diese Stelle mit dem Kopfe und sucht nun zuerst seine Fühler und seine Vorderfüße frei zu machen, stämmt sich dann an und zieht allmälich den Körper und so denn auch seine Flügel heraus. Zunächst entledigt er sich eines Unrathes, der wie aufgelöstes Fleisch aussieht und manchmal sich roth von Farbe zeigt, weswegen man ihn oft, wo er häufig hingefallen ist, für einen Blutregen angesehen hat. Nun aber ist der Schmetterling matt geworden und bedarf einiger Ruhe. Er ist naß, die Flügel sind noch sehr schlaff, auch zeigen sich diese noch kurz. Jedoch dehnen sich diese Flügel in kurzer Zeit, nach Unten zu in wellenförmiger Rollenbewegung, zu ihrer natürlichen Größe aus. Der Schmetterling macht Versuche, sie zu gebrauchen; er fühlt sich bald stark genug, den kühnen Flug zu wagen und — fliegt davon.

Wie lange die Puppen als solche bleiben, bis aus ihnen die Schmetterlinge hervorkommen, läßt sich nicht immer genau bestimmen. Denn die kalte oder warme Witterung kann das Herauskommen verzögern oder befördern. Aus vielen Puppen erscheinen die Schmetterlinge einige Wochen nach der Verwandlung aus der Raupe; aus vielen anderen erst in einigen oder mehreren Monaten. Ja es giebt Schmetterlinge, bei denen es noch länger währt, ehe sie zum Vorschein kommen, wie z. B. der Sph. Ligustri. Dieser nämlich entkommt seiner Puppe im Mai und Juni, während die Raupe im vorhergehenden August und September gelebt hat, zuweilen sogar erst im zweiten Jahre nach der Verpuppung.

Äußere Beschaffenheit der Schmetterlinge und Dauer ihres Lebens.

Am Äußeren der Schmetterlinge unterscheidet man Körper und Flügel, an ersterem Kopf, Vorder- und Hinterleib; am Kopfe Augen, Fühler, Bartspitzen und die spiralförmig gewundene Zunge (Sauger); am Vorderleibe, an welchem die Flügel sitzen, befinden sich auch die Füße, deren es sechs sind.

Die Augen zeigen sich als zwei, verhältnißmäßig große Halbkugeln, an den Seiten des Kopfes. Deren jedes besteht, mittelst des Mikroskops gesehen, aus einer großen Menge sechsseitig, in der Mitte erhabener Flächen (Facetten), deren man sogar 17tausend gezählt haben will. Außer diesen beiden halbkugeligen Augen haben gewisse Schmetterlinge auch noch zwei oder drei andere kleine Augen (Ocellen genannt), und zwar oben auf dem Kopfe, zwischen den Haaren des Kopfes.

Die Fühler zeigen sich in einfacher oder minder einfacher Gestalt. In ihrer einfachen Gestalt sind die Fühler sehr dünne, gerade oder gebogene Stielchen mit oder ohne merkliche Verdickung am Außenende. Sie verdicken sich aber vom Wurzelende an, d. h. von da, wo sie am Kopfe anfangen, gegen das Außenende hin entweder weniger oder mehr, oder behalten gleiche Stärke. Im ersten Falle nennt man sie borstenförmig, im zweiten spindelförmig (wiewohl nicht immer richtig), im dritten fadenförmig. Im zweiten Falle führen sie am Außenende die erwähnte merkliche Verdickung und diese zeigt sich keulen-, kolbenförmig oder kugelförmig. — In minder einfacher Gestalt aber sind die Fühler sehr dünne Stielchen, die sich vom Wurzelende an gegen das Außenende mehr oder weniger, oder gar nicht verdicken, jedoch ihrer Länge nach einen Besatz führen, und zwar sind dieselben hierbei gekerbt, d. h. kurzzähnig, oder gekämmt, d. h. langzähnig, oder gefiedert, d. h. mit Federchen, oder mit Blättchen, oder endlich mit Schuppen besetzt. In der einfachen Gestalt können die Fühler ihrer Länge nach gerundet oder gekantet sein, im letzteren Falle aber eine merkliche Breite haben und nennt man sie, wenn diese sich gleich bleibt, schnurförmig. Auch giebt es Fühler, die an ihrem Außenende ein Häkchen oder Fädchen führen. — Alle Fühler aber bestehen, ihrer Dünnheit ungeachtet, aus gelenkigen Gliedern und sitzen am Kopfe an der hier befindlichen Wurzel, einem mehr oder minder erhabenen Knöpfchen, fest, jedoch so, daß sie sich nach allen Seiten bewegen können. Es scheinen die Fühler ein Werkzeug des Geruchs oder auch wohl Gefühls zu sein.

Die Bartspitzen (Palpen) sind spitzige haarige Hervorragungen vorn am Kopfe, zwei ihrer Zahl, wenn man einige Motten ausnimmt, die deren vier haben. An den Tagfaltern zeigen sie sich besonders hervorragend. — Die Zunge (oder der Sauger,) vorn am Kopfe zwischen den Bartspitzen, ist entweder lang oder kurz. Im ersteren Falle und bei den meisten Schmetterlingen ist sie spiralförmig oder wie eine Uhrfeder gebogen, und zum Ausstrecken geeignet; im andern Falle aber kurz und bei vielen Schmetterlingen so kurz, daß sie kaum oder gar nicht bemerkt wird. Sie besteht, ungeachtet ihrer Dünnheit, aus zwei in einander befindlichen Röhren, die, wo sie nicht getrennt sind, doch getrennt werden können. Mittelst derselben saugen die Schmetterlinge den Saft aus den Blumen oder andern Pflanzentheilen, wenn sie der Nahrung bedürfen: denn sie nehmen nur wenig zu sich und gewisse Schmetterlinge, an welchen eine nur kurze oder keine Zunge bemerkt wird, z. B. **Sat. Pavonia**, scheinen gar keine Nahrung zu sich zu nehmen. Dagegen zeigen besonders lange Zungen gewisse Dämmerungsfalter, z. B. **Sph. Convolvuli**, welcher sogar eine drei Zoll lange Zunge hat.

Jeder der vier Flügel besteht, trotz seiner Dünnheit, aus zwei besonderen Häuten, die durch ein zelliges Gewebe mit einander verbunden sind, wie es ein Baumblatt ist. In dem feinen Staube aber, welcher ihn bedeckt, und undurchsichtig macht, aber auch die schöne Farbe giebt, ist er eigentlich fein beschuppt. Denn unter dem Mikroskop betrachtet, erscheint jeder einzelne Staubtheil wie eine bestielte Schuppe, welche mittelst dieses Stieles ebenso in der Flügelhaut des Schmetterlings steckt, wie eine Vogelfeder mittelst des Kiels in der Flügelhaut des Vogels. Dieser schuppenförmige Staub liegt zugleich geordnet, wie die Ziegel auf einem Dache, vor oder etwas über einander und so, daß der vordere und breitere Theil der Schuppen sich gegen den Außenrand des Flügels richtet. An sich selbst aber sind diese Schuppen von verschiedener Größe; sie sind auf ihrer Fläche gefurcht oder gerippt, in ihrer Kante verschiedentlich gerundet, gezackt oder auch glatt und überhaupt nach der Verschiedenheit des Schmetterlings von verschiedener Gestalt. Wer Gelegenheit findet, diese Schuppen mittelst des Mikroskops zu betrachten, wird mit gerechter Bewunderung erfüllt werden. Einen vorzüglich schönen Anblick gewährt der aus einem der Flügel des **Van. Jo** herausgeschnittene Augenfleck.

Ihrer Gestalt nach sind die Flügel breit oder schmal, geeckt oder gerundet, ein-

oder ausgeschweift und hierbei mehr oder weniger gezackt, gezähnt oder gezähnelt; auch geht wohl die hintere Ecke in eine lange Spitze aus und nennt man sie in diesem Falle geschwänzte Flügel. Ihre Farbe ist sowohl mehrfach als auch einfach. Sie führen gewisse Abzeichen auf ihrer Fläche, nämlich Punkte, Flecke, Linien, Striche und Streifen. Sind die Flecke besonders ringförmig, so nennt man sie Augenflecke (Pupillen), auch wohl Augen. Sind die Streifen von gleicher oder doch ziemlich gleicher Breite und nur schmal, so nennt man sie Striemen, sind sie aber breit, Binden, und wenn sie sich wie lose liegendes Band zeigen, Bänder. — Gewisse Schmetterlinge tragen in der Ruhe oder im Sitzen die Flügel hoch, andere wieder wagerecht zur Seite, noch andere schief zur Tiefe gerichtet. Noch andere haben solche um sich geschlagen. Man unterscheidet Vorder- und Hinterflügel, an jedem Flügel aber Wurzel, Vorderrand, Innenrand und Außenrand. Die Wurzel ist zunächst dem Körper, der Vorderrand ist im Fluge vorn, der Innenrand hinten; der Außenrand steht der Wurzel am entferntesten. Es giebt aber auch Schmetterlinge, welche aussehen, als hätten sie gar keine Flügel; es sind dies die weiblichen Schmetterlinge gewisser Spinner und Spanner. Jedoch scheint es nur so; denn sie haben deren wohl, solche sind aber freilich so klein, daß sie kaum sichtbar, geschweige denn zum Fluge dienlich sind.

Die Füße des Schmetterlings sind gelenkig. Jeder Fuß hat Schenkel, Schienbein und ein aus mehreren gelenkigen Gliedern bestehendes Fußblatt. Am Ende des letzteren aber führt er meist zwei, sonst auch wohl mehr als zwei Klauen. Nicht alle Schmetterlinge haben drei Paar, nach obiger Beschreibung vollständige, Füße, sondern es giebt auch Schmetterlinge, und zwar unter den Tagfaltern, deren anderes Paar Füße ohne Klauen und abgestumpft ist, und sie dienen denselben darum auch nicht, wie die übrigen, zum Gehen, wohl aber mittelst derselben Augen und Bartspitzen zu putzen, so wie zum Beseitigen dessen, was ihnen beim Saugen an den Blumen etwa hinderlich ist. Des ersteren Gebrauchs wegen nennt man dergleichen Füße auch Putzpfoten; solche Tagfalter, die mit dergleichen Putzpfoten versehen sind, heißen Viergehefüßler (Tetrapodes), und solche Tagfalter, die dergleichen nicht haben, Sechsgehefüßler (Hexapodes).

Das Leben der Schmetterlinge ist meist nur kurz. Doch giebt es Arten, welche überwintern und so ihr Leben länger erhalten. Sie entkommen den Puppen noch im späten Sommer. Sie fliegen in den Gärten und in den Feldern so lange umher, als die Witterung sie begünstigt. Beim Herannahen des Winters aber kriechen sie in hohle Bäume, alte Mauern, selbst in die Häuser auf die Böden und andere Orte, wo sie bis zum nächsten Frühjahre verbleiben und in keiner Kälte umkommen. Dann aber fliegen sie wieder hervor in neuer Freude ihres Lebens ins Freie. Nun erst gelangen sie zur Begattung und sterben danach, jedoch das Weib nicht eher, bis von ihm seine Eier abgesetzt worden sind. Dergleichen Schmetterlinge sind z. B. **Rhod. Rhamni, Van. C album** und **Van. Antiopa** (der Trauermantel).

Nicht alle Schmetterlinge fliegen bei hellem Tage, sondern viele auch in der Morgen- oder Abenddämmerung, und noch viele andere giebt es, deren Flugzeit nur die Nacht ist. Darum heißen, wiewohl mit einiger Ausnahme, diejenigen Schmetterlinge, welche nur bei Tage fliegen, Tagfalter, diejenigen aber, die nur in der Morgen- oder Abenddämmerung fliegen, Dämmerungsfalter und diejenigen, deren Flugzeit die Nacht ist, Nachtfalter. Des Gesumses wegen, welches viele Dämmerungsfalter bei ihrem Fluge hören lassen, nennt man die Dämmerungsfalter auch Schwärmer.

Die Schmetterlinge zeichnen sich aber auch durch ein besonderes Äußere aus — in ihren Fühlern, Saugern und Flügeln — welches erkennen läßt, ob solche, die uns vorkommen, Tagfalter oder Dämmerungsfalter oder Nachtfalter sind, und dies ist allerdings von vieler Wichtigkeit.

Anweisung, wie eingesammelte Raupen aufgefunden und aus Puppen, sowie aus Eiern erzogen und behandelt werden.

Zum Erziehen der Schmetterlinge aus Raupen bedarf es des Einsammelns der Raupen oder deren Erziehung aus Puppen und beziehentlich Eiern, wodurch fast ausschließlich einer der Hauptzwecke bei der Anlage von Schmetterlings-Sammlungen, nämlich die Gewinnung tadelloser Exemplare, erreicht wird.

Geräthschaften zum Einsammeln der Raupen:

1) Mehrere größere und kleinere Schachteln, welche, als zur Aufnahme der gefundenen Raupen dienend, gut schließen müssen. Am besten bedient man sich blecherner Schachteln, welche oben mit feiner Drahtgaze überzogen sind und eine mit gutpassendem Stöpsel verschließbare Öffnung haben. Dieser Stöpsel ist aber auch mit Blech zu umlöthen, indem derselbe sich durch vielfachen Gebrauch sonst zerreibt. Außerdem ist besagter Stöpsel durch einen Faden mit der Schachtel zu verbinden, damit er nicht abhanden kommt.

2) eine Scheere oder ein Messer, und zwar behufs Abschneidens der Zweige oder Blätter, worauf man Raupen entdeckt. Gewisse Raupen sitzen nämlich sehr fest und könnten durch gewaltsames Abnehmen Schaden erleiden.

3) ein Stock, sogenannter Ziegenhainer, sowie

4) ein Klopfer; dieses Instrument besteht aus einem länglichrunden, geschmiedeten Eisenstück und fest darum gewundenem, guten Gummi. Oben erwähntes Eisen muß zur Anbringung eines Riemens am oberen Ende eine Öse haben, welche dem Riemen genügenden Spielraum zur Bewegung läßt. Im Ganzen erreicht das Gewicht eines solchen Klopfers zwischen 5 und 12 Pfund, je nach der Körperkraft, mitunter auch der Bequemlichkeit, des Entomologen.

Der Zweck des Stockes ist das Abklopfen der Zweige, jener des Klopfers das Abklopfen schwacher bis doppelarmstarker Bäume, auf denen man Raupen (beiläufig auch Schmetterlinge) vermuthet. Durch die Erschütterung des Klopfens an Zweige und Bäume wird durchschnittlich eine weit ausgiebigere Beute gewonnen, als durch bloßes Absuchen. In Betreff des Klopfers sei noch erwähnt, daß nicht alle Förster mit dieser Art entomologischen Eifers einverstanden sind, daher es den jungen Entomologen anzurathen ist, sich vorher von dem betreffenden Forstpersonal die Erlaubniß zum Klopfen einzuholen. Weniger wird das Abklopfen der Zweige vermittelst des Stockes angefochten.

5) ein Regenschirm, und zwar ein mehr dauerhafter als eleganter. Solcher dient zum Unterhalten unter die abzuklopfenden Zweige oder Bäume. Rathsam ist es, den Schirm mit festem weißen Zeuge ausfüttern zu lassen und zwar in der Art, daß der Schirm beim Aufspannen eine zwar vertiefte, doch glatte Fläche bildet.

6) ein Schöpfer; dieses Instrument besteht aus einem sehr dauerhaften, starken Eisenring, von dem Flächenraum einer mittleren Bratenschüssel, mit anzuschraubendem Stabe von ungefähr einer Elle Länge. An dem Ringe ist ein Sack aus fester Leinwand von $^3/_4$ Elle Länge befestigt und darf der Sack keine Ecken und Falten haben, sondern muß rund zulaufen. Mit dem Schöpfer streicht man durch Büsche, an niederen Pflanzen und Zäunen hin, immer nach aufwärts zu — und sieht von Zeit zu Zeit nach, was man gefangen hat. *)

Aufsuchen und Einsammeln der Raupen. Gar mannichfaltig sind die Aufenthaltsorte der Raupen, und man hat alle Aufmerksamkeit nöthig, sie zu entdecken, da sich die meisten Arten gern versteckt halten. Doch verrathen sie sich oft durch ihren Koth, der meist von walzenförmiger Gestalt und dunkelgrüner, brauner oder schwarzer Farbe ist, oder durch ihr Gespinnst auf Bäumen und Sträuchern, oder durch die befressenen Blätter, besonders durch deren mondförmige Abnagung. Da, wo man dergleichen Merkmale findet, kann man auf in der Nähe befindliche Raupen schließen und sie aufsuchen. Auch die abgestreiften Raupenbälge lassen ihre Nähe vermuthen. Man untersuche die Zweige und Blätter, selbst die Blüthen und Wurzeln der Bäume und Sträucher, sowie die Kräuter und Gräser; denn finden sich Raupen, so ist es fast ausschließlich an und in der Nähe von Pflanzen. Die günstige Zeit des Aufsuchens ist früh Morgens oder in der Kühle des Abends — auch am Tage bei bedecktem Himmel, nie aber bei drückender Sonnenhitze — weil fast alle Raupen sich vor den Sonnenstrahlen versteckt halten. Die hier im Allgemeinen aufgestellten Regeln gelten sowohl beim einfachen Suchen, als beim Klopfen und Schöpfen.

Eine oft sehr lohnende, wenn auch mühsame Art, Raupen zu suchen, ist das Leuchten.

Da es Thatsache ist, daß bei Weitem die meisten Raupen nur des Nachts ihre Nahrung aufsuchen, sich dagegen Tags über möglichst verkriechen, theils sogar unter der Erde weilen und demnach deren Auffindung eine halbe Unmöglichkeit ist, so ist man darauf gekommen, die Raupen mittelst einer Laterne*) in den Abendstunden von 9—11 Uhr auf ihren Nahrungspflanzen aufzusuchen. Man hat dabei Folgendes zu beobachten: Zunächst eignen sich zum Leuchten nur die Monate März bis Mai. Sodann müssen windstille Abende gewählt werden. Die lohnendsten Stellen sind Chausseegräben, bewachsene Mauern, Bergabhänge, Wiesenränder, mit Pflanzen bewachsene Sandgruben u. s. w. Es müssen an den angegebenen Orten alle Büsche, namentlich aber alle niederen Pflanzen mit der Laterne gehörig beleuchtet werden und wird man bei Beachtung der obenmitgetheilten Bedingungen manche gute Raupe, namentlich Eulenraupen aus dem Gen. Agrotis finden und für die Mühe hinreichenden Ersatz haben. Vermittelst der Laterne kann man auch außer den Monaten März bis Mai und zwar die ganze übrige Zeit bis zum Spätherbst guten Fang machen, nämlich beim Abklopfen der Büsche in den Schirm zur Nachtzeit, (von 9—11 Uhr.) Hier dient die Laterne nur dazu, um sehen zu können, was in den Schirm fällt. Bei windstiller Witterung ist auch diese Fangart von Raupen und beiläufig Schmetterlingen meist sehr ergiebig.

---

*) Die hier erwähnten Geräthschaften sind zu Herstellungspreisen (siehe die dem Register vorgeheftete Tabelle) von E. Heyne in Leipzig, Poststraße Nr. 12., auf Bestellung zu erhalten.

Beim Einsammeln von Raupen beobachte man noch Folgendes: Man vermeide, viele und vielerlei Raupen in ein Behältniß zu einander zu bringen, besonders wenn sie nicht bald nach Hause gebracht werden können, da es deren giebt, die einander beschädigen. Auch sehe man auf nur gesunde Raupen. Besonders nehme man nicht gewisse glatte und saftige Raupen, welche unregelmäßige braune oder gelbe Flecke zeigen, sich unruhig hin- und herbewegen oder gar nicht mehr kriechen wollen, sondern sitzen bleiben; namentlich aber beachte man, daß keine gestochenen, d. h. mit Schlupfwespen-Eiern behaftete, darunter gelangen. Diese Eier sind den Raupen entweder direct auf die Haut oder in die Ringfalten oder endlich unter die Haut gelegt. In ersterem Falle können solche mit einer feinen Pincette entfernt oder zerdrückt werden, in letzterem Falle ist die Rettung der Raupe kaum zu bewerkstelligen.

Besondere Aufmerksamkeit verwende man beim Aufsuchen der Raupen auf das ihnen dienliche Futter und versehe sie sogleich damit, da sie gefräßig sind und nicht lange ohne Nahrung sein können. Das geeignetste Futter aber ist solches, welches man sie in ihrer Freiheit fressen sieht, und nur dienlich sind ihnen solche Pflanzenblätter, die nicht welk geworden, sondern frisch sind. Auch sehe man auf Reinheit des Futters. Fände man eine Raupe an einem Orte ruhend ohne Futter, so muß man ihr allerlei in der Nähe wachsende Pflanzenblätter vorlegen, oder sie so lange beobachten, bis solche sich selbst wieder das Futter sucht. Wäre indeß das Futter nicht auszumitteln, so bediene man sich solcher Pflanzen, deren Blätter von vielen Raupen verschiedener Gattung gefressen werden, besonders des Salats, der Weiden- und Pappelblätter, des Weiderichs, des Ginsters, des Faulbaums, der Eiche, Birke, Linde u. s. w. Man bediene sich auch dieser Nahrungsmittel bei solchen Raupen, die man auf Pflanzen findet, welche man nicht alle Tage haben kann oder von seinem Wohnorte zu weit anzutreffen sind. Z. B. frißt der Parn. Apollo auch das knollige Sedum (fette Henne), der Nachtkerzenschwärmer (Pter. Oenotherae) außer der Nachtkerze auch den gemeinen Weiderich, der englische Bär (**Arctia Hebe**) die Wolfsmilch, aber auch den Salat.

Nach der Zuhausekunft bringt man die eingesammelten Raupen sogleich in die zu ihrer Wartung und Pflege besonders geeigneten Behältnisse. Könnte dies aber nicht sogleich geschehen, so vertheile man sie vorläufig wenigstens in größere Behältnisse, als die sind, in welchen die Raupen gesammelt wurden, lasse es ihnen aber auch für diese möglichst nur kurze Zeit nicht an Futter mangeln.

Besondere Bewahrung der Raupen. Ziemlich dienliche, besondere Behältnisse hierzu bestehen in gewöhnlichen Schachteln und in sogenannten Einmachegläsern. Nur dürfen erstere in ihren Deckeln nicht abklaffen, sondern müssen genau anschließen. Hätten sie dennoch diesen Fehler, so beleime man sie mit schmalen Papier- oder Lederstreifen, bis sie nicht mehr abklaffen. Auch hat man das Deckelbretchen fein zu durchlöchern, damit es den Raupen nicht an der gehörigen Luft fehle, oder es bekommt, indem man dasselbe ganz herausnimmt, die Schachtel statt seiner einen Überzug von einem nicht zu weitläufig gewebten Zeuge, wie Gaze oder Marly. Bei den Einmachegläsern bedarf es nichts weiter, als daß man ihre Öffnung mit starkem Papier oder dergleichen Zeuge, wie mit Gaze oder auch mit Marly verschließt und ersteres zugleich fein durchlöchert. Es sind aber die Glasbehältnisse nothwendig für solche Raupen, die Holz benagen und sich daher in Schachteln leicht durchfressen; auch verschließe man sie womöglich mit einem eisernen Siebzeuge.

Sowohl Schachteln als Einmachegläser werden bis auf ein Viertel oder ein Dritttheil ihrer innern Höhe mit reiner Gartenerde angefüllt. Dies ist zwar für solche Raupen, die zu ihrer Verwandlung der Erde nicht bedürfen, nicht nöthig, doch ist bei bloßer Vermuthung besser, es nicht zu unterlassen, und auf keinen Fall ist es nachtheilig. Zugleich aber legt man in diese Behältnisse einige dürre Zweige und setzt ein kleines mit frischem Wasser gefülltes Arzneigläschen, in welchem ein solcher frischer Zweig steckt, wie ihn die Raupe zum eigentlichen Futter bedarf, etwas schief ein. Bei diesem Verfahren hat man nicht nöthig, die Raupen des Tages mehrere Male zu füttern, wie es sonst geschehen müßte. Dieselben haben zugleich eine ihnen weit zuträglichere Nahrung, als wenn die Zweige oder die Blätter bloß hineingelegt würden. Nur muß das Gläschen, damit das Wasser nicht auslaufe und die Raupen nicht in's Wasser gelangen können, an seiner Mündung um den Zweig wohl verstopft werden. Man darf in dieser Absicht nur den Zweig, bevor man ihn einsteckt, gehörig umwickeln.

Viel zweckmäßiger, wiewohl kostspieliger als Schachteln und Einmachegläser, sind folgende Zusammenstellungen. Man verschaffe sich einen oben und unten offenen Glascylinder, welcher 1½ bis 2 Fuß hoch und in seinem unteren Rande 10 bis 15 Zoll weit ist, und einen hölzernen Teller, der oben ringsum eine solche schmale Vertiefung hat, daß der Cylinder mit dem einen Rande in ihr einstehen kann, außerdem ist in der Mitte des Tellers ein zollgroßes Loch anzubringen. Man setze nun den Teller auf ein starkes irdenes Gefäß voll frischen Wassers und stecke durch das Loch des Tellers, bis zu seiner völligen Ausfüllung, in das Wasser frische unbeschädigte solcher Zweige, von welchen die Raupen, welche man einbringen will, sich nähren. Alsdann stülpt man den Cylinder auf den Teller. Auch unterlasse man nicht, die obere Öffnung zu verschließen. — Oder man nehme zu einem solchen Glascylinder eine runde deckellose Schachtel von Holz oder von Pappe, setze auf den Boden dieser Schachtel ein Glas mit frischem Wasser und in dieses einen solchen frischen Zweig, in welchem das den Raupen dienliche Futter besteht, stülpe nun den Cylinder über Zweig und Raupen auf den Boden der Schachtel und verschließe ihre obere Öffnung mit einem durchlöcherten Zeuge, wie Gaze oder Marly, oder auch mit starkem Papier, welches man fein durchlöchert.

Auch dient ein hölzerner Kasten zu einem solchen für die Wartung und Pflege bestimmten Behältnisse und zwar für eine größere Anzahl von Raupen, welcher 3 Fuß lang, 10 Zoll breit und 1 Fuß hoch ist, dessen vier Seitenwände aber nicht ganz von Holz sind, sondern ihrem großen Theile nach eine Bespannung von Gaze oder Marly haben und an dessen Boden sich ein so viel wie möglich langes und breites, jedoch nicht gar hohes Kästchen zum Heraus- und Hineinschieben befindet. Dieses Kästchen wird mit reiner Gartenerde angefüllt, auf diese Erde aber werden kleine Gläser mit frischem Wasser gesetzt und in dieses solche frische Zweige, welche den Raupen zum Futter dienen. — Auch können die Seitenwände dieses Kastens aus Glasscheiben bestehen und man hat so, wie bei den Glasgefäßen, das nützlich Angenehme, die Raupen zu beobachten, ohne daß sie im Geringsten gestört werden.

Nimmt man einen gewöhnlichen irdenen Blumentopf und verschaft man sich eine Kappe von Gaze oder Marly und zwar so, daß sie ein Gestelle von Holz oder Draht hat, das von einem Reif ausgeht, der so groß ist, als die innere Rundung des Topfes zwei Zoll vom Rande ab; — füllt man nun den Topf ebenso hoch mit Erde, steckt in diese eine niedrige, der aufzuwährenden Raupe entsprechende Pflanze und bringt man nun die Kappe so über den Topf und auf die Erde, daß man den Reif derselben in diese ziemlich tief eindrückt; so ergiebt sich in dieser Zusammenstellung ebenfalls ein dienliches, einfaches und nicht kostspieliges besonderes Behältniß für eine oder einige Raupen.

Wartung und Pflege der Raupen. Diese ist die gehörige, wenn man die Raupen so leben läßt, wie sie es im Freien gewohnt sind. Man entziehe ihnen nicht die frische und reine Luft, lasse es ihnen nicht an frischem und reinlichem Futter fehlen, säubere ihre Behältnisse täglich von ihrem Kothe, besprenge sie, namentlich in heißer Jahreszeit alle 1—2 Tage mit frischem Flußwasser vermittelst einer eingetauchten Bürste, störe sie so wenig wie möglich, berühre sie, wenn man sie irgendwo wegbringen will, auch nicht mit den Fingern und gebe ihnen zu ihrer Verpuppung einen zweckmäßigen Platz; dies Alles sind Erfordernisse, wenn man sie bei guter Beschaffenheit erhalten und vollkommene Schmetterlinge erziehen will.

Es sei der Ort, an welchem man ihr Behältniß stehen hat, an sich rein und nicht staubig, von der Sonne zwar nicht den ganzen Tag, doch einen beträchtlichen Theil des Tages, namentlich von der Morgensonne, beschienen. Hält man die Raupen in einem der erwähnten Behältnisse verwahrt, so gebe man ihnen jeden Morgen frische Zweige in frischem Wasser. Man lasse sie hierbei vom alten Zweige auf den frischen sich selbst versetzen, indem man die alten Zweige in möglichste Nähe der frischen anbringt. Man nehme jüngere und ältere Zweige, je nachdem die Raupe an sich selbst jung oder alt ist; sehr junge Raupen bedürfen sogar der zartesten Blätter.

Bemerkt man, daß die Raupen nicht mehr mit der früheren Begierde fressen und unbeweglich sitzen bleiben, so geht mit ihnen die so merkwürdige Veränderung der Häutung vor. Da muß man sie denn auch auf keine Weise beunruhigen. Ist aber diese Veränderung erfolgt, so darf man es ihnen, weil sie nun um so gefräßiger sind, ja nicht an hinlänglichem Futter fehlen lassen. Sie müssen vielmehr fortwährend zu fressen haben, wo nicht, so fallen sie zu begierig über das frische Futter her und fressen auf einmal zu viel; dies verursacht ihnen aber leicht den Tod. Man gebe ihnen aber das Futter in Blättern von zarter Beschaffenheit; denn es hat um diese Zeit ihr Gebiß noch nicht Härte genug, als daß sie des minder zarten so viel, als es ihre Sättigung bedarf, fressen könnten; sie würden also demnach hungern müssen. Bemerkt man nach erfolgter Hautablegung der Raupen, daß diese unruhig werden, ängstlich hin und her, oder auf und nieder kriechen, ihre Freßlust nachläßt und sie viel ihres Unraths auswerfen, auch wohl, daß sich ihre Farbe ändert, ihr Körper einschrumpft, so ist ihre Verwandlung, die Verpuppung, nahe. Man lasse es ihnen dann auch an Nichts fehlen, was sie zu ihrer Verwandlung nöthig haben. Es verwandeln sich aber die meisten der Tagfalterraupen ganz im Freien, indem sie sich mit ihrem Schwanzende anhängen und auch wohl noch einen Faden um ihren Körper ziehen, aber ohne alles weitere Gespinnst. Dergleichen Raupen bedürfen daher nur eines Plätzchens an den Wänden oder der Decke ihres Behältnisses oder eines abgedornten Zweiges in diesem Behältnisse, an welchem sie sich anhängen. — Es verwandeln sich die Nachtfalterraupen entweder über der Erde, innerhalb eines Gewebes oder Gehäuses, oder an der Erde, unter Blättern, Moos oder Steinen, oder aber in der Erde, mit oder ohne besondere Umgebung. In ersterem Falle bedarf es für sie eines Platzes, welcher nicht zu beengt ist. Es dienen ihnen trockne Zweige oder Reiser. Nicht selten aber hängen sich dergleichen Raupen auch an die Wände ihres Behältnisses an oder sie kriechen in oben angebrachte papierne Düten. Im andern Falle bedarf es, daß man für sie mehrere Pflanzenblätter auf die Erde hinlegt; im dritten Falle aber solcher Erde, die rein und fein und auch nicht feucht ist. Gern giebt man ihnen ein Gemenge von frischem Sande und reiner Gartenerde. Die Holzraupen erfordern auch etwas lockere Holzerde. Unreine Erde wird aber gereinigt, indem man sie durch ein Sieb fallen läßt; auch muß sie von Insecten gereinigt werden, wenn sie deren enthalten sollte. Dies aber geschieht dadurch, daß man sie sorgfältig aussucht und aussondert. — Es verwandeln sich die Dämmerungsfalter an der Erde, unter Blättern, in der Erde oder auch wohl über der Erde innerhalb eines Gewebes. In den beiden ersten Fällen bedarf es also für sie gleichfalls der Erde und einiger oder mehrerer auf die Erde hingelegter Pflanzenblätter. Insbesondere sind dazu Weinstockblätter dienlich. Im dritten Falle aber bedarf es einer ähnlichen Vorsorge, wie die für solche Nachtfalterraupen, die sich über der Erde verwandeln.

Bei der Zucht gewisser Raupen, z. B. der Bärenraupen (Gen. **Arctia**) und anderer, die man durch die Erfahrung als unverträglich kennen gelernt hat, beobachte man die Vorsicht, nur eine oder doch wenige in einem Behälter zu vereinigen, da diese Arten sich gegenseitig bei der Verwandlung hindern.

Erfordern aber die Raupen schon bei ihrer Hautablegung viele Schonung, so bedarf es dieser für sie um so mehr bei ihrer Verwandlung. Man beunruhige sie denn auch auf keine Weise. Viel weniger sei man ihnen absichtlich nachtheilig, dadurch daß man aus Neugierde das Gespinnst oder die Erde aufrisse, in welchem oder in welcher ihre Verwandlung vorgeht. Nicht minder bedürfen die schon gewordenen Puppen aller möglichen Schonung. Denn wenn ihnen diese nicht zu Theil wird, gestalten sich in ihnen nur unvollkommene oder auch wohl gar keine Schmetterlinge. Man enthalte sich denn auch Alles dessen, wodurch die Puppen außer Ruhe kommen oder wovon man glauben kann, daß es nachtheilig auf ihren Körper wirke. Sogar berühre man sie nicht einmal, wenn es nicht in guter Absicht geschehen muß; wie, wenn man erfahren wollte, ob sie auch tauglich wären. Denn die meisten zeigen dies, wenn sie bei der Berührung lebhaft mit ihrem Schwanzende um sich schlagen. Zuckende Bewegungen sind, sowie schwarze äußere Flecke, Zeichen von schlechter Beschaffenheit der Puppen. Durch die Erfahrung ergiebt sich auch, die gute Beschaffenheit durch das Gewicht der Puppen festzustellen, indem die abgestorbenen viel leichter als die lebenden sind.

Besondere Verwahrung der Puppen. Zur Verwahrung, um sie desto besser zu beobachten, dient bei folgender Einrichtung ein Holz- oder Pappkasten. Sein Boden ist mit einer Lage guter Gartenerde zu versehen. Es hat dieser Kasten kein Deckelbret, sondern, damit hier genugsame Luft eindringe, eine Bespannung von Marly oder einem andern weitläufig gewebten Zeuge. Zur einen Seite hat der Kasten eine große Glas- oder mit Gaze überzogene Thür, die übrigen Seiten aber sind mit rauhem Papier oder mit Tuch bezogen, alle inneren Wände aber haben hochwärts gerichtete Leistchen, damit der aus der Puppenhülse kaum gekommene Schmetterling etwas finde, woran er sich hinaufbegeben und hier sich entfalten könne. Es kann ein solcher Kasten ungefähr 1 Fuß lang und breit und 5 Zoll hoch sein. Auch können alle Seitenwände aus Glasscheiben oder Gazebezug bestehen; nur darf es nicht an den hochwärts gerichteten Leistchen, auch nicht ganz an dem Überzug mit rauhem Papier oder Tuche fehlen.

Ist man im Besitz eines solchen Behältnisses für die Puppen, so werden diese einzeln nach einander und zwar mit aller Vorsicht eingelegt, mit einer ganz dünnen durchlöcherten Mooslage lose überdeckt, dann aber so lange nicht weiter berührt, bis die Schmetterlinge aus ihrer Hülse entkommen sind. Nur beobachtet werden sie und zwar durch das Glas oder auch durch den durchlöcherten Überzug des Behältnisses. Im Nichtbesitz eines solchen Kastens dient aber auch schon ein nicht zu kleines Einmacheglas, dessen Boden man ebenfalls mit einer Lage guter Erde versieht. Man befestigt in demselben einige mit rauhem Papier oder Tuch umwickelte Holzstäbchen zum Hinaufklettern des der Puppenhülse entschlüpften Schmetterlings, bringt mit Vorsicht die Puppen auf die Erde, überdeckt dieselben mit oben erwähnter Moosschicht und verbindet die obere Öffnung mit einem weitläufig gewebten Zeuge oder durchlöchertem starken Papier. Zur besonderen Verwahrung und Beobachtung der Puppen stehe das Behältniß, Kasten oder Glasgefäß, an einem gegen Morgen gelegenen, doch im Winter ungeheizten Orte. Nur sei es niemals von der Sonne beschienen — es würden dadurch die Puppen zu Grunde gehen.

Beobachtung der Puppen. Jede Puppe von guter Beschaffenheit fängt, was ihre Beobachtung betrifft, schon sechs Tage, auch wohl etwas später oder früher vor dem Auskommen des Schmetterlings an, ihre Farbe zu ändern und weich und unscheinbar zu werden.

Zuerst verfärben sich die beiden Stellen, welche die Augen des Schmetterlings umhülsen, dann die Flügelscheiden und nun verfärbt sich auch das Übrige der Puppe; es wird diese weich und unscheinbar, bei ihrer Weichheit aber auch empfindlich, weshalb man sie denn insbesondere nicht berühren, viel weniger anfassen oder rütteln darf. Nicht gar lange mehr, so wird man gewahr, wie der Schmetterling sich aus der Puppe hervorzieht, dann in die Höhe klettert, hier eine kurze Zeit verweilt, nun aber sich entfaltet. Fürwahr eine Erscheinung, welche, gleich so mancher in der Natur, zur besondern Bewunderung geeignet ist und in dem Vergnügen, welches sie verursacht, gar reichlich für die Zeit und Mühe lohnt, welche man auf das Einsammeln und die Wartung und Pflege der Raupen freilich verwenden mußte.

Wie Schmetterlinge aus eingesammelten Puppen erzogen werden. Schmetterlinge aus eingesammelten Puppen hervorkommen zu lassen, bedarf bei weitem nicht der Mühe und Zeit, als das Erziehen der Schmetterlinge aus eingesammelten Raupen. Auch erhält man aus eingesammelten Puppen gewöhnlich größere und schönere Schmetterlinge als aus eingesammelten Raupen.

Freilich ist das Einsammeln der Puppen nicht so ergiebig als das der Raupen, weil diese bei ihrer Verwandlung im freien Zustande insbesondere einen sichern und versteckten Ort wählen; doch lassen sich bei der gehörigen Aufmerksamkeit dennoch recht viele Puppen auffinden. Es ist dazu sowohl der späte Herbst als der erste Frühling zu wählen. Man versehe sich mit einem kleinen Spaten oder, was noch besser ist, mit einer eisernen, zum einen Theile zweispitzigen oder gabelförmigen Hacke. Man grabe oder hacke in die Erde nahe an Zäunen und Hecken; man umgrabe oder umhacke die Erde in Gärten und auf pflanzenreichen Wiesen, auch in Wäldern, kehre hier das Moos um, umwühle die lockere Erde um die Baumstämme; — man untersuche die rauhrindigen Baumstämme, die Planken, die der freien Luft ausgesetzten Mauerwände in ihren Ritzen und Fugen, auch die Höhlungen der Bäume, selbst manche Steine, indem man sie aufhebt, auf der Seite, mit welcher sie hohl aufliegen; so wird man nicht leicht vergeblich suchen, sondern gar manche Puppe auffinden, die man nun in sichere Verwahrung bringt. Man hat sie aber mit aller Behutsamkeit ab- oder aufzunehmen, besonders solche, die ein Gespinnst um sich haben. Es ist dieses ja nicht an der Puppe, sondern da, wo es anhängt, zu lösen, wo nicht, so verdirbt meist die Puppe und so auch der in ihr befindliche Schmetterling. Zur vorläufigen Verwahrung dient ihr eine in Fächer abgetheilte Schachtel, welche erstere so groß sind, daß in einem solchen Fache entweder eine große oder einige minder große Puppen bequem Platz finden. Gut ist es aber auch, wenn man diesen Fächern eine Fütterung von fein wolligem Zeuge giebt oder sie mit Moos auslegt, denn so sind die Puppen weniger der Beschädigung ausgesetzt, als das sonst wohl doch der Fall sein möchte.

Wie Raupen aus Schmetterlings-Eiern erzogen werden. Raupen aus Schmetterlings-Eiern zu erziehen ist zwar eine mit nicht geringer Mühe und Zeitverlust verknüpfte, aber auch um so mehr lohnende Beschäftigung, da man bei ihr die Raupen während ihrer ganzen Lebenszeit beobachten und recht genau kennen lernen kann, und bei welchen man nicht zu besorgen hat, daß sie durch Insectenstiche zu leiden haben und so für die zu erhoffenden Schmetterlinge verdorben sind, wie das bei eingesammelten Raupen gar leicht der Fall ist. Zu Folge dessen, was bereits in der vorläufigen Belehrung über die Schmetterlings-Eier gesagt worden ist, finden sich dieselben vornehmlich an zarten Zweigen und Pflanzenstängeln, an den Baum-, Strauch-, Stauden- und Krautblättern, an den ritzigen Stellen der Baum- oder Strauchrinden. Man suche, um sie möglichst unverletzt sich anzueignen, die zarten Zweige oder Pflanzenstängel oder die Blätter, an welchen sie haften, gut abzuschneiden, von der Rinde aber, an der sie festsitzen, eine Wenigkeit, nämlich die, auf welcher sie sich befinden, behutsam loszuschneiden, und bringe sie so in die bei sich habende Schachtel. Es kann aber auch sein, daß man beim Schmetterlingsfange solche weibliche Schmetterlinge erhält, die ihre Eier noch nicht abgelegt haben, dies oft aber noch in der Gefangenschaft thun. Diese Gelegenheit hat man, namentlich wenn es seltnere Arten betrifft, nicht aus der Acht zu lassen.

Man bediene sich nun zur Aufbewahrung der Eier, aus welchen Schmetterlinge erzogen werden sollen, möglichst kleiner Behältnisse, welche vollauf mit frischem Futter angefüllt sind, so daß die dann entschlüpfenden jungen Räupchen sogleich Nahrung finden und keine Gelegenheit haben, sich vom Futter zu verirren, denn in solchem Falle finden sich dieselben oft nicht zum Futter zurück und verhungern. Die betreffenden jungen Zweige oder Pflanzenstängel sind auch im vorliegenden Falle in Gläschen mit frischem Wasser zu setzen und täglich zu erneuern. Man sehe aber auch darauf, daß man taugliche Eier in das Behältniß bringt; sie müssen nicht zusammengeschrumpft sein, können aber wohl auf der einen Seite eine bemerkliche Vertiefung haben. Das naturgemäßeste Verfahren bei der Eierzucht ist jedoch, daß man die Eier mittelst eines Sackes von feiner Leinwand oder sehr dichter Gaze auf den lebenden Bäumen oder Pflanzen einbindet. In diesem Falle hat man das Futter nicht früher zu erneuern, als bis die eingebundenen Zweige oder Pflanzen nahezu aufgezehrt sind.

Anweisung

zum

Fange, zur Behandlung (Präparation)

und zur

Aufbewahrung

der

Schmetterlinge.

Geräthschaften zum Fange. Sie bestehen aus einigen Fangnetzen, mehreren Schachteln und einer entsprechenden Menge von Nadeln.

Das eine dieser Fangnetze ist das Klappnetz oder die Scheere. Zwei gleich große Ringe von Draht, im Durchmesser sechs bis acht Zoll groß, sind ziemlich straff mit Marly oder besser mit einer glattgefeilten Drahtgaze überzogen und machen die eigentliche Klappe aus, zwischen welcher man den Schmetterling gefangen nimmt. Es ist aber jeder dieser Ringe an einem eisernen Stiele befestigt und beide Stiele sind kreuzweis durch eine Schraube verbunden und gleich einer Scheere beweglich, auch wie bei dieser an den beiden äußern Enden umgebogen, damit sie hier sicher gefaßt werden können. Beide Ringe und ihr Bezug müssen genau auf einander treffen. Eine vortheilhafte Abänderung dieses Instrumentes ist folgende: Die Ringe sind nämlich in ihrem vorderen Theile gerade; wo sie aber rund sind, wird zwischen beide, indem sie ungefähr so viel vorn aus einander gebracht werden, als ihr gerader Theil lang ist, ein Stück Filet oder Flor befestigt, so daß sich hier mit den beiden überzogenen Ringen eine Haube, demnach das Klappnetz zu einem Haubenklappnetz ergiebt. Das andere der erwähnten Fangnetze ist das Sacknetz oder der Hamen. An einem im Durchmesser sechs bis zehn Zoll großen Ringe ist ein Sack von Filet oder Flor befestigt, so daß sich dieser mit seinem Rande an ersteren anschließt, und es machen Ring mit Sack das eigentliche Sacknetz aus, in welchem man den Schmetterling gefangen nimmt. Der Sack darf keine Ecken haben, sondern muß rund verlaufen. Der mit einer gutschließenden Hülse versehene Ring wird an einem langen leichtholzigen Stock festgeschraubt, vermittelst dessen das Sacknetz geführt wird.

Der Filet- oder Florsack muß beim Gebrauche wohl auseinander gespannt bleiben. — Das dritte erwähnter Fangnetze ist das Decknetz. Es ist wie das Sacknetz äußerst einfach. Ein im Durchmesser zehn bis zwölf Zoll großer Ring ist mit Marly nur schlaff bezogen und macht so das eigentliche Decknetz aus. Auch dieses ist an einem ziemlich langen leichtholzigen Stocke befindlich, vermittelst dessen man das Decknetz führt.

Das Klappnetz dient, den Schmetterling zu fangen, wenn er nicht hoch auf einer Blume oder einem leicht beweglichen Blatte sitzt, auch wenn man ihn nicht hoch im Fluge vor sich hat, wozu es aber freilich schon vieler Fertigkeit, mit diesem Werkzeuge umzugehen, bedarf. — Das Sacknetz ist vornehmlich zu gebrauchen, sich des Schmetterlings zu bemächtigen, wenn er ziemlich hoch an einem Baume oder an einer Wand sitzt; man hält ihm den Sack unter, schnellt ihn im Schwunge in die Höhe und der Schmetterling ist gefangen. Man fängt ihn aber auch mittelst des Sacknetzes, wenn er sich nicht gar hoch im Fluge zeigt. Nur muß man hierbei wie auch in dem vorerwähnten Falle, sobald der Schmetterling in dem Sacke sich befindet, diesen einigemal herumschwenken, so daß er sich über den Drahtring umschlägt, wozu freilich einige Übung erfordert wird. Mit dem Decknetze aber wird der Schmetterling gefangen, wenn er niedrig zur Erde, auch wohl, wenn er an einem Baumstamme sitzt; und zwar sucht man ihn mit demselben schnell zu bedecken. Es ist indeß minder nothwendig, als die erwähnten andern Fangnetze, da sich diese eben so gebrauchen lassen und zwar, wenn der Schmetterling niedrig zu Erde oder nicht hoch auf einer Pflanze sitzt, das Sacknetz auch so, daß man es mit der einen Hand schnell über den Schmetterling, mit der andern Hand aber das äußere Ende des Sackes in die Höhe hält; denn so wie der Schmetterling nun auffliegt, ist er gefangen.

Die Schachteln sind insbesondere von dienlicher Beschaffenheit, wenn sie im Innern auf dem Boden, bei hohen Schachteln zugleich auch im Deckelbret mit Kork oder mit einer Wachsmasse, welche man aus gelbem Wachse und gemeinem Terpentin zu gleichen Theilen zusammenschmelzt, oder sogenannter Filzpappe, oder gefaultem Weidenholze, oder endlich, was sich am meisten empfiehlt, mit einer $^3/_4$ Zoll starken Platte westphälischen Torfes ausgelegt sind. In jedem Falle muß aber die Auslage ziemlich hoch sein.

Die zum Anstechen der Schmetterlinge anzuwendenden Nadeln, sogenannte Insectennadeln, sind $1^3/_4$—2 Zoll lang und je nach der Körperstärke des anzustechenden Schmetterlings in 5 bis 6 verschiedenen Dicken.

Art und Weise des Fanges. Im Verfolgen eines Schmetterlings darf man nicht zu rasch auf ihn zu gehen; denn dadurch macht man ihn scheu. Vielmehr gehe man ihm schleichend nach, und vermeide, daß man über ihn Schatten werfe oder die Pflanze, auf welcher er sitzt, erschüttere. Sollte er dennoch davonfliegen, so bleibe man nur ruhig stehen und lasse ihn nicht aus den Augen, denn nicht selten kehrt er wieder zurück oder fliegt doch nicht gar weit ab; wo man ihn alsdann abermals zu fangen sucht.

Die Tagfalter fliegen nur bei hellen, freundlichen und warmen Tagen. Die ergiebigste Zeit zu ihrem Fange ist die von 8 Uhr Vormittags bis 4 Uhr Nachmittags. Hier suche man sie vornehmlich auf Wiesen, die an Wald liegen, in lichten Waldungen und auf niedrigen

*) Auch die hier bezeichneten Geräthschaften sind (laut Tabelle vor dem Register) von E. Heyne in Leipzig, Poststraße Nr. 12, zu Herstellungspreisen auf Verlangen zu beziehen.

Gebüschen in feuchtstelligen Fahrwegen, auf Bergen und selbst auf strauchigen Felsen auf. An Bergen und Felsen lassen sich zwar nicht viele, aber um so seltenere Schmetterlinge einfangen. Auch fängt man viele Falter leicht und oft in Menge bei schwüler Witterung, wo sie, da ihre Flügel feucht geworden und schlaff sind, träge an den Blumen sitzen oder doch nur langsam und niedrig fliegen. Besonders kann dies auf blumigen Wiesen geschehen. Man richte auch seine Aufmerksamkeit auf die Stämme einzeln stehender Bäume, auf Gartenmauern und Planken und andere im Freien sich befindende Gegenstände. Denn selbst hier zeigt sich so mancher Schmetterling, welcher kaum der Raupe entschlüpft, zum Fortfluge sich anschickt, und den man also mit leichter Mühe gefangen nimmt.

Die Dämmerungsfalter sind bei windstiller schöner Sommerwitterung in der Dämmerung aufzusuchen, aber schwer zu fangen. Denn sie fliegen entweder zu hoch, als daß man sie erreichen könnte, oder ihr Flug ist zu schnell. Gute Gelegenheit zu ihrem Fange findet man in Gärten an Geisblatt, Hartriegel, Lilak und dergleichen starkriechendem Gesträuch, oder Nelken, Wunderblumen u. a. stark duftenden Blumen. Vorzüglich umschwärmen sie erwähntes Gesträuch in seiner schönsten Blüthezeit, zu Ende des Mai oder zu Anfange des Juni. Selbst Schwärmer, die sich durch ihre Größe auszeichnen, hängen sich nach erfolgtem Regen gern an Geisblattblüthen und lassen sich, da ihre Flügel feucht geworden und sie zum Fluge minder geschickt sind, leicht einfangen. Wo es aber viele Nelken und andere starkduftende Blumen giebt, fängt man manchen recht seltenen Schwärmer. Nächst den Gärten sind auch blumige Wiesen nicht unbesucht zu lassen; es ist hier der sogenannte Wiesensalbei eine dem Schwärmer besonders angenehme Pflanze.

Die Nachtfalter sind in schöner Sommernacht, von zehn Uhr bis ein Uhr, am leichtesten zu fangen und zwar an einem freien Orte, woselbst man eine hellbrennende Laterne aufstellt, weil sie gern nach dem Lichte fliegen. Am Tage aber untersuche man alte Planken und Mauern, insbesondere aber die rauhrindigen Baumstämme, vornehmlich an der mitternächtlichen Seite und bei trüber und feuchter Witterung; man lasse diese Gegenstände um so weniger aus der Acht, wo sie in der Nähe von Hecken oder Gebüschen stehen. Hat man aber einen Nachtfalter gefunden, so lasse man sich durch seine meist nur unansehnliche Farbe, die er im Sitzen zeigt, nicht trügen, denn es bedecken seine Vorderflügel nicht selten gar manches Schöne. Das würde z. B. bei der **Catoc. Sponsa** der Fall sein. Die Nachtfalter fliegen aber, gleich den Dämmerungsfaltern, wenn es geregnet hat, gern an den Geisblattstrauch und können so, da ihre Flügel feucht geworden, leicht gefangen werden. Zum Einfangen der Nachtfalter bedient man sich in neuerer Zeit, namentlich im Frühjahr und Herbst, auch einer Schnur, an welcher getrocknete, mit geschmolzenem Zucker getränkte Äpfelstücke aufgereiht sind. Diese Schnur wird in Gärten, auf Wiesen, an Waldrändern frei an einem Ast oder einem Pfahl aufgehängt und in unmittelbarer Nähe eine Laterne angebracht, um sehen zu können, ob Nachtfalter sich einfinden, und sind letztere, wenn sie mit Besaugen der Äpfelstücke beschäftigt sind, unschwer wegzufangen. Diese Fangart ist an windstillen, warmen Abenden von 9—1 Uhr vorzunehmen.

Hat man den Schmetterling gefangen genommen, so durchsteche man ihn mittelst der Nadel durch die Mitte des Rückens oben zwischen den beiden Vorderflügeln und zwar völlig senkrecht und symmetrisch. Der Schmetterling muß etwas über der halben Höhe an der Nadel haften, so daß die Länge der Nadel von der Spitze bis zum Schmetterling nur ein Weniges größer ist, als diejenige vom Schmetterling bis zum Nadelkopf. Ein später erfolgendes Herausziehen und nochmaliges Durchstechen ist meist mit Beschädigung des Schmetterlings verbunden. Sodann drücke man ihm mit dem Daumen und Zeigefinger die Brust einigemal etwas zusammen, wodurch er meistens getödtet, wenigstens in seinen Flügeln gelähmt wird; denn es ist zu verhindern, daß er bei dem erfolgenden Flattern sich die schöne Bestäubung seiner Flügel abschlage. Hat man ihn mit dem Klappnetze oder dem Sacknetze gefangen, so befreit man ihn nicht eher aus diesen Fangnetzen, als bis man ihn auf die erwähnte Weise zum Flattern unfähig gemacht hat. — Motten, kleine Zünsler und Blattwickler, auch kleine Eulen und Spanner fängt man, weil sie auf der Nadel zu bald trocken würden, in kleinen Glascylindern, welche durch Korke geschlossen werden, oder in kleinen Pappschächtelchen, lebendig und tödtet sie erst bei der Nachhausekunft kurz vor dem Aufspannen.

Die Tödtung der gefangenen Schmetterlinge geschieht am leichtesten vermittelst einiger Tropfen Schwefeläthers (Naphtha), welchen man in einem kleinen Fläschchen bei sich führt. Man befestige in der Schachtel, in welcher die zu tödtenden, bereits etwas gelähmten Schmetterlinge stecken, am Boden etwas Watte und lasse darauf einige Tropfen Schwefeläthers fallen, schließe aber hierauf sogleich die Schachtel. Die meisten Schmetterlinge bleiben, nachdem man sie 1—2 Minuten in der Schachtel gelassen hat, völlig todt; sollte einer oder der andere Schmetterling nochmals erwachen, was bei größeren Arten in einzelnen Fällen vorkommt, so wird derselbe bei einer wiederholten Ätherisirung von 2—3 Minuten sicher sterben. Kleinere Schmetterlinge von nicht zu lebhaftem Temperament thue man unangestochen in die Schachtel, gieße Äther auf die Watte und steche sie erst nach erfolgter Betäubung (in einer Minute) an. Es hat dies das Gute, daß man auch die durch das Eindrücken der Brust doch mögliche Beschädigung verhütet und außerdem bei dieser Methode von einer Thierquälerei nicht im geringsten mehr die Rede sein kann.

Die durch die Zucht erlangten Schmetterlinge werden im Allgemeinen in gleicher Weise wie die gefangenen getödtet, doch empfiehlt sich die Tödtung derselben nach neuesten Versuchen besonders durch Cyan-Kalium. Letzteres wird auf den Boden einer weithalsigen Flasche gelegt und in der Mitte der letzteren ein Stück dünner Leinwand angesiegelt. Nachdem man sich nun überzeugt hat, daß der zu tödtende Schmetterling völlig entwickelt, d. h. schon wenigstens einige Stunden die Puppenhülse verlassen hat und zum Fliegen geschickt ist, so steche man ihn an, lähme ihn nur ein wenig und stecke denselben auf eine kleine Korkplatte, lege diese auf die angesiegelte Leinwand und schließe hierauf die Flasche. So wird man in 2—3 Minuten den völlig todten Schmetterling schon auf's Spannbret bringen können. Mit dem Schwefeläther und noch mehr mit dem Cyan-Kalium sei man indessen sehr vorsichtig, indem diese Gifte bei verkehrtem oder nachlässigem Gebrauche der Gesundheit sehr schädlich werden können. Bei diesem Verfahren ist es rathsam, daß ein Erwachsener solches überwacht.

Endlich giebt es noch eine empfehlenswerthe und in jeder Beziehung praktische Tödtungsart. Man bringt nämlich einen Trichter, der eine spitze Dille hat, über den Dampf von siedendem Wasser und läßt diesen durch die Dille auf den Kopf des Schmetterlings einwirken. Auch hier bleibt der Schmetterling unbeschädigt und der Tod erfolgt fast sofort.

Aufspannen (Ausbreiten) der Schmetterlinge. Durch das Aufspannen giebt man dem Schmetterlinge diejenige und zwar bleibende Gestalt, in welcher er seine vier Flügel zeigt, demnach die, welche er im Fluge hat oder welche doch von dieser nur wenig abweicht. Hier sieht man denn auch Alles, was der Schmetterling auf seinen Flügeln Merkwürdiges und Schönes hat; und nur diese Gestalt ist die für Sammlungen allgemein beliebte.

Es wird aber hierzu erfordert, daß der Schmetterling noch viele Weichheit und Biegsamkeit habe, denn ohne dieses Erforderniß ist er in seinen zarten Theilen zerbrechlich und so zum Ausbreiten nicht mehr tauglich.

Zum gehörigen Ausbreiten bedarf es aber eines besonderen Bretes (Spannbret) und außer diesem entweder einiger schmalen, womöglich durchsichtigen Papierstreifchen und mehrerer Stecknadeln oder mehrerer Glasplättchen zum Belegen der Flügel; auch einer Drahtzange, am dienlichsten mit umgebogenen Spitzen, und einer Verschiebnadel, nämlich einer Nadel, die ein Heft hat und zum Verschieben der Flügel dient. Das Spannbret muß 4—6 Zoll breit, $^1/_2$ bis $^3/_4$ Elle lang sein, glatt gehobelt und inmitten der Länge nach mit einer zolltiefen Rinne versehen sein, in welcher der Schmetterling nur mit seinem Körper, des letzteren Breite nach, gerade Platz hat, also seine Flügel auf der Fläche des Bretes aufliegen. Schmetterlinge von verschiedener Größe erfordern demnach auch verschieden breite oder schmale Rinnen, daher man sich eine Anzahl von 6—8 Spannbretern mit Rinnen von $^1/_{16}$ Zoll bis $^3/_4$ Zoll Weite anschaffen muß. Es wird aber in diese Rinne Kork oder besser Torf eingeleimt, denn so erfordert das Einstechen weniger Anstrengung und die Nadel biegt sich weniger leicht um, als das sonst geschehen würde. Auch ziehe man mehrere Linien quer über das Spannbret und so über die Rinne hinweg, daß diese auf den Linien gerade oder winkelrecht und nicht schief ist. Vermittelst dieser Linien läßt es sich nämlich beurtheilen, ob die Flügel des Schmetterlings beim Ausbreiten gehörig, d. h. auf der einen wie auf der andern Seite gleichmäßig gerichtet sind.

Das Aufspannen selbst geschieht folgendermaßen: Nachdem man den Schmetterling senkrecht in der Rinne eingesteckt hat, faßt man die Nadel mit den Fingern oben am Kopfe, oder mit der Drahtzange unter diesem Kopfe und richtet den Schmetterling, bis die Flügel glatt auf dem Spannbrete aufliegen; alsdann befestigt man einen kurzen und schmalen Papierstreif mittelst einer Stecknadel auf dem Bretchen, nicht weit ab vom Kopfe des Schmetterlings, schiebe hiernächst mittelst der Verschiebnadel, indem man letztere bei dem linken Vorderflügel nahe an der Wurzel einsetzt, diesen Vorderflügel so weit vor, daß der ihm zugehörige Hinterflügel sich frei zeigt, letzteren schiebt man ebenfalls um ein Geringes höher; zieht nun den Papierstreif gespannt über beide Flügel und befestigt ihn mittelst einer Stecknadel oder einem Heftnagel auch mit seinem andern Ende auf das Bret. So werden dann beide Flügel in ihrer Lage verbleiben. Dasselbe Verfahren befolge man nun auch, indem man zugleich irgend eine der Querlinien des Bretchens nicht aus der Acht läßt, bei den beiden rechten Flügeln und beachte, daß der Innenrand beider Vorderflügel eine gerade Linie bildet und von den Hinterflügeln nur ein schmaler Streifen des Vorderrandes bedeckt bleibt; so wird man alle vier Flügel richtig gespannt haben.

Zur besonderen Glättung aller Flügel dienen nun weitere Papierstreifen, von der Mitte der Flügel bis zu deren Außenrändern, oder auch Glasplättchen, welche die Flügelflächen möglichst vollständig bedecken. Nunmehr sind die Vorder- und Hinterfüße, die Fühler und der Leib in symmetrische Lage zu bringen, was durch Unterschiebung von Watte am sichersten geschieht. Bei allen diesen Handhabungen nehme man sich gehörig Zeit, da durch Übereilung die Schmetterlinge leicht verletzt werden könnten.

Nach fertiger Aufspannung bringe man das Spannbret an einen sichern, trocknen, aber von der Sonne nicht beschienenen Ort, wo solches 2—3 Wochen ruhig verbleibt. Nach dieser Zeit sind die aufgespannten Schmetterlinge, selbst die starkleibigen, ausgetrocknet und werden vorsichtig abgesteckt. Will man sich überzeugen, ob ein gespannter Schmetterling völlig trocken ist, so fühle man nur mit einer Nadel an den Hinterleib, ob dieser steif und unbiegsam ist; wo nicht, so muß das Abstecken noch um einige Zeit verschoben werden.

Will man das Aufspannen nicht mittelst Papierstreifchen und Nadeln, sondern ausschließlich mittelst Glasplättchen verrichten, welches Verfahren gewisse Vorzüge hat; so wähle man die Glasplättchen an sich nach Maßgabe der Größe des Schmetterlings und so, daß sie mittelst einer Gummiauflösung oder einer andern Klebrigkeit angeklebt werden können, ohne daß dieses Heftmittel den Schmetterling selbst berührt. Auch darf die Klebrigkeit bei ihrem Erhärten die Glasstückchen auf dem Spannbret nicht zu fest halten, damit sie, ohne zu zerbrechen, mittelst eines Messers abgenommen werden können, und die Glasplättchen müssen an ihren Kanten etwas abgeschliffen sein, damit man sich die Finger nicht verletze. Allenfalls kann man sie auch mit plattgedrückten Bleikugeln beschweren und bedarf es des Klebemittels dann nicht.

Ist der Schmetterling zum Ausbreiten schon zu trocken und hart geworden oder ist dies fehlerhaft geschehen und er zur Verbesserung zu trocken und hart, so thue man, um ihm wieder Weichheit und Biegsamkeit beizubringen, in ein Gefäß etwas reinen und feuchten Sand, gebe diesem eine Vertiefung und bringe innerhalb derselben den trocken gewordenen Schmetterling. Alsdann bedecke man das Gefäß wohl, damit sich recht lange in ihm die Feuchtigkeit erhalte, und lasse es zwölf bis vier und zwanzig Stunden und, wenn der Schmetterling groß ist, noch länger im Keller oder an einem andern kühlen Orte stehen. — Oder, was besser ist: man stecke den hart gewordenen Schmetterling auf ein recht starkes Papier- oder dünnes Pergamentblatt und halte dieses Blatt über einen offenen Topf mit recht heißem Wasser; oder: man gieße ein Gefäß halb voll mit kaltem Wasser, stecke den Schmetterling auf eine Korkplatte und lasse diese auf dem Wasser schwimmen, verschließe auch hier das Gefäß wohl mit einem Deckel; — so wird in kurzer Zeit der Schmetterling wieder weich und biegsam geworden sein. Freilich wird er dabei in manchen Fällen etwas an Lebhaftigkeit der Farbe verlieren und sich darum weniger schön zeigen, als es ein kaum gefangener oder zum Ausbreiten getödteter Falter ist.

Aufbewahrung der Schmetterlinge. Zur Aufbewahrung der Schmetterlinge vor Staub und schädlichen Insecten dient vorzugsweise bei geringerer Menge ein glasscheibiger Kasten, bei größerer Menge aber ein besonderer Schrank mit glasscheibigen Kästen.

Glasscheibiger Kasten. Ein nicht zu hoher, hölzerner Rahmen gestaltet die vier Seiten, ein Bret ist der Boden und ein schmaler Rahmen mit weißer Glasscheibe der Deckel dieses Kastens. Der Deckel paßt, vermittelst eines gut schließenden Falzes, auf ersteren Rahmen. Die Größe eines solchen Kastens ist verschieden und der Menge von Schmetterlingen angemessen, welche er in sich aufbewahren soll. Ist er funfzehn Zoll lang und ebenso breit, so hat er die durchschnittliche Größe. Im Innern ist der Kasten mit Torfplatten ausgelegt und mit feinem weißen Papier bezogen, wohl ausgetrocknet und von allem Staube und Schmutze rein. Sein Äußeres hat, wenn es recht schön sein soll, eine gefällige Farbe mit Politur.

Auf dem Boden dieses Kastens werden die Schmetterlinge in systematischer Folge festgesteckt. Mit Vortheil gebraucht man dabei eine Drahtzange. Man fasse mit der Zange die Nadel unter dem Körper des Schmetterlings so hoch, als ihre Spitze eindringen soll und drücke sie so zur gehörigen Tiefe ein. Man lasse die Nadel recht gerade eindringen und sehe zugleich darauf, daß sich in den Schmetterlingen von oben nach unten herab oder von links anfangend nach rechts zu gerade Reihen bilden, auch daß sie sämmtlich gleiche Höhe zeigen und keiner mit dem andern in Berührung kommt. Damit sie sich gehörig reihen, darf man nur in gehörigem Abstande von einander gerade Linien ziehen.

Für Schmetterlinge, von welchen man gern sowohl ihre untere als obere Seite betrachten will, giebt man einem dergleichen Kasten auch eine Glasscheibe zum Boden, befestigt aber auf diesem Boden kleine platte Stückchen von Kork, denn so ist es möglich, daß hier die Schmetterlinge festgesteckt werden können. Um dem Kork dazu viele Dichtigkeit zu geben, koche man ihn zuvor aus.

Man thut gut, bei dem Einstecken der Schmetterlinge in die Kästen für die noch in der Sammlung fehlenden Arten entsprechenden Platz zu lassen, um solche bei späterer Erlangung derselben sogleich an den gehörigen Ort bringen zu können, ohne ganze Reihen oder gar Kästen umstecken zu müssen. Auch empfiehlt es sich, an den eben erwähnten Lücken wenigstens die Etiquetten (Namen) der noch fehlenden Arten einzustecken. Die Etiquetten, nur die lateinischen Namen enthaltend, müssen gleichmäßig, deutlich und sauber sein. — Die in diesem Buche angewandte Reihenfolge ist die von Staudinger aufgestellte Ordnung, zur Zeit die neueste, man siehe die weiterhin erfolgende systematische Beschreibung der Schmetterlinge.

Besonderer Schrank. Seine Höhe beträgt mit Fußgestelle vier, seine Breite zwei und einen halben Fuß. Es verschließen ihn zwei Thüren mit Gewinden und Schloß. Er hat 3 Hauptabtheilungen und jede derselben zwölf Schubkästen, senkrecht über einander befindlich, doch so, daß Leisten von einem Dritttheil Zoll Breite dazwischen sind. Jeder dieser Schubkästen ist zehn und einen halben Zoll lang und breit und reichlich zwei Zoll hoch. Die Kästen der ersten Hauptabtheilung bis zum Schlusse der Tagfalter haben sowohl zum Deckel als Boden eine Glasscheibe und diese sind in genau passenden Falzen eingekittet; die übrigen Kästen haben nur im Deckel eine Glasscheibe und ihr Boden ist von Holz und mit Torfplatten ausgelegt. Sämmtliche Kästen sind an den Seiten inwendig weiß angestrichen. Das Herausziehen der Kästen geschieht vermittelst eines vorn in der Mitte angebrachten Knopfes. Über den Schubkästen befindet sich ein besonderes Schubkästchen zu verschiedenen Geräthschaften. Der Erfahrung zu Folge erhalten sich in einem solchen Schranke die Schmetterlinge sehr lange bei guter Beschaffenheit.

Auch dient ein Schrank von folgender Größe und Einrichtung. Seine Höhe beträgt drei und einen halben, seine Breite drei Fuß, seine Tiefe aber 15 Zoll. Er hat dreißig in zwei Reihen geordnete Schubkästen. Jeder derselben ist achtzehn Zoll lang, 14 Zoll breit und reichlich 2 Zoll hoch; sonst wie die schon beschriebenen Schubkästen beschaffen.

Einige besondere Erinnerungen. Bevor man einen Schmetterling der Sammlung einverleibt, ist genau zu untersuchen, ob er nicht schon einen Feind, der ihn mit der Zeit zerstört, nämlich ein schädliches Insect, in sich hegt. Man pflegt ihn daher auf der unteren Seite seines Körpers und an der Wurzel der Flügel mit Terpentinöl, doch nur wenig, zu bestreichen. Auch gießt man, wenn man ein kleines Loch entdeckt oder man eine Made oder das Ei eines kleinen Insects vermuthet, Scheidewasser in das Loch oder an die zweifelhafte Stelle. Wohl habe man darauf Acht, daß das Behältniß allenthalben gegen die Einwirkung der Luft und so auch gegen das Hineinkommen kleiner Insecten so gut wie möglich verwahrt sei. Man pflegt daher den Kasten in allen seinen Fugen mit Wachs zu verschmieren, oder mit Wachs und Terpentin zu gleichen Theilen, und da, wo der Deckel einpaßt, mit Sammet zu füttern. Auch bewahre man das Behältniß so gut wie möglich vor Staub und lasse es ungeöffnet, wenn dies nicht nothwendig geschehen muß. Nicht minder schütze man es gegen die Einwirkung des Sonnenlichts, denn sie bleicht die Farbe des Schmetterlings. So vermeide man denn auch die Anwendung des Kleisters in demselben und setze den angewendeten Klebemitteln, wie Hausenblase, Gummi arabicum, etwas abgekochte Quassia, dem Kleister aber, wenn man ihn gebrauchen muß, eine schwache Auflösung von Salmiak zu. Gegen das Aufkommen der Insecten empfiehlt sich das jährlich 6—8 Mal wiederholte Begießen eines in der Ecke jedes Kastens anzubringenden Büschelchens Watte mit einigen Tröpfchen Cajeputöl. Von bewährtem Nutzen ist auch das Eingießen einiger Kügelchen flüssigen Quecksilbers in einen jeden der Kästen.

Nicht selten ereignet es sich, daß ein Schmetterling ölig wird; der Hinterleib fängt nämlich an, eine ölige Feuchtigkeit zu zeigen, welche bald den übrigen Körper und die Flügel ergreift und verursacht, daß der Schmetterling ganz verdirbt. Nimmt man nun dieses Öligwerden wahr, so gebe man einem Stücke Kreide oben auf, wo es flach ist, eine dem Körper des Schmetterlings angemessene Vertiefung, bestreiche den Leib desselben mit gepulverter, aber naßgemachter Kreide, und lege nun den Falter so auf die Kreide, daß sein Körper in die Vertiefung kommt; so wird sich alle ölige Feuchtigkeit in die Kreide ziehen und der Schmetterling davon befreit sein.

Daß man aber den Leib eines getrockneten Schmetterlings mittelst einer Nadel durchsticht, oder ihm eine glühende Nadel durch den After stößt, ist nicht selten ein gutes Mittel gegen das Öligwerden, nur bedarf letzteres Verfahren Vorsicht, damit keine Brandflecken zum Vorschein kommen und den Schmetterling verunstalten.

Zur Wiederanheftung abgesprungener Fühler, Flügel und Leiber von selteneren, nicht leicht durch andere Exemplare zu ersetzenden Schmetterlingen bedient man sich des Collodium's mit Nutzen. Man befleißige sich jedoch, möglichst nur tadelfreie Schmetterlinge in die Sammlung zu bringen und gehe beim Einstecken der zur Sammlung vorbereiteten Exemplare vorsichtig zu Werke, damit nichts zerbricht und Reparaturen vermieden werden.

Haupt-Eintheilung der Schmetterlinge.

Je nachdem die Schmetterlinge (Lepidoptera) entweder zu den Tagfaltern oder Dämmerungsfaltern oder Nachtfaltern gehören, zeichnen sich dieselben, wie bereits Seite 15 gesagt worden ist, durch ein eigenthümliches Äußere — in ihren Fühlern, Saugern und Flügeln — aus: hiernach begründet sich die Haupt-Eintheilung aller Schmetterlinge nach in: Tagfalter (Rhopalocera), Dämmerungsfalter und Nachtfalter (Heterocera). Letztere zerfallen wiederum in 4 Abtheilungen: Sphinges, Bombyces, Noctuae, Geometrae. Die aus den 3 deutschen Bezeichnungen der Hauptabtheilungen abzuleitenden Flugzeiten treffen nicht in allen Fällen zu, indem z. B. manche Arten von Schwärmern, Spinnern, Eulen und Spannern zur Tageszeit, gleich den Tagfaltern, fliegen, ihrer Bauart, Entwicklung und Lebensart nach aber doch nicht zu den Tagfaltern, sondern zu den Dämmerungs- oder Nachtfaltern gehören, man nennt diese daher tagliebende Schwärmer, Spinner, Eulen oder Spanner. Man bedient sich daher besser der wissenschaftlichen (lateinischen) Bezeichnungen. Die 3te Abtheilung aller Schmetterlinge sind die Klein-Schmetterlinge (Microlepidoptera), welche in sich auch wieder in mehrere Unter-Abtheilungen zerfallen; solche sind in dem vorliegenden Buche gar nicht in Berücksichtigung gezogen, indem der Anfänger in der Entomologie der durchschnittlichen Kleinheit dieser Schmetterlinge, sowie deren schwieriger Bestimmung und Behandlung halber vorläufig seine ungetheilte Aufmerksamkeit zu Gunsten der besseren Kenntniß der Macrolepidopteren (Großschmetterlinge) aufzuwenden hat.

I. Rhopalocera. (Tag-Falter.)

Ihre Fühler sind fadenförmig und endigen sich nach Außen in einem Knöpfchen oder in einer kleinen Kolbe. Auch sind sie wohl am äußeren Ende nur etwas verdickt. Diese Schmetterlinge halten im Sitzen die Flügel aufwärts gerichtet oder hoch; sie fliegen bei Tage. Sie sind, überhaupt genommen, der Färbung nach die schönsten unter allen Schmetterlingen. — Ihre Raupen haben einen kugeligen Kopf. Sie sind, und zwar mehrere ihrer Gattungen, bedornt, andere glatt, auch theils fein kurz behaart, und noch andere sind sogenannte Schildraupen. Ihre Verwandlung geschieht über der Erde.

Es giebt recht große und schöne Tagfalter. Die größten und schönsten aber finden sich in außereuropäischen Ländern *). Doch giebt es auch in Europa und selbst in Deutschland Tagfalter, die groß und sehr schön sind. Z. B. sind es der große Eisvogel (Limen. Populi), Parn. Apollo, der Schwalbenschwanz (Pap. Machaon), der Trauermantel (Van. Antiopa), der Schillerfalter (Apat. Iris), der Distelfalter (Van. Cardui) u. s. w.

II. Heterocera. (Dämmerungs- und Nachtfalter.)

A. Sphinges. (Schwärmer.)

Ihre Fühler sind gleich dick oder in der Mitte etwas dicker, beinahe dreischneidig, am Ende zugespitzt. Der Sauger ist theils sehr lang, theils kurz und dick, und der Hinterleib läuft in eine Spitze aus. Im Sitzen halten sie die Flügel niedergebogen. Von diesen sind

*) Einer der größten und schönsten dieser ausländischen Tagfalter ist der sogenannte Priamus. Seine Länge beträgt 3 Zoll und die Breite seiner ausgespannten Flügel über 6 Zoll. Von Farbe ist er überaus schön grün und schwarz und hierbei wie Atlas glänzend.

die vorderen lang und schmal, die hinteren kurz. Am Außen- und Innenrande sind diese Flügel mehr oder weniger merklich ausgeschweift. — Die Raupen haben einen kugeligen Kopf, hinter demselben zu beiden Seiten einen oder mehrere Augenflecke, oder sie haben farbige Seitenflecke oder Seitenstreife. Sie sind groß, aber von nackter Haut und führen ein Horn auf dem vorletzten Ringe; meist sind sie schön von Farbe. — Ihre Verwandlung geschieht an der Erde, innerhalb zusammengesponnener Blätter, oder auch in der Erde.

Es giebt recht große und schöne Schwärmer. Es hat selbst Deutschland manchen ansehnlichen Sphinx aufzuweisen. Der Todtenkopf (Acher. Atropos), ist in seinen ausgespannten Flügeln 4½ Zoll breit. Der Windenschwärmer (Sph. Convolvuli), der Ligusterschwärmer (Sph. Ligustri) und der Wolfsmilchschwärmer (Deil. Euphorbiae) sind nicht nur große, sondern auch schönfarbige Schmetterlinge.

Außer den vorstehend in ihren hauptsächlichsten Merkmalen geschilderten Schwärmern giebt es noch eine Anzahl von Schmetterlingsfamilien, die, zwar in manchen Stücken von den eigentlichen Schwärmern abweichend, doch aber der Mehrzahl ihrer Merkmale nach unter die Sphinges gestellt werden müssen. Es sind hiermit gemeint:

1) die Glasflügler (Sesiidae). Ihre Fühler sind spindelförmig, am äußeren Ende mit einem kleinen Schuppenbündel (bei dem Manne einwärts sägeförmig). Der Sauger ist lang und dünn; der Hinterleib lang gestreckt mit einem Afterbüschelchen. Die Füße sind besonders lang, auch bedornt. Die Flügel sind lang, aber schmal und durchsichtig oder mit leicht sich lösendem Staube bedeckt. Diese Schmetterlinge fliegen am Tage in hellem Sonnenschein. Sie sind träge und leicht zu fangen. — Die Raupen sind feinhaarig, von Farbe gelblich oder weißlich, mit dunklerem Kopfe und dunklerem Nackenschilde. Sie leben im Holze oder Marke der Bäume und holziger Pflanzen. — Die Puppen sind langgestreckt, am Hinterleibe stachelig.

2) Die Breitflügelschwärmer (Zygaenae). Ihre Fühler sind groß und gewunden, deren äußeres Ende spitz- oder länglich-kolbig. Die vorderen ihrer breiten Flügel sind auf stahlfarbigem Grunde meist roth gefleckt, die hinteren meist roth von Farbe. — Die Raupen sind kleinköpfig, beinahe walzenförmig, fein behaart, reihenweise schwarz punktirt oder kleinfleckig. Ihre Verwandlung geschieht in einem pergamentartigen oder eierschaligen Gewebe. Die Puppen haben lange Flügelscheiden.

B. Bombyces. (Spinner.)

Ihre Fühler sind faden- oder borstenförmig, noch öfter kammförmig und so beschaffen, daß sie zweien Federn ähneln. Im Sitzen tragen viele die Flügel dachig niedergebogen, viele andere flach ausgebreitet, noch andere flach über einander, wieder andere um den Leib gebogen und noch andere an diesen dicht angeschlossen. Sie fliegen meist in der Dämmerung und des Nachts. — Ihre Raupen sind die verschiedensten, glatt und behaart, manche haben die sonderbarsten Gestalten. Deren Verwandlung geschieht theils über der Erde, theils an oder auf der Erde, theils in der Erde.

Es giebt recht große, aber auch manche sehr kleine Spinner*). Sie sind, überhaupt genommen, zwar minder schönfarbig als die Tagfalter und die Schwärmer, doch giebt es auch

*) Einer der größten und zugleich schönsten Nachtfalter, die man kennt, ist der sogenannte Atlas. Er ist aber ein Ausländer, nämlich in Ost- und Westindien einheimisch. Seine Länge beträgt 3 Zoll

der schönen Spinner viele, selbst in Deutschland, namentlich hat man eine nicht geringe Anzahl, deren Zeichnung wunderbar schön und zart ist. Schönfarbige Spinner sind z. B. Call. Dominula, Arct. Caja (der deutsche Bär), Sat. Pyri und Sat. Pavonia (das große und kleine Nachtpfauenauge) u. s. w.

C. Noctuae.

Ihre Fühler sind meist fadenförmig, bei manchen schwach gekämmt. Die Flügel liegen bei ihnen in der Ruhe dachförmig. Sie fliegen, mit Ausnahme einiger Gattungen, Abends, die allermeisten Nachts. — Ihre Raupen sind in der Mehrzahl glatt, selten behaart. — Die Verpuppung geschieht fast ausschließlich in der Erde, oder auf derselben, theils mit, theils ohne Gespinnst.

Schöne Eulen sind z. B. Catoc. Fraxini, Sponsa etc. (die Ordensbänder), Cuc. Argentea (Artemisiae) (Silbermönch) u. s. w.

D. Geometrae. (Spanner.)

Ihre Fühler sind theils fadenförmig, theils gekerbt, vielfach auch gekämmt. Die Flügel liegen bei manchen Gattungen in der Ruhe dachförmig oder flach, in letzterem Falle sind auch die Hinterflügel dem Auge sichtbar. Andere Gattungen tragen die Flügel nach aufwärts gerichtet. Ihre Flugzeit ist in der Mehrzahl Abends und Nachts, doch sind auch viele Arten nur des Tags fliegend anzutreffen. Im Allgemeinen sind die meisten Spanner lebhafter Natur und der Staub leicht verwischt.

Ihre Raupen sind sämmtlich unbehaart, manche mit Höckern und andern Verzierungen; es fehlen ihnen die Bauchfüße.

Ihre Verwandlung geht theils ohne, theils in einem Gespinnst vor sich, die Puppen sind an ihrer Endspitze scharf.

Unter den Spannern zeichnen sich u. A. folgende durch Farben und Zeichnung aus Geom. Papilionaria (das grüne Blatt), Sel. Illustraria, Urapt. Sambucaria (Hollunderspanner) u. s. w.

In zweiter Linie werden die Schmetterlinge in Genera und Species (Familien und Arten) abgetheilt. Die in ihrer Erscheinung, namentlich in der Flügelform, sich sehr ähnlich zeigenden Schmetterlinge und hauptsächlich wenn auch die Lebensart und Gestalt der betreffenden Raupen ähnlich (verwandtschaftlich) auftritt, hat man, wie dies auch in allen andern Zweigen der Naturwissenschaft Seitens der Forscher geschehen — in Familien oder Gattungen (Genera) vereinigt. Wenn nun auch verschiedene Forscher in dieser Beziehung verschiedene Abtheilungen und Systeme aufgestellt haben, so ist doch die von Ochsenheimer und Treitschke (im Anfange dieses Jahrhunderts) aufgestellte Ordnung im Allgemeinen auch heute noch gültig, nur sind auf Grund neuerer Forschungen und Entdeckungen hier und dort Berichtigungen und Veränderungen vorgenommen worden, um welche sich namentlich Heydenreich und Herrich-Schäffer, sowie zuletzt Staudinger sehr verdient gemacht haben.

---

und seine Breite in den ausgespannten Flügeln 8 Zoll. Seine Farbe ist braun, gelb, roth und weiß gefleckt, in der Mitte der Flügel mit einem großen eckigen Spiegel, der eine durchsichtige, dem Marienglase ähnliche Stelle hat. Die Flügel sind ausgeschweift.

Systematische Beschreibung
der
Schmetterlinge Deutschlands.*)

A. Rhopalocera. (Tag-Falter.)

Papilio.

Podalirius. (Segelfalter.)

Taf. I., Fig. 1. 2. 3.

Die Raupe lebt im Spätsommer auf Schlehe und Pflaumenbäumen. Entwickelung: Anfang Mai. Aufenthalt: Sonnige Gebirgsabhänge. In den meisten Gegenden Deutschlands nicht selten.

Machaon. (Schwalbenschwanz.)

Taf. I., Fig. 4.

Die Raupe ist in ihrer ersten Lebenszeit schwarz mit kurzen rothen Dörnchen und einem weißen Fleck auf dem Rücken; nachher aber grün mit schwarzen Ringen, die rothbraun punktirt sind. Sie lebt auf Fenchel, Dill, Kümmel, Möhren u. s. w. Man findet sie zweimal des Jahres, Sommer und Herbst. — Die Puppe ist grünlich, der Länge nach gestreift und führt einen hohen Rücken. Entwickelung: Mai, Juli und August. Aufenthalt: Felder und Wiesen; allenthalben häufig.

Thais.

Polyxena. (Osterluzeifalter.)

Taf. I., Fig. 5.

Die Raupe ist gelb, schwarz punktirt, mit fünf Reihen rothbrauner, an den Spitzen schwarz gefärbter und behaarter Dornen. Sie lebt im Sommer auf Osterluzei. Die Puppe ähnelt der des Pap. Machaon und ist gelblich grau mit brauner Einmischung, ihre Gestalt aber viel schlanker. Entwickelung: Frühjahr. Südliches Deutschland.

Parnassius.

Apollo.

Taf. I., Fig. 6.

Die Raupe ist sammtschwarz, mit vielen rothbraunen oder orangegelben Punkten und

*) Die abgebildeten Schmetterlinge sind der kürzeren Fassung halber hier nicht beschrieben. Wo bei verschiedenen Arten von den ersten Ständen Nichts erwähnt wird, sind letztere nicht oder doch nicht genügend bekannt.

blauen Wärzchen. Sie lebt im April und Mai auf Hauswurz und dem Bruchkraute oder der fetten Henne. — Die Puppe ist blau bereift. Entwickelung: Juli und August. Aufenthalt: Gebirgsgegenden, südliches Deutschland, Schlesien.

Mnemosyne.

Die länglichrunden, schwach bestäubten Flügel sind weiß, mit schwarzen Adern, am Außenrande der vorderen durchsichtig, mit zwei schwarzen Flecken am Vorderrande. Die Hinterflügel sind längs dem Innenrande schwarz und weiß bestäubt, mit einem mattschwarzen Flecken in der Mitte. Dieser Falter findet sich in Schlesien, auf dem Harz und im südlichen Deutschland.

Pieris.

Crataegi. (Baumweißling.)

Taf. I., Fig. 7.

Die Raupe ist aschgrau und schwarz und orangegelb gestreift; auch ist sie behaart. Sie lebt auf Weißdorn, Schlehe und verschiedenen Obstbäumen und überwintert gesellschaftlich in einem sehr dichten Gespinnste. In Menge ist sie sehr schädlich. Die Puppe ist gelblich grün, schwarz gefleckt und punktirt. Der Falter erscheint im Sommer und ist in manchen Jahren sehr gemein.

Brassicae. (Großer Kohlweißling.)

Die Flügel sind weiß, die vorderen mit einer schwarzen, unten mit einer gelben Spitze und in ihrer Mitte, bei dem Manne auf der Unterseite, bei dem Weibe auf beiden Seiten, mit zwei großen schwarzen Flecken. Oben am Vorderrande haben die Hinterflügel auch einen schwarzen Fleck, unten aber sind sie gelb.

Die Raupe ist bläulichgrün, gelb gestreift, schwarz punktirt und etwas haarig. Sie lebt im Sommer und Herbst gesellig auf Kohl und andern Küchenpflanzen. Bei ihrer Verpuppung hängt sie sich in den Winkeln der Mauern, Gartenthüren u. s. w. auf. Die Puppe hat eine Kopf- und fünf Rückenspitzen, ist gelblichgrün und schwarz punktirt. Flugzeit: Mai, Juli bis Oktober, Spätlinge überwintern. Allenthalben gemein und Landplage.

Rapae. (Kleiner Kohlweißling.)

Er hat viele Ähnlichkeit mit dem vorigen; nur ist er kleiner. Die schwarze Farbe an der Spitze der Vorderflügel zieht sich nicht am Außenrande herunter und ist matter; auch findet sich der Vorderrand weniger schwarz. Der Mann hat mitunter einen schwarzen Fleck auf den Vorderflügeln, öfters auch nur einen auf der Unterseite dieser Flügel.

Die Raupe ist mattgrün mit gelbem Rückenstreif und gelben Seitenpunkten, auch ist sie fein behaart. Sie lebt, im Sommer und Herbste, gesellig auf dem weißen Rübenkohl und den gewöhnlichen Küchenkräutern, auch auf Reseda. Die Puppe ist gestaltet wie die des vorhergehenden Falters, von Farbe gelb, grünlichgrau oder bräunlich, mit drei gelben Streifen. Entwickelung: wie bei dem vorhergehenden Falter. Fast ebenso gemein.

Napi. (Repsfalter).

Seine Flügel sind weiß, die Spitze der vorderen schwarz, welche Farbe sich meist am

Außenrande herunterzieht. Der Mann hat einen, das Weib zwei bis drei schwarze Flecke. Auch sind bei dem Weibe die Hinterflügel am Außenrande schwarz geadert und führen am Vorderrande einen schwarzen Fleck. Die Unterseite der Vorderflügel ist an der Spitze gelb und hat in der Mitte zwei schwarze Flecke; die Hinterflügel sind gelb und die Adern grünlich bestäubt.

Die Raupe ist matt oder bräunlichgrün mit rothgelben Luftlöchern, weißen Wärzchen und schwarzen Pünktchen. Auch ist sie fein behaart. Sie lebt gesellig auf Rübesaat (Reps), auf Kohlkräutern, Wau und Waldkohl. — Die Puppe ist etwas dick mit Kopf- und Rückenspitzen und gelbgrün. Entwickelung: April und Juli. Allenthalben.

Daplidice.

Die Flügel sind milchweiß, die vorderen führen an der Spitze eine schwarze doppelte Fleckenreihe, die sich bis etwas über die Mitte des Außenrandes herunterzieht. In der Mitte steht am Vorderrande ein schwarzer, durch einen feinen weißen Strich getheilter Flecken, der bei dem Weibe um Vieles größer ist, und gegen den Innenrand noch einen andern unter sich hat. Auf den Hinterflügeln färben sich bei dem Manne die Adern am Außenrande schwarz, und die Flecken der Unterseite scheinen verloschen durch. Das Weib hat sie deutlicher und größtentheils weiß bestäubt. Unten haben die Vorderflügel die Zeichnungen der Oberseite, aber die Flecken an der Spitze sind hellgrün. Die Hinterflügel sind grünlichgelb, mit weißen Flecken durchzogen.

Die Raupe ist trübblau, gelb gestreift und schwarz punktirt; sie lebt auf dem gelben Wau, verschiedenen Kohlarten u. s. w. Die Puppe ist grün, bräunlich oder grau.

Flugzeit: April und Mai, zum zweiten Mal im August. In mehreren Gegenden; nicht gar häufig.

Antocharis.

Cardamines. (Aurorafalter.)

Taf. I., Fig. 8.

Beim Weibe fehlt der orangegelbe Flecken auf den Vorderflügeln.

Die Raupe ist oben grün, nach unten weißlich; auch findet man sie ockergelb. Zugleich ist sie fein behaart. Sie lebt im Juni und Juli auf Bergkresse, Waldkohl, wildem Kohl, Hirtentäschel u. s. w. Die Puppe ist glatt und stark zurückgebogen, von Farbe grün oder ockergelb, zuletzt braun; auf beiden Seiten hat sie einen gelblich braunen Streif. Entwickelung: April, Mai. Aufenthalt: Lichte Waldstellen und Wiesen. Nirgends selten.

Leucophasia.

Sinapis. (Senfweißling.)

Seine länglichrunden Flügel sind milchweiß. Die Vorderflügel sind an den Spitzen oben schwärzlich, unten schwach grünlich gelb; so gefärbt zeigen sich auch in der Mitte die Hinterflügel, die zwei verloschene schwärzliche Querbinden führen.

Die Raupe ist grün mit einem hochgelben Seitenstreif über den Füßen. Sie lebt, im Sommer, auf dem gehörnten Schotenklee, auch auf der Wiesen-Platterbse. — Die Puppe ähnelt in der Gestalt der des Cardamines. Sie führt auf jeder Seite einen rothbraunen Streif. Entwicklung: Mai und Juli. In den meisten Gegenden Deutschlands häufig, in manchen andern nur vereinzelt.

Colias.

Hyale.

Der Mann hat schwefelgelbe, das Weib weißliche Flügel. Die Vorderflügel haben oben und unten einen schwarzen Mittelfleck, eine schwarze Spitze und einen schwarzen, gelbgefleckten Außenrand. Auf den Hinterflügeln zeigt sich in der Mitte ein orangefarbiger Fleck. Der Saum ist rosenroth. Auf der Unterseite sind die Vorderflügel beim Manne hellgelb, bei dem Weibe weißlich, an der Spitze hochgelb und vor dem Außenrande braunroth oder schwärzlich gefleckt. Die Hinterflügel sind hochgelb, in der Mitte schwärzlich bestäubt. Auch führen sie einen rothbraunen Mittelfleck und eine Reihe von rothbraunen Punkten längs des Außenrandes.

Die Raupe ist sammtartig grün, mit zwei gelben Seitenlinien und schwarzen Punkten auf jedem Gelenke. Sie lebt, im April bis Juni, auf der bunten Kronwicke. — Der Falter erscheint im Mai oder Juli bis October. Häufig. Auf Feldern und Wiesen.

Edusa.

Taf. I., Fig. 9.

Die Raupe ist dunkelgrün, mit einem weißen, gelb und blau punktirten Streif über den Füßen. Ihre Nahrung sucht sie, im Frühjahre lebend, auf Geißklee. Die Puppe ist grün mit einem gelben Seitenstreif, und mit gelbumzogenen schwarz gestreiften Flügelscheiden. Entwickelung: zu Ende des Sommers. Auf Feldern und Wiesen. In den meisten Gegenden Deutschlands.

Rhodocera.

Rhamni. (Citronenvogel.)

Seine Flügel haben eine hervorstehende Ecke oder Spitze. Bei dem Manne sind sie citronengelb, bei dem Weibe weißlich gelb. Jeder hat auf der Oberseite mitten einen orangefarbigen, auf der Unterseite aber einen kleinen rostbraunen Fleck.

Die Raupe ist mattgrün, in den Seiten heller, mit einem schwachen weißen Streif über den Füßen. Auch ist sie fein weißlich behaart. Sie lebt, im April, Mai oder Juli und August, auf Kreuzdorn und Faulbaum; auch auf niedrigen Eichenbüschen. Die Puppe ist eckig und in ihrer Brust sehr verdickt, von Farbe grün, in den Seiten mit zwei hellgelben Streifen. Entwickelung: Juli und August oder in den ersten warmen Frühlingstagen. Überall gemein.

Thecla.

Betulae. (Birkenfalter.)

Seine Flügel sind schillernd schwarzbraun; die vorderen führen bei dem Manne einen schwarzen Mittelstrich auf lichterem Grunde, bei dem Weibe einen großen orangegelben Fleck. Die etwas gezähnten Hinterflügel sind auf der größeren Schwanzspitze und in dem verlängerten Innenwinkel orangegelb gefleckt. Die Unterseite ist braungelb mit einer rostbraunen, von schwarzen und weißen Linien begrenzten Binde. Auf den Vorderflügeln befindet sich ein länglicher, weißbegrenzter, schwarzbrauner Fleck.

Die Raupe ist grün, mit gelbem Rücken- und Seitenstreif und in den Seiten gelblich gestrichelt. Sie lebt, vom April bis Ende Juni, auf Birken, Kirschen- und Pflaumenbäumen, auch Schlehen. Die Puppe ist rund, glatt und stumpf, braun. Der Falter erscheint im Juli und August. Allenthalben in Deutschland.

Spini.

Der Mann ist auf der Oberseite schwarzbraun, bei frischen Exemplaren mit einem grünlichen Schiller, auf den Vorderflügeln führt er einen eingedrückten Flecken und auf dem hinteren am Außenrande zwei orangegelbe Flecken. Das Weib hat diese letzteren stärker und größer und ist im Mittelraum der Vorderflügel mehr oder weniger orangegelb gefärbt.

Die Unterseite ist aschgrau, mit einer weißen, nach innen schwärzlich begrenzten Querlinie. Auf den Hinterflügeln steht am Innenwinkel ein schwarzer und ein großer hellblauer, hierauf längs dem Außenrande fünf rothgelbe Flecken.

Die Raupe ist grün, erwachsen röthlich, mit schwarzem Kopfe und gelben, aus einzelnen Flecken bestehenden Rückenlinien. Sie lebt auf Schlehe. Die Puppe ist braun, unten aschgrau und behaart. Flugzeit: Juli; in den meisten Gegenden Deutschlands.

W. album.

Die Flügel sind dunkelschwarzbraun, die hinteren mit einem langen und kürzeren Schwänzchen und kleinem rothen Fleck am Innenwinkel. Die Unterseite ist bräunlichgrau. Auf den Vorderflügeln findet sich ein weißer, am Innenrand eingebogener Streif. Vor dem Innenwinkel der Hinterflügel bildet ein solcher Streif ein W. Auch zeigt sich auf beiden Seiten eine bogig ausgeschnittene orangefarbige Binde, schwarz begrenzt und vor und hinter ihr eine weiße Linie.

Die Raupe ist grün, auf den letzten Bauchringen mit drei dunkelrothen Flecken und mit einer Doppelreihe von Spitzen längs des Rückens. Vor der Verwandlung wird sie braun. Sie lebt, im Mai, auf Rüstern. — Die Puppe ist graubraun, an den Flügelscheiden dunkler und mit Härchen besetzt. Entwickelung: nach vierzehn Tagen oder drei Wochen. In einzelnen Gegenden Deutschlands, u. A. bei Leipzig.

Pap. Ilicis. (Steineichenfalter.)

Schwarzbraun ins Grünliche schillernd. Die Vorderflügel haben bei dem Weibe einen großen braungelben Fleck, die Hinterflügel am Innenwinkel, beim Manne und Weibe, ein braunrothes Fleckchen. Die Unterseite der Flügel ist braungrau mit einer weißgestrichelten Querlinie. Auch zeigen sich vor dem Außenrande eine Reihe röthlich gelber Flecke und vor dem Saume findet sich eine weiße Linie. Raupe blaßgrün mit gelber Fleckenlinie über dem Rücken und in jeder Seite. Dünn behaart. Im Mai auf Eiche. Flugzeit Juli. Nicht selten.

Pruni. (Pflaumenfalter.)

Die Flügel sind schwarzbraun mit einigen, beim Manne am Außenrande der Hinterflügel, beim Weibe auf diesen und auch auf den Vorderflügeln gegen den Innenrand, befindlichen braungelben Flecken. Unten sind die Flügel olivenbraun mit einer Reihe weißer, nach

Innen schwarz begrenzter kleiner Striche, auch einem matten Streif am Außenrande. Die Hinterflügel führen am Außenrande eine gezackte, gegen den Vorderrand sich schmälernde, theils schwarz theils weiß punktirte braungelbe Binde. An diesem Außenrande zieht sich auch eine bläulich weiße Linie her und vor dieser bis zu den Vertiefungen der Zacken zeigt sich die Farbe schwarz.

Die Raupe ist blaßgrün, mit weißlichen Linien und sechs Paar kurzen, braunpunktirten Erhöhungen. Ihr kleiner gelber Kopf hat zwei schwarze augenförmige Punkte. Sie lebt, im Mai und Juni, auf Schlehe und Pflaumenbäumen. — Die Puppe ist kurz und dick, Vorder- und Hintertheil sind stark getrennt und von Farbe dunkelbraun; auch ist sie weiß gefleckt. Der Falter erscheint nach vierzehn Tagen und hält sich gern auf Schlehenbüschen auf. Allenthalben in Deutschland.

Quercus. (Viereichenfalter.)

Taf. II., Fig. 1.

Die Raupe ist braungrau und fein behaart. Über dem Rücken hat sie eine feine schwarze Linie und dieser zu beiden Seiten eine Reihe gelblicher Flecke. Der Kopf ist klein und braun. Sie wird, im April und Mai, auf Eichen angetroffen. Die Puppe ist rund, in der Mitte dicker, braun von Farbe und mit verschiedenen Punkten besetzt. Der Falter erscheint im Juni und Juli. Eichenwälder. Nicht selten.

Rubi. (Grünling.)

Oberseite schwärzlich, oder olivenbraun, ohne Zeichnung; der Außenrand der Hinterflügel ist gegen den Innenwinkel, welcher ein gelbliches, verloschenes Fleckchen führt, gezähnt, der Saum weiß. Unten sind die Vorderflügel bis zum Innenrande, der braungrau angelegt ist, die hinteren aber ganz, hellgrün gefärbt. Durch die Mitte der letzteren zieht sich eine Querreihe kleiner, weißer Striche, oft ist auch nur ein Pünktchen sichtbar. Vor dem weißgrauen Saume zieht ein schmaler, braungelber Streif her, der auf den Hinterflügeln in die Zähnchen ausläuft; der Innenwinkel ist schwarz. Die Raupe lebt im Mai und Juni auf Brombeeren, Ginster, Esparsette u. s. w. Sie ist grasgrün oder gelblichgrün, mit feinen Härchen besetzt, der Rückenstreif weißlich, zu beiden Seiten mit einer Reihe dreieckiger, weißgelber, oft kaum sichtbarer Flecken und einem weißlichen Streif über den Füßen. Die Puppe ist stumpf und braun, mit helleren Luftlöchern. Flugzeit: Im April und Mai. Allenthalben nicht selten.

Polyommatus.

Virgaureae. (Goldruthenfalter.)

Taf. II., Fig. 2.

Das Weib ist weit matter gefärbt und hat viele schwarzbraune Flecken auf allen Flügeln.

Die Raupe ist dunkelgrün mit einer gelben Rückenlinie und gelblich grüner Linie zur Seite. Kopf und Brustfüße sind schwarz; auch zeigt sie sich fein behaart. Sie lebt, im Frühling, auf der gemeinen Goldruthe und dem spitzen Ampfer. Die Puppe ist an beiden Enden stumpf, von Farbe bräunlich mit dunkleren Flügelscheiden. Entwickelung: im Juli und August. In lichten Waldungen. In mehreren Gegenden Deutschlands nicht selten.

Hippothoë.

Dieser Falter ist gewöhnlich größer, als der sehr ähnliche Pol. Virgaureae. Der

Mann ist oben glänzend feuerfarbig, mit schwarzem Vorder- und Außenrand. Die Vorderflügel haben ein schmales längliches Mittelfleckchen, die hinteren einen feinen Strich; der Saum ist weiß. Das Weib ist heller, mit einem breiteren schwarzen Außenrand, zwei gleichfarbigen Mittelflecken und gebogener Punktreihe auf den Vorderflügeln. Die Hinterflügel sind braunschwarz mit schwarzen verloschenen Flecken und rothglänzender Randbinde. Auf der Unterseite sind die Vorderflügel beider Geschlechter röthlichgelb, mit bläulich grauem Außenrande und schwarzen, gelblich gerandeten Punkten. Die Hinterflügel sind bläulichgrau mit vielen schwarzen, weißlich gerandeten Punkten und einer röthlich gelben, auf beiden Seiten schwarz punktirten Randbinde. In mehreren Gegenden Deutschlands.

Eurydice. (Chryseïs.)

Oberseite beim Manne rothgoldglänzend, mit stahlblau schillerndem, nach innen in die Grundfarbe verlaufenden Vorder- und Außenrand und einem schwarzen Mittelflecken auf den Vorderflügeln. Die Hinterflügel sind längs dem Innenrande in ansehnlicher Breite schwarz, im Mittelfelde gegen den Außenrand blau schillernd, mit einigen goldglänzenden Flecken im schwarzen Rande, welche auch zuweilen fehlen. Die Unterseite ist staubfarben, auf den Vorderflügeln in der Mitte gelblich, mit vielen gelblich gerandeten Punkten und Flecken und rothgelber, auf beiden Seiten schwarz punktirter Binde am Rande der Hinterflügel. Das Weib ist auf der Oberseite braunschwarz, mehr oder weniger mit rothgelber Farbe unterbrochen, zwei Mittelflecken, einer etwas gebogenen Reihe schwarzer, länglicher Punkte und einer mit dem Außenrande parallel laufenden Reihe schwärzlicher Fleckchen. Die Hinterflügel führen eine orangegelbe, nach außen schwarz punktirte Randbinde, die Unterseite mehr rothgelb gemischt. Flugzeit: Juni bis August. Allenthalben in Deutschland.

Dorilis. (Circe.)

Der Mann hat braunschwarze, weißgesäumte Flügel. Die etwas zugespitzten Vorderflügel führen in der Mitte ein längliches und ein rundes schwarzes Fleckchen neben einander, eine gebogene Punktreihe und am Außenrande eine Reihe goldgelber Fleckchen. Die hinteren haben einen langen spitzen Afterwinkel, und längs dem Außenrande goldgelbe Flecken. Die Unterseite ist schwefelgelb oder gelbgrau, mit einer rothgelben, nach innen von schwarzen Mondfleckchen, nach außen von gleichfarbigen Punkten begrenzten Fleckenbinde vor dem Außenrande und vielen hellgerandeten, zerstreuten schwarzen Punkten im Mittelfelde. Das Weib ist schwarzbraun, auf den Vorderflügeln weiß, mit goldgelben Flecken fast ganz bedeckt, und führt drei Reihen schwarzer Punkte. Die Hinterflügel sind schwarzbraun, mit goldgelber Randbinde. Auf der Unterseite sind die Vorderflügel im Mittelraume rothgelb, die hinteren schwefelgelb, meistens mit grünlicher Mischung. Flugzeit: Mai und Juli bis Herbst. Allenthalben nicht selten.

Phlaeas.

Die Vorderflügel sind auf der Oberseite glänzend goldfarbig. Sie haben einen schwarzen Außenrand und eine Querreihe von viereckigen schwarzen Flecken, auch zwei solche gegen die Wurzel. Die Hinterflügel, mit zwei kleinen Spitzen gegen den Innenwinkel, sind schwarzbraun. Sie haben eine auswärts gezähnte goldfarbige Randbinde, in der Mitte verloschene schwarze Fleckchen und Punkte. Unten sind die Vorderflügel rothgelb mit grauer Spitze und gleichfarbigem Außenrande. Auch zeigt sich hier eine Bogenreihe von gelbumzogenen schwarzen Flecken; drei solcher Flecke stehen gegen die Wurzel. Die Hinterflügel sind unten braungrau und etwas schwärzlich punktirt. Vor dem Außenrande zieht ein zackiges rothes Streifchen. Das Weib ist dunkler von Farbe als der Mann.

Die Raupe ist hellgrün von Farbe, mit einem gelben Rückenstreif. Sie lebt, im Frühling und Sommer, auf Sauerampfer. Die Puppe ist stumpf und bräunlich. Entwicklung: nach 14 Tagen oder 3 Wochen. Flugzeit: April bis Herbst fast ununterbrochen. Häufig.

Helle.

Die Grundfarbe des Mannes ist schwärzlichbraun, auf den Vorderflügeln im Mittelfelde rothgelb gemischt, mit starkem blauen und röthlichen Schiller, einer schwarzen Punktreihe und Mittelfleckchen, und einem rothgelben Querbande am Außenrande der Hinterflügel. Das Weib hat keinen Schiller, dafür mehrere silberblaue Punkte. Die Unterseite der Vorderflügel ist röthlichgelb, die der hinteren bräunlichgrau; erstere führen am Außenrande eine Reihe schwarzer, nach innen weiß gerandeter Mondfleckchen, eine Bogenreihe gelblich geringter Punkte und einige zerstreute Fleckchen gegen die Wurzel. Die Hinterflügel haben am Außenrande ein rothgelbes, auf beiden Seiten mit schwarzen Punkten besetztes Querband, eine gebogene Reihe gelbbegrenzter Punkte und einige ähnliche gegen die Wurzel. Flugzeit: Mai, zum zweiten Male im Juli oder August. In der Leipziger Gegend in manchen Jahren sehr häufig, außerdem kommt er in noch einigen andern Gegenden Deutschlands vor.

Aegon. (Geißkleefalter.)

Der Mann ist oben dunkelblau mit breitem schwarzen Außenrande und weißem Saume; unten aschfarbig mit vielen kleinen Augen, einer rothgelben Querbinde und silbernen Pupillen, zwischen beiden letzteren mit einem weißen Felde. Das Weib ist oben braun mit einer rothgelben, schwarzpunktirten Randbinde auf allen Flügeln oder nur auf den Hinterflügeln. An einigen jedoch sind es nur einzelne Flecke. Die Unterseite ist dunkler und das weiße Feld heller als bei dem Manne.

Die Raupe ist hochcitrongelb, in den Seiten grünlich, mit einer gelben Rückenlinie. Vor der Verwandlung wird sie über dem Rücken hellgelb, in den Seiten grün mit schwärzlichen Schrägstrichen. Sie lebt im Mai auf Ginster. Puppe gelb, Bruststück bräunlichgelb. Im Juli auf Wiesen und Haide.

Argus.

Die Oberseite seiner Flügel ist beim Manne dunkelblau mit schwarzem auf den Hinterflügeln schwarz punktirten Außenrande und weißem Saume, beim Weibe braun, auch wohl an der Wurzel und im Mittelraume blau angehaucht, mit rothen Randflecken. Der Saum ist meist bräunlich. Die Unterseite der Flügel ist beim Manne bläulich, beim Weibe bräunlich. Alle Flügel haben ein rothgelbes, zuweilen rostfarbiges Querband und die Hinterflügel am Rande bläulichgrüne silberglänzende Flecke oder Augen.

Die Raupe ist grün mit dunkelbraunen weißkantigen Rücken- und Seitenstreifen, auch mit Schrägstrichen in solcher Farbe in den Seiten und führt feine Härchen und weiße Knöpfchen auf sich. Ihr Kopf und ihre Brustfüße sind schwarzbraun. Sie lebt auf Steinklee, Stechginster, Besenpfriem und Esparsette. Die **Puppe** ist grün, später hellbraun und an einigen Stellen rothbraun. Entwickelung: im Juli und später. Häufig.

Battus.

Seine Flügel sind schwarz oder schwarzbraun, bei dem Manne mehr, bei dem Weibe weniger, oft kaum, blau bestäubt. Die Vorderflügel haben einen schwarzen Mittelfleck und öfters am Außenrande eine Reihe hellblauer Fleckchen, auf den Hinterflügeln aber dergleichen farbige Ringe. Der Saum ist weiß und schwarz gescheckt. Die Unterseite der Flügel ist hellaschgrau, bei dem Weibe etwas bräunlich mit einer Bogenreihe schwarzer Punkte und zwei Reihen schwarzer Randflecke; letztere sind auf den Hinterflügeln rothgelb ausgefüllt.

Die Raupe ist meergrün mit einer dunkelvioletten Rückenlinie und fein behaart. Sie lebt im Juli auf dem knolligen Sedum oder der Fetthenne. Die Puppe ist kurz und stumpf, zum Theil hellbraun, zum Theil grün und braun punktirt. Entwickelung: im Juni. In bergigen Gegenden nicht selten. Dresden, Thüringen.

Icarus. (Alexis.) (Hauhechelfalter.)

Der Mann ist auf der Oberseite himmelblau; die Randflecke der Unterseite sind gelblich und etwas verloschen. Das Weib ist bald einfarbig braun, bald mehr oder weniger blau bestäubt; auch fallen die Randflecke auf den Vorderflügeln mehr ins Gelbe.

Die Raupe ist hellgrün mit einer dunkeln Rückenlinie, die zu beiden Seiten dreizackige gelbe Flecke hat. Sie lebt, im Frühlinge, auf dem gemeinen Hauhechel, dem wilden Süßholz und auf Erdbeeren. Die **Puppe** ist stumpf und dunkelbraun. Entwicklung: im Sommer. Allenthalben gemein.

Adonis.

Die Flügel sind bei dem Manne auf der Oberseite glänzend himmelblau. Ihr Außenrand ist schwarz begrenzt, ihr Saum weiß und schwarz gescheckt oder auch ganz weiß. Die Unterseite der Vorderflügel ist hellgrau und schwarz gefleckt, die der Hinterflügel ist bräunlich grau, am Außenrande weiß, rothgelb klein gefleckt und schwarz punktirt. Das Weib ist entweder einfarbig dunkelbraun oder verschiedentlich hellblau. Der Saum ist weiß und dunkelbraun gescheckt.

Die **Raupe** ist grün oder hellbräunlich mit dunklem Rückenstreif, der zu beiden Seiten eine Reihe rothgelber Flecke hat. Kopf- und Brustfüße sind schwarzbraun; die Bauchfüße bräunlich grün. Auch führt sie feine weiße Härchen. Sie lebt, im Frühling und Sommer, auf verschiedenen Kleearten und dem pfeilförmigen Ginster. Die **Puppe** ist stumpf, grün- oder dunkelbraun. Entwickelung: nach 14 Tagen oder drei Wochen. Flugzeit im Juli, auf Wiesen. In manchen Gegenden, z. B. Thüringen, nicht selten.

Corydon.

Der Mann ist oben silberblau, mit breitem, schwarzen Außenrande, in welchem namentlich auf den Hinterflügeln schwarze, runde, weißlich begrenzte Punkte stehen. Auf der Unterseite sind die Vorderflügel hellgrau; vor dem Außenrande steht eine Reihe größerer, beinahe mondförmiger, schwarzer Flecken, dann eine Bogenreihe runder, weiß gesäumter und nach der Wurzel zu noch einige ähnliche, aber länglichrunde schwarze Flecken. Die Hinterflügel sind bräunlichgrau, am Außenrande weiß; vor diesem zieht eine Reihe schwarzer Punkte her, vor welchen sich rothgelbe, dreieckige, nach innen schwarzbegrenzte Fleckchen zeigen. Eine Bogenreihe schwarzer Punkte, mit breiter weißer Einfassung, liegt gegen die Mitte, dann ein weißer herzförmiger Fleck, mit einem schwarzen Strichchen, und gegen die Wurzel drei oder vier schwarze Punkte.

Das stark variirende Weib ist oben schwärzlichbraun, die Vorderflügel meist ungefleckt, mit einem schwarzen, zuweilen weiß gesäumten Mittelfleckchen. Die Hinterflügel führen am Außenrande schwarze, nach außen weiß, nach innen rothgelb gerandete Flecken. Die Unterseite ist um vieles dunkler, als beim Manne, die Flecken deutlicher und größer und am Außenrande der Vorderflügel zieht vor den schwarzen Punkten eine Reihe rothgelber nach innen scharfbegrenzter Flecken her. In mehreren Gegenden Deutschlands.

Damon.

Die Oberseite der Flügel ist bei dem Manne oben glänzend blau mit breitem schwärzlichen Außenrande und schwärzlichen Adern, bei dem Weibe braun, bei beiden mit weißem Saume. Auf der Unterseite dieser Flügel ist der Mann lichtgrau, das Weib bräunlich. Die Vorderflügel zeigen eine Bogenreihe von weiß umringten schwarzen Punkten und mitten ein längliches, weiß begrenztes Fleckchen. Die Hinterflügel haben einen ziemlich breiten weißen Streif und in einer Bogenreihe kleine weiß begrenzte schwarze Punkte; auch zeigt sich auf ihrer Mitte ein schmales schwarzes Strichchen.

Die **Raupe** ist gelblich grün mit dunkelgrünem Rückenstreif und weiß eingefaßtem dunkelgrünen Seitenstreif. Sie lebt, im Mai und Juni, auf dem gemeinen Hahnenkopf. Die **Puppe** ist ockergelb und minder stumpf, als die der andern Schildraupen. Entwickelung: nach vierzehn Tagen. In mehreren Gegenden Deutschlands, im Juli.

Argiolus.

Die Flügel sind bei dem Manne auf der Oberseite lichtblau mit schwarzem oder schwarzbraunem Außenrande und weißem, auf den Vorderflügeln schwärzlich geflecktem Saume. Bei dem Weibe sind nur die Vorderflügel, und auch diese nur im Mittelfelde, hellblau, die Hinterflügel sind weißlich blau, am Vorderrande schwarzbraun. Letztere haben auch schwarze Fleckchen am Außenrande und ein schwarzes Mittelstrichchen. Die Unterseite der Flügel ist, bei dem Manne wie bei dem Weibe, bläulich weiß mit vielen schwarzen Strichchen und einigen Punkten.

Die **Raupe** ist gelblich grün mit einer dunkelgrünen Rückenlinie und mit äußerst feinen Härchen. Kopf und Füße sind schwarz. Sie lebt, im April und Mai, auf dem Faulbaume. Die **Puppe** ist glatt ohne Ecken, am Vordertheile grün, am übrigen Körper gemischt braun, mit einer schwarzen Rückenlinie. Der Falter erscheint nach vierzehn Tagen und fliegt im Juni und Juli. In Deutschland nirgends selten.

Cyllarus.

Die Flügel sind auf der Oberseite bei dem Manne glänzend blau, bei dem Weibe schwarzbraun, im Mittelfelde blau schillernd. Sie führen einen schwarzen Außenrand mit weißem Saum. Auf der Unterseite sind die Flügel hellaschgrau, von der Wurzel aus bis über die Mitte nicht selten bläulichgrün. Die Vorderflügel zeigen hier einen kleinen weißumzogenen schwarzen Strich und in einer Reihe fünf oder sechs weiß gerandete schwarze Fleckchen. Auch die Hinterflügel führen solche Fleckchen; nur sind diese kleiner und auch in der Zahl verschieden von denen der Vorderflügel.

Die Raupe ist blaßgrün und mit feinen weißen Härchen besetzt. April und Mai auf Wirbelkraut. Puppe bräunlich. Fliegt in Deutschland, nicht selten, im Juni und Juli auf Wiesen und im Walde.

Arion.

Taf. II., Fig. 3.

Fliegt vom Juni bis Anfang August auf Waldwiesen. Nicht häufig.

Nemeobius.

Lucina.

Die kaum gezähnten Flügel sind schwarzbraun, mit einigen braungelben Fleckenreihen, wovon die nächsten am Außenrande kegelförmig und unten mit einem schwarzen Punkte bezeichnet sind. Auf der Unterseite sind die Vorderflügel braungelb, mit schwarzen und weißlichgelben Makeln und Flecken. Vor dem Außenrande stehen in einer Reihe kegelförmiger braungelber, an der Spitze weißlicher Makeln, kleine pfeilförmige schwarze Fleckchen mit einem weißen Pünktchen gegen den Saum. Die Hinterflügel sind dunkler, mit zwei Bogenreihen weißer länglichrunder Flecken von verschiedener Größe. Das Weib unterscheidet sich von dem Manne, außer der helleren Grundfarbe, hauptsächlich durch die Gestalt seiner Vorderflügel, welcher stumpfer und an der Spitze mehr abgerundet sind. Der Falter fliegt im Mai in verschiedenen Gegenden Deutschlands.

Apatura.

Iris. (Schillerfalter.)

Taf. II., Fig. 4.

Die Raupe ist gelblichgrün, schief gestreift, mit rothen Schwanzspitzen und mit dichten Härchen in den Seiten. Ihr Kopf ist eckig und endigt sich in zwei gabelförmig gespaltenen, grünen, gelbgerandeten Dornspitzen, welche auf ihrer Vorderseite einen bläulichen Strahl haben. Sie lebt im Mai und Juni auf Weiden. Die Puppe ist mattgrün und hat drei Spitzen. Der Falter erscheint aus ihr in 14 Tagen oder 3 Wochen und fliegt im Juli in Laubwäldern auf feuchten Fahrwegen. In mehreren Gegenden häufig.

Ilia. (Bandweidenfalter.)

Dieser Falter unterscheidet sich von dem vorhergehenden vornehmlich durch einen schwarzen braungelb eingefaßten Augenfleck auf der Oberseite der Vorderflügel und durch den auf beiden Seiten fehlenden Zacken in der Mittelbinde der Hinterflügel. Außerdem zeigt der Außenrand eine Reihe verloschener weißer oder weißgrauer, auch wohl ockergelber Flecke vor sich, und es haben die Vorderflügel am Vorderrande gegen die Wurzel vier runde schwarze Flecke in einem etwas lichteren Grunde. Auch sind wohl Binden und Flecke weiß mit ockergelb oder ocker- mit safrangelb und weiß vermischt. In der Spitze der Vorderflügel befinden sich allezeit zwei oder drei weiße Flecke. Die Unterseite ist bräunlich grau und wie oben in der Zeichnung. Es ist die Binde nur nach innen scharf begrenzt, nach außen in die Grundfarbe übergehend. Auch ist dieser Falter beträchtlich kleiner als der vorhergehende.

Die Raupe ähnelt der des vorigen, ist aber minder lebhaft und mehr schmutzig grün, auch wohl etwas größer und der Strahl an der Vorderseite der Kopfspitzen ist schwarz. Sie lebt, im Mai und Juni, auf Aspe und Dotterweide. Puppe und deren Entwickelung wie bei dem vorhergehenden Falter. Flugzeit wie bei Iris, aber beide Arten fliegen nicht durcheinander.

Limenitis.

Populi. (großer Eisvogel.)

Taf. II., Fig. 5. 6. 7.

Beim Manne ist die weiße Querbinde sehr schmal oder fehlt ganz.

Die Raupe lebt im Mai und Juni auf Aspe. Flugzeit im Juni und Juli, auf feuchten Waldwegen im Sonnenschein. In vielen Gegenden häufig.

Camilla.

Die gezähnten Flügel sind oben bläulich schwarz mit weißem und schwarzem Saume und einer weißen Fleckenbinde mit fünf Flecken. Am Vorderrande gegen die Flügelspitze zeigen sich zwei weiße Flecke unter einander und zwischen den Fleckenstreifen und der Wurzel steht ein länglicher weißer Fleck in schiefer Richtung. Die beiden äußersten Flecke am Vorderrande sind bräunlich grau. Längs des Außenrandes steht eine Reihe schwarzer, nach außen hellblau begrenzter Punkte. Auf der Unterseite sind die Flügel meist kupfer- oder zimmtbraun, die Vorderflügel gegen den Innenrand schwärzlich und wie oben in der Zeichnung. An der Wurzel und dem Innenrande entlang zeigen sich die Hinterflügel in ziemlicher Breite bläulich weiß, haben jedoch weder Punkte oder Flecke noch Striche.

Die Raupe ist der des Sibylla sehr ähnlich. Nur ist ihre Farbe dunkler, die der Dornen unten grünlich, oben roth und die des Bauchs und der Füße dunkelroth. Sie lebt im Mai, Juni, Juli auf Heckenkirschen, Geißblatt. Auch die Puppe ist wie die des erwähnten Falters gestaltet, aber bräunlich und heller und dunkler gemischt. Der Falter entkommt aus ihr in 14 Tagen bis 3 Wochen und fliegt — in Süddeutschland — im Juni und Juli in lichten Wäldern.

Sibylla. (Heckenkirschenfalter.)

Die gezähnten Flügel sind auf der Oberseite schwarzbraun, mit einem in der Mitte befindlichen weißen Fleckenstreif, aus acht Flecken bestehend. Zwei andere weiße Flecken zeigen sich auf den Vorderflügeln am Vorderrande, zwischen dem Fleckenstreif und dem Außenrande, und ein kleiner weißer Fleck steht in der Mitte und ein schmutzig weißer nach der Wurzel zu. Am Innenwinkel haben bei dem Weibe die Hinterflügel einen kleinen braunrothen, doch hellen deutlichen Fleck. Die Unterseite der Flügel ist braungelb, die der vorderen auch noch braungrau mit größeren weißen Flecken, die der hinteren Flügel von der Wurzel bis zum Innenrande bläulich grau mit vielen schwarzen Punkten und Strichen, auch einigen mondförmigen weißen Flecken und Fleckchen vor dem Saume.

Die Raupe ist gelblich grün mit rothen Dornen und weißem Seitenstreif, auch weißen

Härchen. Ihr Kopf ist herzförmig und roth mit einem weißen Seitenstreif. Sie lebt im Mai und Juni einsam auf Heckenkirsche und Geißblatt. Die Puppe ist eckig mit zwei Kopfspitzen und von Farbe grün. Auch hat sie einige Silberpunkte. Entwickelung: in 14 Tagen bis 3 Wochen. Flugzeit: im Juni und Juli in lichten Waldungen. Nicht häufig.

Vanessa.

Levana, var. Prorsa.

Taf. II., Fig. 8.

Die Raupe ist schwarz oder braungelb und schwarz gestreift, hat schwarze ästige Dornen, auch wohl einen rothbraunen Seitenstreif. Sie lebt im Juni auf der großen Waldnessel. Die Puppe ist hell- und dunkelbräunlich, am Kopfe stumpf spitzig, auch wohl mit Goldpunkten besetzt. Entwickelung: im Juli und August. In lichten Wäldern. Die Stammart (Levana) ist in der Zeichnung dem V. var. Prorsa ganz ähnlich, nur ist die Farbe statt schwarz gelbbraun oder braunröthlich. Flugzeit im Mai.

C. album. (Weißes C.)

Seine Flügel sind stark ausgeschnitten und gezähnt, auf der Oberseite braungelb, gegen die Wurzel und am Innenrande der Hinterflügel grünlichgrau, die Vorder- und Hinterflügel sind schwarz oder schwarzbraun gefleckt und haben am Außenrande einen breiten schwarzbraunen Streif oder eine solche Binde. Zwei der Flecke, ein großer schwarzer und ein großer schwarzbrauner, stehen am Vorderrande der Vorderflügel. Auf der Unterseite sind die Flügel bis zur Mitte und gegen den Außenrand schwärzlich braun, im Zwischenfelde heller in dieser Farbe. In der Mitte der Hinterflügel zeigt sich ein deutliches weißes C.

Die Raupe ist oben, vom Kopfe an, zur Hälfte rothgelb und dann weiß, die Seiten sind braun. Sie ist kurz bedornt, in der Farbe, wie ihre Haut ist. Man findet sie im Mai und August einsam auf Rüster, Hopfen, Brennnessel, Johannisbeeren. Die Puppe ist röthlich mit braunen Flecken und Gold- oder Silberpunkten. Flugzeit: April, dann Sommer. Nicht selten.

Polychloros. (Großer Fuchs.)

Die Flügel sind geeckt und stark gezähnt. Auf der Oberseite ist ihre Farbe röthlichbraun und gelb mit schwarzbraunem Außenrande, vor dem eine schwarzbraune Binde liegt; zwischen dieser und jenem aber eine Reihe blauer Fleckchen. Jeder Vorderflügel hat zwei große und zwei kleine schwarzbraune Flecke am Vorderrande und vier kleine Flecke von derselben Farbe im Mittelfelde. Die Hinterflügel haben einen großen schwarzen Fleck am Vorderrande. Auf der Unterseite sind die Flügel schmutzigbraun schattirt, mit einer breiten lichteren Binde quer durch die Flügel und einem gelblichen Punkt in der Mitte auf jedem Hinterflügel.

Die Raupe ist schmutzig braun oder grau, mit gelbem Rückenstreif und gelben Seitenstreifen; auch ist sie gelbästig gedornt. Sie lebt, vom Mai bis in den Herbst, gesellig auf Rüster, Kirsche, Weide und Birnbaum. Die Puppe ist rothbraun oder bräunlichgrau mit scharfen Spitzen und einigen Gold- oder Silberfleckchen. Der Falter erscheint in 14 Tagen oder drei Wochen. Spätlinge überwintern. Flugzeit: Frühling, das zweite Mal im Sommer. Häufig.

Urticae. (Kleiner Fuchs.)

Taf. III., Fig. 9.

Die Raupe ist mehr oder weniger schwarz mit gelben Streifen und Punkten und mit kurzen Dornen besetzt. Sie lebt im Sommer und Herbst auf Brennessel und Rothnessel. Die Puppe ist eckig und hat scharfe Spitzen, auch Goldpunkte. Flugzeit: Sommer.

Io. (Tagpfauenauge.)

Taf. II., Fig. 10. 11. 12.

Die Raupe lebt, im Sommer und Herbst, gesellig auf Brennnessel und Rothnessel.

Antiopa. (Trauermantel.)

Taf. III., Fig. 1.

Die Raupe ist schwarz mit hochroth geflecktem Rücken und kleinen weißen Pünktchen; auch ist sie schwarz gedornt. Sie lebt, im Mai, Juni und September, gesellig auf Wasserweide, Birke, Aspe und italienischer Pappel. Die Puppe ist aschgrau oder braun und an mehreren Stellen scharfspitzig. Der Falter erscheint nach 3 Wochen; Spätlinge überwintern. Frühjahr bis Herbst, häufig.

Atalanta. (Admiral.)

Taf. III., Fig. 2.

Die Raupe ist bald grünlich gelb, bald braunroth, schwärzlich oder fleischfarbig, mit einer Reihe halbmondförmiger gelber Flecke an jeder Seite und mit gelben ästigen Dornen. Sie lebt, den ganzen Sommer, einsam innerhalb zusammengesponnenen Blättern der großen Nessel und der Heiternessel (kleinen Nessel). Die am Kopfe zweispitzige Puppe ist grau, braun oder fleischfarbig. Auch ist sie mit Goldfleckchen besetzt. Der Falter erscheint aus ihr in 14 Tagen oder drei Wochen. Spätlinge überwintern. Flugzeit: 2 mal im Sommer. Häufig.

Cardui. (Distelfalter.)

Taf. III., Fig. 3.

Die gezähnten, schwarz und weiß gesäumten Flügel sind auf der Oberseite gelbroth mit schwarzen Flecken und Punkten. Die Spitze der Vorderflügel ist ziemlich breit schwarz mit weißen Flecken. Vor dem schwarz gefleckten Außenrande der Hinterflügel stehen vier oder fünf rundliche schwarze Flecke. Auf der Unterseite sind die Vorderflügel gelbroth und wie oben in der Fleckung, die Spitze aber und der Außenrand gelbgrau. Die Hinterflügel sind gelbgrau und gewölkt mit einer Reihe bläulicher oder violetter, weiß eingefaßter Querstreifen vor dem Außenrande und vor diesem fünf bläulich grüne rundliche Flecke oder Pupillen, deren mehrere gelb oder schwarz umringt sind.

Die Raupe ist schwärzlich grau, gelbgestreift oder punktirt und gelbdornig. Sie lebt, im Sommer und Herbst, auf Disteln, Nesseln, Cardobenedikten, Artischocken, Schafgarbe und der rundblätterigen Malve (Käsepappel). Die Puppe ist aschgrau, braun oder gelblich, mit zwei stumpfen Ecken am Kopfe und mit mehreren Goldpunkten besetzt. Entwickelung: nach 14 Tagen oder 3 Wochen. Fliegt fast den ganzen Sommer. Sehr gemein.

Melitaea.

Maturna.

Taf. III., Fig. 4.

Die Raupe ist schwarz mit einem aus großen schwefelgelben Punkten bestehenden Streif längs des Rückens und jeder Seite. Ersterer ist auch der Länge nach durch eine schwarze Linie getheilt. Sie lebt im März, April und Mai auf Wegerich, Teufelsabbiß, Veilchen, Heckenkirsche u. s. w. Sie überwintert. Die Puppe ist stumpf, grünlichweiß, gelb und schwarz gefleckt, mit gelben Knöpfchen am Hintertheile. Der Falter kommt aus ihr in vierzehn Tagen. Fliegt im Juni inLaubwäldern. In mehreren Gegenden Deutschlands nicht selten.

Artemis. (Ehrenpreisfalter).

Die kaum merklich gezähnten Flügel sind oben braunroth oder mattschwarz mit vielen gelben oder rothgelben unregelmäßigen Flecken. Die Hinterflügel zeigen nahe am Außenrande eine breite rothgelbe, durch schwarze Adern unterbrochene und schwarz punktirte Binde und vor dem Saume eine Reihe halbmondförmiger gelber Flecke. Die Unterseite der Vorderflügel ist blässer mit hell- und dunkelgelben Flecken, die der Hinterflügel rothgelb mit drei hellgelben Querbinden. Zwischen den beiden letzten stehen sechs gelbumzogene schwarze Punkte.

Die Raupe ist schwarz, unten gelblich und hat einen aus feinen weißen Punkten bestehenden Streif über den Rücken und an jeder Seite, auch rothbraune Füße. Sie lebt, im April und Mai, auf Teufelsabbiß und Wegerich und überwintert. — Die oben kolbige Puppe ist grünlichweiß, schwarz punktirt; am Hintertheile hat sie viele blaßgelbe Knöpfchen. Entwickelung: nach vierzehn Tagen. Fliegt in lichten Wäldern, Mai und Juni.

Cinxia. (Spitzwegerichfalter.)

Die schwach gezähnten Flügel sind braungelb oder hochrothgelb in der Grundfarbe und durch schwarze Binden und Querstreifen netzförmig gefleckt. Auf den Hinterflügeln zeigen sich mehrere gebogene Reihen braungelber Flecke. Die Unterseite der Vorderflügel ist heller, hat eine schwefelgelbe Spitze, einige schwarze Flecke und gezackte Linien und eine Reihe schwarzer Randpunkte; die der Hinterflügel ist schwefelgelb mit zwei rothgelben Querbinden, deren die erstere eine schwarze Einfassung und einen Fleck von der Grundfarbe der Flügel hat. Die andere besteht aus sieben durch die schwarzen Flügeladern gebildete Flecken. Zwischen diesen beiden Binden und auch vor dem schwarz gefleckten Saum befindet sich eine Reihe dicker schwarzer Punkte. —

Die Raupe ist schwarz mit bläulich weißen Punktringeln; Kopf und Bauchfüße sind rothbraun. Längs auf ihr zeigen sich mehrere Reihen Scheindornen. Sie lebt im April und Mai, auf Spitzwegerich, Mausöhrchen und Ehrenpreis und überwintert. — Die Puppe ist dick und rund, weißlich von Farbe und mit einigen Reihen röthlich gelber Knöpfchen besetzt. Entwickelung: nach vierzehn Tagen. Flugzeit Mai und Juni auf Waldwiesen.

Didyma. (Breitwegerichfalter.)

Die Flügel sind schwach gezähnt und weiß und schwarz gesäumt, in der Grundfarbe bald heller, bald dunkler rothgelb und mit vielen meist eckigen schwarzen Flecken besetzt, welche auch wohl als eine Binde erscheinen. Die Vorderflügel sind unten blaß und gelb an der Spitze;

die Hinterflügel sind heller oder dunkler schwefelgelb, an der Wurzel schwarz punktirt, mit zwei rothgelben Querbändern, von denen das erstere einen Fleck von der Grundfarbe hat.

Die Raupe ist braungelb, unten hellbläulich. Jeder Ring hat eine schwarze Binde und mehrere weiße Punkte. Längs über sich her hat sie mehrere Reihen gelber und weißer Warzen oder Scheindornen. Man findet sie April bis Juli auf Wegerich, Ehrenpreis, Stabwurz und dem kleinblättrigen Löwenmaule. Sie überwintert. Die Puppe ist dick und stumpf, weißlich grau mit verschiedenen orangegelben Punkten oder Spitzen, auch einiger schwarzen Liniirung. Entwickelung: Juni, Juli. Aufenthalt: Waldwiesen. In mehreren Gegenden Deutschlands.

Athalia. (Mittelwegerichfalter.)

Die Flügel sind kaum merklich gezähnt und oben meist heller oder dunkler schwarzbraun mit Querreihen von braungelben Flecken. Der Saum ist schwarz und weiß. Unten sind die Vorderflügel heller und verloschen schwarz gefleckt und liniirt. Die Spitzen sind gelb und längs des Außenrandes steht eine Reihe halbmondförmiger gelber Flecke. Die Hinterflügel zeigen unten fünf hellgelbe, schwarz eingefaßte Flecke auf ockergelbem Grunde, nächst diesen eine hellgelbe oder weißliche, schwarz begrenzte Binde, die längs ihrer Mitte eine feine schwarze Linie führt, und gegen den Außenrand zwei Querreihen halbmondförmiger Flecke; die erstere dieser Querreihen ist in der Hauptfarbe braungelb, die andere hellgelb.

Die Raupe ist schwarz mit zwei Reihen kleiner weißer Punkte über jedem Gelenke. Sie hat einen schwarzen Kopf und weiße Fleischspitzen in den Seiten. Man findet sie, April und Mai, auf Wegerich. Sie ist gesellig und überwintert. — Die Puppe ist graubraun mit schwarzer Liniirung und schwarzen und rothen Punktreihen. Entwickelung: vom Mai bis August. Zu finden in lichten Wäldern und auf Wiesen.

Argynnis.

Selene.

Die Oberseite der schwach gezähnten Flügel ist rothgelb mit einer schwarzen Fleckenreihe, einer schwarzen Punktreihe und schwarzer zifferförmiger Zeichnung. Erstere geht durch die Mitte, die andere befindet sich vor dem Außenrande, die dritte am Vorderrande. Die Unterseite der Vorderflügel ist matt rothgelb mit schwarzen Flecken und schwarzer Zeichnung. Am Vorderrande des linken Flügels scheint die Bezifferung 1501 zu stehen. Die Unterseite der Hinterflügel ist zimmt-, gegen den Rand rothbraun. An der Wurzel zeigen sich drei mattglänzende silber- oder perlmutterartige Flecke und diesen zunächst fünf Flecke in der Grundfarbe, deren der zweite und größte einen großen, meist gelb gerandeten schwarzen Punkt hat. Auf diese folgen in einer Binde neun schwarz begrenzte gelbe Flecke, den mittleren ausgenommen, welcher silber- oder perlmutterglänzend ist; dann sieben silberglänzende oder perlmutterartige Flecke am Rande; auch bemerkt man noch am Vorder- und Innenrande einige silber- oder perlmutterglänzende Wische.

Die Raupe ist schwarz, mit Dornen, zur Hälfte gelb. Mai bis August. Nicht selten.

Euphrosyne. (Waldveilchenfalter.)

Dieser Falter ist dem vorhergehenden Falter sehr ähnlich. Die Oberseite seiner Flügel ist aber etwas heller rothgelb, auch sind diese mehr abgerundet. Vor dem Außenrand befindet sich, und zwar nicht zusammenhängend, eine Reihe kappenförmiger, schwarzer Flecke. Auf der Unterseite der Vorderflügel ist die Zahl 1501 oder 1070 zu sehen. Die Unterseite der Hinterflügel ist zimmtroth. Der schwarze Punkt unfern der Wurzel ist immer gelb gerandet, in der Mittelbinde ist nur der längste und größte Fleck silber- oder perlmutterglänzend; die sieben Randflecke sind mehr abgerundet, nach oben durch einen dreieckigen zimmtbraunen Fleck begrenzt; der Raum zwischen ihnen und der Mittelbinde ist heller.

Die Raupe ist schwarz, auf jedem Ringe oben mit zwei orangegelben Flecken. Sie ist gelb oder auch schwarz gedornt und lebt, April und Juli, auf Wald- und Bergveilchen, auch Erdbeerblättern. Sie überwintert. Flugzeit: Mai und August; allenthalben gemein.

Dia. (Hainveilchenfalter.)

Die Hinterflügel sind gegen die Vorderflügel besonders breit; der Vorderrand ist gerade und es bildet sich am Außenrande ein scharfer Winkel. Alle vier Flügel sind schwach gezähnt. Braungelb auf ihrer Oberseite, ähneln sie in der Zeichnung denen des braunfleckigen Falters (**Arg. Selene**). Auf der Unterseite sind aber die Hinterflügel rothbraun, mit einer aus neun schwarz eingefaßten Flecken bestehenden Binde; drei oder vier dieser Flecke sind perlmutterglänzend, die übrigen gelb. Auch zeigen sich sieben dreieckige silberglänzende Randflecke. Zwischen diesen aber und der Binde ist die Farbe heller oder dunkler rothbraun mit silberglänzenden Wischen und einer Reihe runder dunkelbrauner oder schwärzlicher Flecke, auf denen einige gelbe Pupillen sind.

Die Raupe ist schwarz, über den Rücken heller, mit einer schwarzen Rückenlinie und weißgrauen Dornen. Sie lebt, Mai und Juni, auf Hainveilchen und überwintert. — Die Puppe ist gelblichbraun, oft schwarz. Der Falter erscheint im Mai und August. Nicht allenthalben.

Amathusia. (Natterwurzfalter.)

Auf der Oberseite sind seine Flügel trübrothgelb mit weiß und schwarz geschecktem Saum. Am Außenrande, mit schwarzer Einfassung, haben sie eine Reihe von eckigen, schwarzen Flecken, nach innen sechs dicke schwarze Punkte und hiernächst die bei ähnlichen Schmetterlingen befindliche dunkle Zeichnung. Unten sind die Vorderflügel blässer mit hellgelber, rothbraungefleckter Spitze und wie oben in der Zeichnung. Die Hinterflügel sind auf der Unterseite zimmtbraun. An der Wurzel stehen drei oder vier kleine gelbliche Flecke nebst einem großen gelbumzogenen schwarzen Punkt und gegen die Mitte zeigt sich eine stark gezackte Binde. Der äußere Theil des Flügels ist röthlichbraun, violett und gelb marmorirt, und hinter der Binde befinden sich ein röthlichweißer glänzender Wellenstreif und eine Reihe dunkelbraune, zum Theil gelbgekernter Punkte; längs des Außenrandes aber dunkelbraune Flecke, deren jeder mit einem gelben Fleckchen.

Die Raupe ist aschgrau mit schwarzem Rücken- und schwarzem Seitenstreife. Sie lebt, Mai und Juni, auf Natterwurz. Die Puppe ist braungrau mit schwarzen und weißen Zeichnungen und Pünktchen. Flugzeit im Sommer. Süddeutschland.

Daphne.

Die Flügel sind auf der Oberseite hellrothgelb und denen der vorhergehenden Falter ähnlich gefleckt und gezeichnet. Vor dem Außenrande stehen in einer Reihe sieben eckige schwarze Flecke und der Saum ist scheckig gelb und schwarz. Auf der Unterseite sind die

Vorderflügel blässer und wie oben in der Zeichnung; die Hinterflügel von der Wurzel bis zur Mitte hellgelb und, in brauner Begrenzung, in verschiedene Flecken abgetheilt. Das Übrige an diesen Flügeln ist bis zum Außenrande röthlich-, zuweilen grau- veilchenblau, mit helleren, in das Fleischfarbene fallenden und dunkleren Einmischungen und einer Reihe rostfarbiger augenförmiger Flecke, in welchen man grünlichgelbe Pupillen bemerkt.

Die Raupe ist schwarzbraun und der Länge nach oben recht breit, gelb oder weißlich gestreift. Sie hat sechs Reihen dunkelgelber, schwarz geästeter Dornen. Sie lebt, im Mai und Juni, auf Himbeer- und Brombeersträuchern und überwintert. — Die Puppe ist gelblichgrau und hat achtzehn vergoldete, zuweilen roth und grün schillernde Knöpfchen. Entwicklung: Juni und Juli. In mehreren Gegenden Deutschlands.

Latonia. (Kleiner Perlmutterfalter.)

Taf. III., Fig. 5.

Die Raupe ist bräunlichgrau mit einem weißlichen Rückenstreif und zwei braungelben Seitenlinien; Dornen und Füße sind ockergelb. Sie lebt, im Sommer und Herbst, auf Ackerveilchen, der Esparsette und auf der Ochsenzunge. — Die Puppe ist dunkelbraun mit gelbem Rückenstreif und einer weißen Querbinde, nebst mehreren etwas erhabenen Gold- und Silberpunkten. Der Schmetterling erscheint entweder nach vier Wochen oder erst im Frühjahr. Flugzeit: Frühling bis Herbst. Allenthalben gemein.

Aglaja. (Großer Perlmutterfalter.)

Dieser Falter ist in der Farbe und Zeichnung auf der Oberseite dem vorhergehenden ähnlich. Er ist aber merklich größer. Auf der Unterseite sind die Spitzen der Vorderflügel grünlichgelb mit grünlichen, zuweilen silberglänzenden Flecken. Die Hinterflügel sind blaßgelb mit etwas dunkleren Adern und blaßgrünen Flecken. Der Vorderrand ist an der Wurzel silberglänzend und außer drei silberglänzenden Flecken an dieser Wurzel und noch drei andern größern nicht weit davon ab, befindet sich in der Mitte eine Bogenreihe von sieben Silberflecken und längs des Außenrandes, den eine Doppellinie vom Saume trennt, stehen noch andre Silberflecke.

Die Raupe ist schwärzlich mit gelbem Rückenstreif und ziegelrothen Seitenflecken. Ihre ästigen Dornen sind schwarz. Sie lebt, nachdem sie überwintert, — im Mai, auf Hundsveilchen. — Die sehr gekrümmte Puppe ist dunkelrothbraun oder schwärzlich aschgrau ohne merkliche Spitzen. Der Falter erscheint nach einigen Wochen und fliegt im Juli und August. Allenthalben häufig.

Niobe.

Die Vorderflügel sind meist abgerundet und wie die Hinterflügel, jedoch letztere stärker als erstere, gezähnt. Bei dem Manne ist die Oberseite der Flügel rothgelb, bei dem Weibe trübockergelb; bei beiden die Spitze der Vorderflügel blaßgelb gefleckt. Die Wurzel zeigt sich schwarz, bei dem Weibe auch wohl bläulich schillernd. Der Vorderrand hat eine zifferförmige schwarze Fleckung, der Mittelraum eine schwarze Fleckenreihe und am Außenrande hin zieht sich eine schwarze Doppellinie. Vor dieser gegen die Wurzel ist eine schwarze Fleckenreihe und gegen die Mitte zu sind noch andere schwarze Flecke. Auf der Unterseite sind die Vorderflügel blässer als oben roth- oder ockergelb, mit rostfarbigen Flecken, die auch wohl silberne Pupillen führen, und wie oben in der Fleckung. Die Unterseite der Hinterflügel ist grünlichgelb mit hellgelben oder silberglänzenden Flecken an der Wurzel und etwas weiter ab, deren der eine schwarz umzogen ist. Mitten querdurch geht eine aus acht hellgelben oder silberglänzenden Flecken bestehende Binde. Sieben andere dergleichen Flecke zeigen sich vor dem Außenrande, dem näher sich zwei dunkelbraune Linien befinden. Beide Fleckenreihen haben aber noch vier oder fünf rostfarbige Flecke zwischen sich, deren die meisten mit einer silbernen Pupille versehen sind.

Die Raupe ist bräunlich, mit orangebraunem Kopf und Füßen, mit weißer, schwarz gesäumter Rückenlinie und schwarzem Seitenstreif, und zwischen beiden mit weißen Flecken. Auch ist sie weißlich gedornt. Sie lebt, im Frühling, auf Märzveilchen und auf Freisam (Stiefmütterchen). — Die Puppe ist bräunlich und silberfarbig gefleckt. Entwickelung: im Juli und August. In den meisten Gegenden häufig.

Adippe.

Dieser Falter hat mit dem vorhergehenden viele Ähnlichkeit. Es ist aber die Oberseite seiner Flügel mehr rothgelb, bei dem Weibe jedoch kaum etwas heller; es fehlen ihm die gelben Flecke an der Spitze der Vorderflügel und die Wurzel ist weniger schwarz oder rothbraun. Auf der Unterseite der Hinterflügel ist er heller von Farbe. Die rostfarbigen Flecke zwischen den Binden zeigen sich entweder gar nicht oder doch weit schwächer, die beiden mit einander gleichlaufenden Linien vor dem Außenrande sind kaum deutlich und stehen weiter auseinander, die Randflecke sind mehr abgestumpft. Der Silberpunkt an der Wurzel zeigt sich nur selten und hat niemals eine schwarze Pupille.

Die Raupe ist braungrau, mit einem weißen, unterbrochenen Rückenstreif, schwärzlichen Schrägstrichen und helleren Dornen. Sie lebt, im April und Mai, auf Märzveilchen und dem Freisam (Stiefmütterchen) und überwintert. — Die Puppe ist bräunlichgrau mit blauen und silberfarbenen Flecken, in einem leichten Gewebe gestürzt hängend. Der Falter erscheint in 14 Tagen oder 3 Wochen und fliegt im Juni und Juli. In mehreren Gegenden Deutschlands.

Paphia. (Silberstrich.)

Taf. III., Fig. 6. 7.

Die Raupe ist braun mit einem hellgelben, längs in der Mitte durch eine schwarze Linie getheilten, dunkelbraun gesäumten Rückenstreif und langen ästigen gelben Dornen. Die beiden auf dem ersten Ringe sind besonders lang nnd von Farbe braun. Sie lebt, im Juni, einsam auf Himbeeren, Hundsveilchen, Nesseln und Nachtviolen. — Die Puppe ist graubraun und gelblich und hat goldglänzende Punkte. Entwickelung in 2—3 Wochen. Flugzeit im Juli und August. Allenthalben häufig.

Melanagria.

Galatea. (Damenbret.)

Taf. IV., Fig. 1.

Die Raupe ist grün, vor der Verwandlung gelblich, mit bräunlich rothem Kopfe, einer dunklen Rückenlinie nnd zwei helleren Seitenlinien. Sie endigt sich in zwei Spitzen, auf zwei rothen Dörnchen stehend. Man findet sie, im Mai und Juni, auf Wiesenlieschgras. Sie überwintert. – Die Puppe ist eiförmig, mit langen Flügelscheiden und glatt, gelb von Farbe, mit zwei schwarzen, augenähnlichen Punkten an den Seiten des Kopfes. Entwickelung: im Juli und August. Allenthalben häufig. Auf Wiesen.

Erebia.

Medusa.

Taf. IV., Fig. 2.

Die Raupe ist hellgrün mit weißlichen und dunkelgrünen Längsstreifen und feinen Härchen. Sie lebt, im März und April, auf dem Bluthirsengrase und besteht den Winter. — Entwickelung: im Mai und Juni. Ueberall in Menge.

Medea.

Die gezähnten Flügel sind dunkelschwarzbraun. Die Vorderflügel haben oben eine rostfarbige, unten eine meist rothgelbe Binde mit drei oder vier schwarzen Augen, deren jedes eine weiße Pupille führt und deren die beiden ersten sich in einander befinden. Die Hinterflügel haben oben drei oder vier Augen in rostfarbigen Flecken, die auch wohl eine Binde gestalten. Auf der Unterseite sind diese Hinterflügel bei dem Manne schwarzbraun, mit einer helleren verloschenen Binde gegen den Außenrand, in welcher zwei bis vier, oft kaum sichtbare, kleine schwarze Augen mit weißer Pupille stehen. Das Weib dagegen führt auf der Unterseite der Hinterflügel eine breite dunkelbraune und eine weißgraue oder ockergelbe Binde, welche letztere auch wohl drei oder vier kleine schwarze Augen mit weißer Pupille in sich stehen hat. Auch sind seine Flügel oben weiß und dunkelbraun gesäumt. Die Raupe lebt auf dem Hundsgrase. Flugzeit: Mai bis Juli in mehreren Gegenden Deutschlands. In dunklen Wäldern und im Gebirge.

Ligea.

Die schwarzbraunen Flügel, besonders die hinteren, sind gezähnt, der Saum weiß und schwarzbraun geschedt. Durch alle Flügel zieht eine kupferbraune, rostfarbene oder rothgelbe, durch die Adern getrennte Fleckenbinde, in der bald mehr, bald weniger schwarze Augen, mit oder ohne weiße Pupillen, liegen, wovon die beiden ersteren auf den Vorderflügeln nahe beisammen stehen. Auf der untern Seite sind die vorderen etwas heller gefärbt, theils weißlich bestäubt, sonst wie oben gezeichnet. Dieser Falter zeigt vielfache Abänderungen.

Die Raupe ist grün, mit schwarzen Rückenlinien und mehreren weißlichen Längsstreifen, der Kopf rothgelb.

Der Schmetterling fliegt — in gebirgigen Gegenden häufig — im Juli.

Satyrus.

Proserpina.

Taf. IV., Fig. 3.

Die Raupe ist nackt mit einem schwarzen, auf beiden Seiten weiß gesäumten Rückenstreif und mit braunen, gelbrothen, weißen und schwärzlichen Längsstreifen. Ihr Kopf ist fast kugelrund. Sie frißt nur des Nachts und lebt, im Mai und Juni, auf dem Ruchgras, dem Lolch, der Trespe. Sie überwintert; ihre Verwandlung geschieht in der Erde. — Die Puppe ist vorn stumpf, mitten sehr dick und nach hinten zugespitzt; von Farbe glänzend kastanienbraun. Entwickelung: in 3 Wochen. Flugzeit im Juli und August. In einigen Gegenden Deutschlands.

Hermione.

Seine Flügel sind gezähnt und düster schwarzbraun, mit einer schmutzig weißen Querbinde, sowohl auf den Vorder- als Hinterflügeln. Die Vorderflügel führen gegen die Spitze einen schwarzen Augenfleck mit oder ohne weiße Pupille. Die Hinterflügel haben auf beiden Seiten, gegen den Innenwinkel, auch einen solchen, doch nur kleinen Augenfleck. Die Unterseite der Vorderflügel ist schwarzbraun mit einer gelblichen Binde, in der gegen die Spitze ein schwarzer Augenfleck mit weißer Pupille steht; auch befindet sich in ihr gegen den Innenwinkel noch ein solcher, aber kleinerer Augenfleck. Die Hinterflügel sind von der Wurzel bis zur Mitte schwärzlich und auswärts von einer sehr stark gezähnten Linie begrenzt.

Die Raupe ist röthlichgrau mit ockergelbem, schwarz gestreiftem Kopfe, schwarzem Rückenstreife und feinen, schwarzen Querlinien. Sie lebt, im Mai und Juni, auf dem Roßgrase und überwintert; verwandelt sich aber in der Erde. — Die Puppe ist dunkelbraun und an den Flügelscheiden heller. — Der Falter — in mehreren Gegenden Deutschlands — fliegt im Juli und August. Sein Flug ist schnell, jedoch nicht anhaltend. Er sitzt gerne an den Stämmen der Bäume und liebt lichte Stellen im Walde und bewachsene Anhöhen.

Alcyone.

Vom Vorigen namentlich durch geringere Größe verschieden, auch sind die Hinterflügel weniger als bei jenem am Innenrande in die Höhe gezogen. Meist ist auch die Binde der Hinterflügel reiner weiß. Flugzeit und Vorkommen wie bei Hermione.

Briseis.

Die gezähnten Flügel sind braungrau, in's Grünliche schillernd. Die vorderen haben eine aus sechs länglichen, gelblichweißen, abgesonderten Flecken bestehende Binde; der erste und vierte führen ein schwarzes Auge, zuweilen mit weißer Pupille; beim Manne ist letzteres oft kleiner, oder fehlt. Auf den Hinterflügeln zeigt sich eine breite weiße Binde, welche sich nach beiden Seiten in die Grundfarbe verliert. Die Vorderflügel sind auf der Unterseite gelblich weiß, am Außenrande und gegen die Wurzel graubraun schattirt, und haben, außer den schwarzen Augenflecken, am Vorderrande zwei längliche schwarzbraune Makeln. Die hinteren sind bei dem Weibe nebelgrau, bei dem Manne gelblichweiß, schwarzbraun bestäubt, mit einem großen dunklen Flecken am Vorderrande und einem in der Mitte.

Fliegt im Juli und August auf dürren Plätzen und an Felsenwänden.

Semele.

Die gezähnten Flügel sind beim Manne oben schmutzig schwarzbraun, beim Weibe mehr braungrau, mit grünlichem Schiller. Eine aus roth- oder ockergelben länglichen Flecken von ungleicher Größe bestehende Binde zieht durch alle Flügel. Die Vorderflügel haben zwei schwarze Augen mit kleinen weißen Pupillen, letztere ein ähnliches aber kleineres im Innenwinkel, welches unten oft nur als ein weißgekernter Punkt erscheint. Auf der Unterseite sind die Vorderflügel von der Wurzel aus rothgelb, mit einer ockergelben, beim Weibe deutlicher abgeschnittenen Binde, in der die Augen wie oben stehen, und braungrauem, weißgrau und schwärzlich bestäubtem Vorderrande. Die hinteren sind von der Wurzel bis zur Mitte dunkelgrau, durch hellere und schwärzliche Atome und Striche marmorartig gemischt, von da, wo eine schwarze, starkgezackte Bogenlinie durchzieht, weißlich, und gegen den Außenrand, vor dem eine schwarze, abgesetzte Linie herläuft, dunkler schattirt.

Der Falter fliegt im Juli und August, an dürren, steinigen Stellen, und zwar vorwiegend gegen Abend.

Phaedra.

Die Flügel sind in der Grundfarbe bei dem Manne schwarzbraun und grünlich schillernd; bei dem viel größeren Weibe braungrau. Die kaum merklich gezähnten Vorderflügel haben zwei schwarze Augen mit hellblauer Pupille, deren das obere kleiner ist, bei dem Weibe aber sind beide größer, als bei dem Manne, auch ockergelb umringt. Die merklich gezähnten Hinterflügel haben auch zwei Augen, doch nur kleine; das untere ist sogar nur ein blasser Punkt. Auf der Unterseite sind die Flügel blässer. Die Augen auf den Vorderflügeln sind größer und gelb umzogen. Das Weib hat zwischen denselben noch zwei weiße Punkte. Durch die Mitte der Hinterflügel zieht sich meist eine wellenförmige, weißbestäubte Binde, und nach der Wurzel zu ist der Anfang einer zweiten Binde.

Die Raupe ist aschgrau mit zwei Reihen länglicher schwarzer Flecke über dem Rücken. Sie lebt, im Mai und Juni, auf dem Hafergrase. Sie überwintert, verwandelt sich aber in der Erde. — Der Falter — in ganz Deutschland, fliegt im Juli und August, in Wäldern, auf der gemeinen Haide. Sein Flug ist langsam.

Pararga.

Maera.

Die Flügel sind auf der Oberseite dunkelbraun, die vordern haben beim Weibe gegen den Außenrand ein breites, roth- oder braungelbes Feld, das meistens von beiden Seiten scharf begrenzt ist; beim Manne sind diese Flecken nur verloschen. Am Vorderrande zeigt sich ein großes, schwarzes, gelb eingefaßtes Auge, mit starker bläulichweißer Pupille, das nach unten etwas in die Länge gezogen ist, und hier öfters noch ein kleines, mit ihm zusammenhängendes Auge, mit einem bläulichweißen Pünktchen, führt. Näher gegen die Flügelspitze steht noch ein kleines, schwarzes, weißgekerntes Auge. Die Hinterflügel sind an beiden Geschlechtern stärker gezähnt, als die vorderen, einfarbig dunkelbraun, und haben gegen den Außenrand in braungelben Ringen zwei bis drei schwarze Augen von ungleicher Größe, mit hellblauen, oder bläulichweißen Pupillen. Auf der Unterseite sind die Vorderflügel von der Wurzel längs dem Vorderrande bräunlichgrau angeflogen, die Augen erscheinen wie auf der Vorderseite. Das Mittelfeld bis zum Innenrande ist braungelb, und am Vorderrande, wie oben, aber nicht so deutlich, in einzelne Flecken abgetheilt. Die Hinterflügel sind röthlich aschgrau, an der Wurzel dunkler und von gezackten und wellenförmigen Querlinien durchzogen. Längs dem Außenrande stehen sechs schwarze Augen von verschiedener Größe, mit bläulichweißen Pupillen, in gelben Ringen.

Die Raupe erscheint zweimal: im Juni und Herbst. Sie ist hellgrün, mit weißlichen Längsstrichen, dunklerer Rückenlinie, und feinen weißlichen Härchen. Sie lebt auf verschiedenen Grasarten. Die Puppe ist stumpf, schwärzlich oder blaßgrün.

Der Falter fliegt Ende Mai und zum zweiten Male im Juli und August. In mehreren Gegenden Deutschlands nicht selten.

Megaera.

Die Flügel sind ockergelb und schwarzbraun. Vor dem Außenrande hat der Mann eine breite, aus ockergelben Flecken bestehende Binde, und in dieser am Vorderrande ein schwarzes Auge mit weißer Pupille. Mitten durch zieht sich ein breiter dunkelbrauner Querstreif, zwischen welchem und dem gleichfarbigen Vorderrande sich einige ockergelbe Flecke zeigen. Die Hinterflügel haben ein ockergelbes Querband mit vier oder fünf schwarzen Augen. Das Weib ist an Farbe heller, auch ist das Auge am Vorderrande etwas größer, als bei dem Manne. Auf der Unterseite der Vorderflügel scheint die Zeichnung der Oberseite verloschen durch; die Hinterflügel sind hier grau, gegen die Wurzel dunkler mit sechs kleinen gelbumringten schwarzen Augen und weißer Pupille.

Die Raupe ist meergrün mit einem dunklen Rückenstreife und einem dunklen Streife an jeder Seite. Sie lebt, im Mai und Juni, auf mehreren weichen Grasarten, vorzüglich dem gemeinen Grase. Sie überwintert. — Ihre Puppe ist graulich oder schwärzlich, mit helleren Knöpfchen, zwei stumpfen Kopfspitzen und einer erhabenen stumpfen Spitze auf dem Rücken. Entwickelung: vom Mai bis in den Herbst. An Mauern und dürren Stellen. Ueberall in Menge.

Egeria.

Taf. IV., Fig. 4.

Die Raupe ist mattgrün, mit dunkelgrünen und weißen Streifen und zarten weißen Härchen. Sie lebt, im Juni und August, auf der Quecke und mehreren weichen Grasarten. — Die Puppe ist eckig, bald hell-, bald dunkelgrün oder bräunlich. Der Falter fliegt im Juli und August — auch wohl im nächsten Frühjahre. Einsam in Waldungen. Nicht selten.

Dejanira.

Die Flügel dieses Falters sind etwas gezähnt und auf der Oberseite graubraun. Die Vorderflügel führen fünf, die Hinterflügel zwei gelbumringte sammtschwarze Augen. Auch bemerkt man auf jedem der letzteren Flügel ein oder zwei kleine, oft verloschene Augen nach dem Vorderrande zu. Die Unterseite der Flügel ist heller von Farbe. Die Vorderflügel haben meist fünf Augen, wie oben; die Hinterflügel aber in einer weißen Binde sechs gelbumringte schwarze Augen mit weißer Pupille. Das eine dieser Augen am Vorderrande ist das kleinste und fehlt öfters. Nahe am Rande aller Flügel findet sich eine dreifache dunkelbraune Liniirung.

Die Raupe ist hellgrün, in der Länge dunkelgestreift, und hat feine Härchen. Sie lebt, im Mai und Juni, auf dem Taumelgrase. — Der Falter — in ganz Deutschland — fliegt von der Mitte des Juni bis gegen Ende des Juli, in Wäldern.

Epinephele.

Janira.

Taf. IV., Fig. 5.

Die Raupe ist grün mit einem weißen Seitenstreif und kurzen feinen Härchen. Sie lebt, im Mai, Juni und Juli, auf dem Riedgrase und verschiedenen anderen Grasarten und überwintert. — Ihre am Kopfe zweispitzige Puppe ist gelblich grün mit schwarzbraunen Streifen. Der Falter fliegt vom Anfang Juli bis in den Herbst. Auf Wiesen. Ueberall gemein.

Tithonius.

Die schwach gezähnten Flügel dieses Falters sind auf der Oberseite dunkel- oder olivenbraun mit einem dunkelgelben Mittelfelde, welches sich auf den Vorderflügeln bis zu dem schmalen Vorder- und breiten Außenrande erstreckt und in welchem auf beiden Seiten gegen die Spitze ein länglich runder, schwarzer Fleck steht, der zwei weiße Punkte hat. Bei dem Manne ist die Mitte dunkelbraun gewischt. Die Hinterflügel haben im Innenwinkel ein kleines schwarzes Auge mit weißer Pupille; ihr gelbes Feld aber ist viel kleiner als das der Vorderflügel. Unten sind diese blässer, erstere grau, braunschattig und gelb (bei dem Weibe heller). Am Vorderrande zeigen sich in bräunlichen Flecken drei weiße Punkte und ebensoviel gegen den Innenwinkel.

Die Raupe ist grün oder bräunlich und hell oder dunkel gestreift. Sie lebt, im Mai und Juni, auf Weggras. — Die Puppe ist eckig und grün. Der Falter — in den meisten Gegenden Deutschlands — fliegt, im Juli und August, auf freien Plätzen in den Wäldern.

Hyperanthus.

Auf der Oberseite sind die Flügel braunschwarz, auch wohl braungrau. Die Vorderflügel haben zwei oder drei, die etwas gezähnten Hinterflügel meist zwei gelbumringte Augen mit weißer Pupille. Doch finden sich hier Abänderungen. Auf der Unterseite sind die Flügel dunkelbräunlich oder gelblich grau. Die Vorderflügel haben hier zwei oder drei gelbumringte schwarze Augen mit weißer Pupille; die Hinterflügel, von der Wurzel bis über die Mitte etwas dunkler in der Farbe, fünf solcher Augen, deren zwei am Vorderrande, drei gegen den Innenwinkel stehen.

Die Raupe ist weißgrau mit einem schmalen bräunlichen Rückenstreif und kurzen feinen Härchen. Sie lebt, im Juni und Juli, auf dem Hirsengrase und dem gemeinen Grase und überwintert. — Die Puppe ist rund mit langen Flügelscheiden und kurzem Hinterleibe, hellbraun, dunkelgestreift und gewischt. Entwickelung: im Juli, August und September. Auf Wiesen; allenthalben in großer Menge.

Coenomympha.

Hero.

Die Oberseite ist dunkelbraun; auf den Vorderflügeln zeigt sich meist bei beiden Geschlechtern, namentlich aber beim Weibe, ein schwarzer Punkt in rostfarbenem Kreise und zuweilen noch ein kleines rostfarbenes Pünktchen gegen den Innenrand. Unten ist die Grundfarbe ockerbraun; zwischen einem verblichenen, abgebrochenen, weißlichen Streifen und einer silberfarbenen Linie, welche vor dem rothgelben Außenrande steht, zeigt sich ein schwarzes Auge, mit weißer Pupille in einem rothgelben Ringe, manchmal noch ein zweites blindes gegen den Innenrand. Die Hinterflügel haben oben zwei bis fünf schwarze Augen, von denen die beiden mittleren die größten sind, in rothgelben Ringen, zuweilen eins oder das andere, seltner aber alle, mit gelblichen kleinen Pupillen. Unten sind sie graubraun, mit einer grünlichen Mischung an der Wurzel. In der Mitte liegt eine gezähnte, weiße Binde und hinter dieser sechs schwarze glänzend weißgekernte Augen mit rothgelben Ringen. Vor dem rothgelben Außenrande läuft eine silberne oder bleifarbene Linie her; der Saum ist weißlich. — Dieser Falter ist im Juni und Juli in Laubwäldern nicht selten.

Iphis.

Die ungezähnten Flügel sind in der Grundfarbe bei dem Manne ockerbraun, bei dem Weibe im Mittelfelde ockergelb, der Außenrand der Vorderflügel und die Hinterflügel dunkler farbig. Das Weib hat an den Flügelspitzen ein kleines Auge. Auf der Unterseite der Vorderflügel befindet sich oft auch ein kleines Auge. Die Hinterflügel sind grau, auch wohl bräunlich oder grünlich mit einer weißen Binde und sechs kleinen Augen mit weißer Pupille, deren einige auch wohl bei dem Weibe durchscheinen. Vor dem Außenrande zeigt sich eine zarte, oft kaum sichtbare, silberfarbige Linie und hinter dieser ein schmaler rothgelber Streif.

Die Raupe ist dunkelgrün mit schmalem, dunklen Rückenstreif und bläulichem Kopfe. Sie lebt im Frühlinge auf verschiedenen weichen Grasarten, vorzüglich auf dem Zittergrase. — Die Puppe ist dunkelgrün mit helleren Flügelscheiden; der Falter fliegt — in den meisten Gegenden Deutschlands — im Juni, in lichten Wäldern.

Arcania.

Die Vorderflügel sind rostgelb mit einem breiten schwarzen Außenrande; die Hinterflügel auf der Oberseite schwärzlich, auf der Unterseite graubraun. Im Außenrande der ersteren befindet sich oben zuweilen, besonders bei dem Weibe, ein kleines verloschenes Auge, welches sich unten größer und deutlicher, mit weißer Pupille und gelbem Ringe, sehr oft in einem gelblichen, bindeartigen Streif zeigt und selten ganz verblichen ist. Die Hinterflügel führen unten eine weiße Binde und vor dieser ein einzelnes, gelb umringtes schwarzes Auge mit weißer Pupille. Hinter dieser Binde stehen noch vier ähnliche Augen. Der rothgelbe Rand sämmtlicher Flügel hat vor sich eine glänzende bleifarbige Linie.

Die Raupe ist grün, mit dunkelgrüner Linie längs des Rückens und weißlich gelber Linie längs den Seiten, auch einer gelben Linie über den Füßen. Sie lebt, im Mai und Juni auf dem Perlgrase und verschiedenen andern Grasarten. Sie überwintert. — Die Puppe ist breit und stumpf, am Hinterleibe röthlich mit weißlichen, röthlich eingefaßten Flügelscheiden. Im Juni und Juli an lichten Waldstellen. Häufig.

Pamphilus.

Taf. VI., Fig. 6.

Die nackte Raupe ist grün mit einer dunklen Rückenlinie und einer weißen Linie längs in jeder Seite. Sie nährt sich, im Mai, Juni und September, von weichen Grasarten, vor züglich von dem Kammgrase, und überwintert. Die Puppe ist grün und ohne Spitzen. Entwickelung: im Juli und August — auch wohl erst nach dem nächsten Winter. Auf Wiesen; allenthalben häufig.

Spilothyrus.

Malvarum. (Malvenfalter.)

Seine Flügel, besonders die hinteren, sind gezähnt, auf der Oberseite röthlich oder bräunlich grau oder schwärzlich verwischt. Die Vorderflügel haben in der Mitte und am Vorderrande gegen die Spitze einige weiße, durchsichtige Fleckchen, die Hinterflügel dunklere Querbinden und hellere Flecke. Die Unterseite der Flügel ist grünlichgrau, mit helleren Querbändern und weißlichen Flecken.

Die Raupe ist hell- oder dunkel- oder röthlichgrau und mit feinen Härchen besetzt. Ihr Kopf ist schwarz. Sie lebt, im Mai und Juni, auf der Feld- und Gartenmalve und überwintert. Die Puppe ist braun und blau bereift. Der Falter — allenthalben in Deutschland — fliegt im Mai, Juli und August, auf Wiesen, in Wäldern und an Wegen.

Syrichtus.

Malvae. (Alveolus.)

Dieser Falter erscheint in mannichfaltigen Abänderungen. Die Oberseite ist dunkelschwarzbraun, gegen die Wurzel grünlich angeflogen; auf den Vorderflügeln stehen zwei Reihen weißer, viereckiger Flecken, wovon die erste längs dem Außenrande nicht immer deutlich ist. Die zweite gegen die Mitte ist stark gebogen, und besteht zuweilen aus sehr großen, länglichen Flecken, die mit den Flecken in der Mitte zusammengeflossen sind, und gegen den Vorderrand einen weißen, schwarz begrenzten Mondflecken einschließen. In der Mitte steht gewöhnlich ein weißer, mondförmiger, und einige zerstreute weiße Flecken. Die Hinterflügel führen am Außenrande eine Reihe weißer, kleiner Fleckchen, und in der Mitte eine nicht ganz durchziehende weiße Fleckenbinde, die sehr abändert. Allezeit aber zeigt sich am Vorderrande ein deutlicher, oder verloschener größerer Flecken und in der Mitte ein weißes Mittelstrichchen, das aber meist eine viereckige, nach außen in zwei Zähne auslaufende Gestalt hat.

Auf der Unterseite der Vorderflügel zeigen sich auf blässerem Grunde die Flecken, wie oben, und vom Außenrande bis zu denselben laufen hellere Strahlen, wodurch sich dieser Falter standhaft von den ähnlichen Arten unterscheidet. Die Hinterflügel sind grünlich oder schmutzig grau, bräunlich oder zimmtfarben. In der Mitte des Vorderrandes steht ein weißer Flecken, der sich bis in die Mitte des Flügels zieht, und von den Flügeladern in einzelne Flecken abgetheilt wird, deren letzter und größter nach außen in zwei Zähne ausläuft. Ihnen zur Seite gegen den Innenrand zeigt sich noch ein kleinerer und größerer weißer Punkt, wovon der erste zuweilen fehlt, und gegen die Wurzeln und den Außenrand weiße Punkte und Fleckchen in einer Reihe. Dieser Falter ist im Frühling und den Sommermonaten allenthalben gemein.

Erynnis.

Tages.

Seine Flügel sind auf der Oberseite schwarzbraun, die Vorderflügel zugleich aschgrau und bräunlich gefleckt, meist mit zwei weißen Punkten am Vorderrande gegen die Spitze. Die Unterseite ist hellbraun mit weißen Randpunkten und noch anderen Punkten.

Die Raupe ist hellgrün mit schwarzpunktirtem gelben Rücken- und Seitenstreif. Ihr Kopf ist braun. Sie lebt, im Mai bis September, auf Mannstreu und dem gehörnten Schotenklee. — Die Puppe ist an den Flügelscheiden dunkelgrün, am übrigen Körper röthlich. Der Falter — allenthalben in Deutschland — erscheint im April, Juli und August, sowohl im Freien als in Waldungen.

Hesperia.

Thaumas. (Linea.)

Seine Flügel sind rothgelb, mit schwarzem Außenrande, schwarzen Adern und ockergelbem Saume. In der Mitte der Vorderflügel zeigt sich bei dem Manne in schiefer Richtung ein schwarzer schmaler Strich. Auf der Unterseite sind diese gelb, an der Spitze gelbgrau, die Hinterflügel gelbgrau, am Innenrande rothgelb. —

Die Raupe ist grün mit einer dunkleren Rücken- und weißlichen Seitenlinie. Sie lebt im Mai und Juni auf der Schmele und verschiedenen Grasarten. — Die Puppe ist gelblichgrün, mit einer kleinen Kopfspitze und verlängerten braunen Rüsselscheide. Der Falter fliegt — allenthalben in Deutschland — im Juli und August auf Getreidefeldern und lichten Waldungen.

Comma.

Die Flügel sind ungezähnt, bei dem Manne oben rothgelb mit schwarzbraunem Außenrande. Außer einigen hellgelben Flecken führen die Vorderflügel einen, wie ein Comma gestalteten Strich, durch welchen eine silberglänzende Linie geht; die Flügel des Weibes sind oben bräunlich, diesen fehlt aber der schwarze Strich. Die Unterseite der Hinterflügel und die Spitze der Vorderflügel sind bei dem Manne wie bei dem Weibe grünlich oder grünlichgelb. Auch bemerkt man hier weißliche Fleckchen.

Die Raupe ist schmutzig grün, über dem Rücken und in den Seiten rostfarbig mit einer Reihe von schwarzen Punkten auf letzteren. Der Kopf ist schwarz. Hinter ihm befindet sich ein schwarz gerundeter weißer Ring. Sie lebt, im Mai und Juni, auf der Peltsche. — Die Puppe ist braun und mehr gleich dick gerundet als andere. Entwickelung im Juli und August. An lichten Waldstellen. Nicht selten.

Carterocephalus.

Paniscus.

Taf. IV., Fig. 7.

Die **Raupe** ist über den Rücken dunkelbraun, in den Seiten heller braun, mit zwei gelben Längsstreifen und schwarzem Kopfe. Sie lebt, im Juni und Juli, auf dem großen Wegerich. — Der Falter — in mehreren Gegenden Deutschlands — fliegt im April und Mai in lichten Waldungen.

B. Heterocera.

I. Sphinges. (Schwärmer — Dämmerungsfalter.)

Acherontia.

Atropos. (Todtenkopf.)

Taf. V., Fig. 1. 2. 3.

Von der Raupe hat man, außer der hier abgebildeten, auch hellbraune und dunkelbraune Spielarten. Sie lebt, im Juli bis September, auf Kartoffelkraut, Jasmin, dem gemeinen Stechapfelkraut, Spindelbaum, Möhrenkraut, Bocksdorn, Färberröthe u. a. Sie giebt einen knisternden Ton von sich, wenn sie unversehens berührt wird, und wenn deren zwei einander begegnen, so entsteht zwischen beiden ein Kampf, der lustig anzusehen ist. — Ihre **Verwandlung** geschieht unter der Erde in einer ausgewölbten Erdhöhle. — Der Schwärmer erscheint entweder nach drei oder vier Wochen oder erst im folgenden Jahre. Flugzeit: Juni und Juli oder Spätherbst.

Sphinx.

Convolvuli. (Windenschwärmer.)

Er ist nach dem **Atropos** der größte europäische Schwärmer. Die Fühler sind oben weißgrau, unten bräunlich. Kopf und Rücken sind aschgrau mit schwarzer Einmischung. Letzterer hat an seinem Ende zwei schwarzumzogene braunrothe Flecke. Der Hinterleib ist in der Mitte aschgrau, an den Seiten abwechselnd schwarz und rosenroth ringförmig gefleckt; auch sind diese Flecke aufwärts weiß. Der Sauger erreicht eine Länge von drei Zoll. Die Vorderflügel sind aschgrau, mit dunkelgrauen und schwarzen Einmischungen, größeren und kleineren Flecken und Strichen und einem weißen Punkt im Mittelfelde. Die Hinterflügel sind hellgrau, drei dunkelgraue Binden führend, deren die äußere meist zackig ist. Auf der Unterseite sind die Flügel aschgrau, die Vorderflügel mit zwei, die Hinterflügel mit drei dunkelgrauen Binden. Im Saume sind sie schwarz und weißscheckig. Das Weib ist meist heller von Farbe.

Die **Raupe** hat beinahe die Größe der des vorhergehenden Schwärmers. Sie ist grau, bald heller, bald dunkler, oder grün. Längs ihres Rückens führt sie eine dunkle Linie; längs jeder Seite aber ockergelbe Schrägstriche. Auch der Bauch ist ockergelb. Die Luftlöcher sind schwarz, gelb umzogen. Das Horn ist schwärzlich. Ist sie aber grün von Farbe, so sind die Schrägstriche an den Seiten gelblich, oben schwarz begrenzt und es hat jeder Ring, der erste und letzte ausgenommen, zu jeder Seite der Rückenlinie einen schwarzen Fleck. Das Horn ist gelb, an der Spitze schwarz. Sie lebt auf der Winde, vornehmlich auf der Ackerwinde, woselbst man sie vom Juli bis September antrifft. — Ihre Puppe zeigt eine abstehende, bogige Saugerscheide und ist braun, am Hinterleibe dunkler von Farbe. Sie liegt in einer gewölbten Erdhöhle. Dieser Schwärmer — allenthalben in Deutschland und in manchen Jahren in nicht geringer Menge — zeigt sich im Mai und Juni, zum zweiten Male im Herbst; vorzüglich liebt er Seifenkraut und Geißblatt.

Ligustri. (Ligusterschwärmer.)

Nur etwas kleiner als der Windenschwärmer (Sph. Convolvuli). Die Fühler zeigen sich gegen die Wurzel hin bräunlich, gegen das äußere Ende hin weiß. Der Kopf ist oben röthlichgrau, unten röthlichbraun, der Rücken schwarzbraun, dieser jedoch in der Mitte zugleich weißgrau und an jeder Seite röthlichgrau. Der Hinterleib ist abwechselnd schwarz und rosenroth querstreifig oder geringelt. Oben längs der Mitte hin hat er einen braunen Streif und dieser Streif ist der Länge nach durch eine schwarze Linie getheilt. Die Vorderflügel sind röthlichgrau, gegen den Innenrand schwarzbraun, am Außenrande hin aber weißgrau. Auch führen sie zwischen den Adern einige schwarze Linien. Die Hinterflügel sind rosenroth und haben drei schwarze Binden, zwei parallel mit dem Außenrande, die dritte gegen die Wurzel gerichtet. Die Unterseite der Flügel ist röthlichgrau, die der Vorderflügel an der Spitze weißgrau. Diese führen zwei, meist verloschene Binden, die Hinterflügel eine schwarze und eine verloschene bräunliche Binde.

Die Raupe ist eine der schönsten (Taf. V., Fig. 4.). Sie ist hellgrün, an den beiden Seiten dunkler grün. An jeder Seite stehen sieben violettblaue, unterwärts weiß begrenzte Schrägstriche, und rothgelb umzogene Luftlöcher. Der Kopf ist dunkelgrün mit schwarzer Einfassung; das Horn, am letzten Ringe, groß und schwarz. Sie lebt im August und September auf der Rainweide (**Ligustrum vulgare**), dem Hartriegel, spanischen Hollunder, Lilack, auch auf gemeinem Hollunder und dem wilden Schneeballstrauch. — Ihre Verwandlung geschieht in der Erde. — Die Puppe (Taf. V., Fig. 5.) ist braunroth, am oberen Theile mit einer etwas abstehenden Saugerscheide. Entwickelung: im Mai und Juni, zuweilen erst nach zwei Jahren. Der Schwärmer — mehr im südlichen als nördlichen Deutschland — zeigt sich im Mai und Juni, vornehmlich gern am Geißblatte und Seifenkraute.

Pinastri. (Fichtenschwärmer).

Die Fühler zeigen sich in der Farbe oben weiß, unten oder gegen die Spitze bräunlich. Kopf und Rücken sind aschgrau, letzterer seiner Länge nach mit zwei schwarzen oder braunschwarzen Streifen. Der Hinterleib ist seiner Mitte entlang aschgrau, zu beiden Seiten schwarz oder braunschwarz. Längs seiner Mitte hinweg führt er eine schwarze Linie, querüber aber ist er mit Weiß oben streifig oder geringt. Die Vorderflügel sind aschgrau, theils auch weißgrau und, wiewohl verloschen, braunschwarz gefleckt. Die Hinterflügel sind dunkel braungrau, gegen die Wurzel hellfarbiger; die Franzen sind schwarz und weiß scheckig.

Die Unterseite ist aschgrau, bei manchen Exemplaren in der Mitte dunkler, welches sich auf den Hinterflügeln gleich einer Binde zeigt.

Die Raupe ist grün, längs der Seiten mit zwei gelben Streifen, längs des Rückens mit einem braunrothen, zwischen zwei weißen Linien befindlichen Streif, der sich bis zu dem Horne, das schwarz oder schwarzbraun ist, erstreckt. Ihr heuschreckenähnlicher Kopf ist bräunlich oder rothgelb und ihre Luftlöcher sind hochroth und schwarz umrandet. Sie lebt im August und September auf der gemeinen Föhre (gemeinen Kiefer); auch wohl auf der Tanne und auf der Weymuthskiefer. Sie frißt, wenn sie in Menge da ist, die Nadeln so ab, das ganze Wälder verdorren. — Die Puppe ist dunkelbraun mit einer kurzen, dicht aufliegenden Saugerscheide. Der Schmetterling — an allen Orten, wo Föhren- oder Kieferwaldung ist, nicht selten — zeigt sich im Mai und Juni. Vorzüglich liebt er aber die Blumen des Geißblattes, des Seifenkrautes und des Klees, auch die Lindenblüthe.

Deilephila.

Galii. (Waldstrohschwärmer.)

Die Fühler sind schwärzlich, am äußern Ende weiß. Kopf und Rücken sind dunkelolivengrün, an beiden Seiten mit einem weißen Streife, der auch über die Wurzel der Vorderflügel hinweg geht. Auch der Hinterleib ist dunkel olivengrün. Dieser zeigt aber längs oben eine unterbrochene weiße Linie, zu beiden Seiten zwei schwarze Flecke und unter jedem derselben einen weißen Fleck. Auch haben die letzten Ringe in den Seiten einen schmalen weißen Streif. Die Vorderflügel sind dunkel olivengrün, am Außenrande blaßgrau. Auf jedem derselben zieht sich eine weißlich gelbe Binde von der Wurzel bis zur Flügelspitze hin und zwischen ihr und dem Außenrande zeigt sich eine dunkel olivengrüne Binde. Die Hinterflügel sind schwarz mit einer breiten, gelblichen, röthlich eingemischten Binde und zwei Flecken, einem dunkelrothen und einem weißen, am Innenrande. Ihr Außenrand ist röthlich grau; auch bemerkt man Franzen, die aber weiß sind. Die Unterseite ist gelblich grau und gezeichnet, wiewohl verloschen, gleich der Oberseite.

Die Raupe ist ziemlich erwachsen grün und führt einen weißen Rücken- und gelblichen Seitenstreif; auf jedem Ringe aber einen großen dunkelgelben, hell umzogenen Fleck. Das Horn ist roth, in seiner Spitze schwarz. Ganz erwachsen aber ist sie heller oder dunkler, grün, auch wohl schwärzlich olivengrün. Sie zeigt einen gelben Rückenstreif und eine Reihe hellgelber schwarz umzogener Seitenflecke. Bauch und Füße sind röthlich gelb; das Horn ist roth. Sie wird, von der Mitte des Juli bis zu Ende des Septembers, auf dem Waldstroh und der Färberröthe angetroffen. Ihre Puppe ist röthlichbraun und dunkler in dieser Farbe an den Flügelscheiden. Flugzeit: Mai und Juni. In den meisten Gegenden Deutschlands.

Euphorbiae. (Wolfsmilchschwärmer.)

Die Fühler sind nach Außen weiß, nach Innen braun. Kopf und Rücken sind dunkel olivengrün mit weißem Streif an jeder Seite. Erstere Farbe hat auch der Hinterleib, führt aber drei weiße und zwei schwarze Flecke an jeder Seite. Auch sind an ihm die letzten drei

Einschnitte an den Seiten weiß. Die Vorderflügel sind olivengrün, an der Wurzel weiß mit einem schwarzen Flecke. Ihre Mitte aber füllt eine breite, blaßröthliche oder röthlichgelbe Binde beinahe aus, die sich vom Innenrande nach dem Vorderrande zu erstreckt. Der Vorderrand ist olivengrün groß gefleckt, der Außenrand blaßröthlich oder röthlich gelb und der Innenrand weiß gekantet. Die Hinterflügel sind schwarz, in der Mitte gleich einer breiten Binde, rosenroth. Auch zeigt diese Farbe, bei weißen Franzen, der breite Außenrand. Die Unterseite aller Flügel ist rosenroth, auch wohl in der Mitte gelblich grau. Die Vorderflügel führen einen schwarzen Mittelfleck.

Die große schöne Raupe (Taf. V., Fig. 6.) lebt, im Juli bis September, gesellig auf der Wolfsmilch, deren beizender Milchsaft fast allen Thieren zuwider und schädlich ist. Zu ihrer Verwandlung verbirgt sie sich bloß unter einigen zusammengezogenen Blättern oder nur etwas unter die lockere Erde. — Die Puppe ist schmutzig braungelb mit dunkleren Flecken und Streifen. Der Schwärmer erscheint in drei bis vier Wochen, meist aber erst im nächsten Mai.

Livornica (Lineata.)

Kopf, Rücken und Hinterleib sind olivenbraun, der Rumpf ist nahe am Kopfe zu beiden Seiten weiß; der Hinterleib zweireihig schwarz gefleckt. Auch sind alle Ringe schwarz und weiß scheckig und über die ganze Länge hinweg zieht sich ein unterbrochener weißer Streif, Die Vorderflügel sind olivenbraun mit bläulichgrauer Einmischung und weißlichen Adern. Von der Wurzel bis zur Flügelspitze führen sie eine nach Außen scharf begrenzte gelbliche Binde. Ihr Außenrand ist bläulich grau und ihre Mitte zeigt einen weißgrauen Fleck mit kleinem schwarzen Innenpunkt. Die Hinterflügel sind schwarz mit einer breiten rosenrothen Binde und hat diese Binde am Innenwinkel einen weißen Fleck. Der Außenrand ist röthlich grau, auch zeigen sich hier weiße Franzen. Die Unterseite ist von der Wurzel an bis zur Mitte schwärzlich, dann braungrau mit einer röthlich grauen, dunkler bestäubten Binde vor dem in ziemlicher Breite aschgrauen Außenrande. Am Innenwinkel der Hinterflügel zeigt sich ein schwarzer Fleck.

Die Raupe ist hellgrün und gelb punktirt. Kopf und Rückenlinie sind rosenroth oder schwarz. Im letzteren Falle sind es auch Bauch und Füße. Im ersteren führt jeder Ring einen schwarzen Fleck und zwei rosenrothe Flecke und zwischen letzteren beiden hin zieht sich eine gelbe Seitenlinie. Das Horn ist oben rosenroth, unten schwarz. Im anderen Falle aber zieht sich die Rückenlinie seitwärts bis zu einem schwarz umzogenen weißen Flecke, der auf einer hellen Seitenlinie liegt, unter welcher sich eine ähnliche zeigt, die auf jedem Gelenk einen rosenrothen Fleck hat. Das Horn ist unten roth, oben schwarz. Sie lebt, im Juli und August, auf dem gemeinen Waldstroh und dem Weinstocke. — Die Puppe ist braungelb, mit etwas dunkleren Flügelscheiden. Entwicklung: im Mai und Juni. In Deutschland, jedoch selten.

Celerio. (Weinstockschwärmer.)

Die Fühler sind oben weißgrau, unten bräunlich. Der Kopf ist braun und zur Seite weißgrau gestreift. Der Rücken ist blaugrau, an den Seiten braun; auch hat dieser zwei goldgelbe und an der Wurzel der Vorderflügel zwei glänzend weiße Längsstreifchen. Der Hinterleib ist graubraun, mit dunkleren Streifen, weißer Doppellinie durch die Mitte und Fleckenreihe an jeder Seite. Die Vorderflügel sind hellbraun, am Außenrande zum Theil weiß. Auch zieht sich vor diesem eine weiße Linie hin und nicht weit ab von der Wurzel vom Innenrande nach der Flügelspitze bemerkt man eine glänzend weiße, nach Innen schwarz gesäumte Binde. Die Hinterflügel sind schwarz, an der Wurzel und am Innenrande hin hochroth. Sie führen eine eigentlich aus sechs Flecken bestehende, blaßrothe Mittelbinde. Die Unterseite ist gelblich, am Außenrande graubraun, mit einigen, kaum kenntlichen Querstreifen.

Die Raupe ist braun. Auf dem vierten und fünften Ringe zeigt sie an jeder Seite zwei schwarze, gelb umzogene Augenflecke. Sie hat schwarz umzogene Luftlöcher und an jeder Seite führt sie einen gelben Streif. Sie lebt im August und September auf Weinlaub. — Die Puppe ist rothbraun, an Kopf, Rücken und Flügelscheiden schwarzgrau. Der — in Deutschland seltene Schwärmer fliegt im Mai und Juni. Gern befindet er sich an den Blüthen des Seifenkrautes und des Geißblattes.

Elpenor. (Mittlerer Weinschwärmer.)

Die Fühler sind weiß, an der Wurzel rosenroth, am äußeren Ende bräunlich. Kopf, Rücken und Hinterleib sind gelblich grün, mit rosenrothen Längsstreifen über Rumpf und Hinterleib. Auch hat dieser in jeder Seite einen schwarzen Fleck und rosenrothe Endspitzen. Die Vorderflügel sind gelblich- oder olivengrün, am Vorderrande schmal, am Außenrande in ziemlicher Breite rosenroth. Zwei schmale rosenrothe Binden ziehen sich vom Innenrande schräg nach der Spitze hin. In der Mitte zeigt sich ein schwarzer Punkt. Die Hinterflügel sind von der Wurzel an, bis zur Hälfte schwarz, in dem Übrigen rosenroth mit weißem Saume. Auf der Unterseite sind die Flügel gelbgrün, mit rosenrothem Außenrande und rosenrothem Fleck nicht weit ab von der Wurzel.

Die Raupe ist entweder grün, oder sie ist braun oder schwarz, auch wohl schwarzgrau, mit einigen Augenflecken auf jeder Seite, nahe am Kopfe, und einem kleinen Horne am Ende ihres Körpers. Auch bemerkt man an ihr schwarze Striche und Linien. Sie lebt, im Juli, August und September, auf dem Waldstroh, dem Schotenweiderich, dem gemeinen Weiderich und dem Weinstock. Ihre Puppe ist schmutzig fleischfarbig. Sie schlägt bei der geringsten Berührung um sich, doch ist die des Weibes weniger lebhaft. Dieser Schwärmer — allenthalben in Deutschland — fliegt im Mai und Juni; liebt, wie der vorhergehende, vornehmlich die Blüthen des Seifenkrautes und des Geißblattes.

Porcellus. (Labkrautschwärmer.)

Die Fühler sind oben weiß, unten bräunlich. Der Kopf ist olivengelb. Rücken und Hinterleib sind rosenroth mit olivengelber Einmischung. Auch ist nahe am Kopfe der Rumpf roth und der Hinterleib ist an den letzten Einschnitten in den Seiten weiß gefleckt. Die Vorderflügel sind am Außenrande etwas ausgeschweift, von Farbe olivengelb mit einer verloschenen Binde über die Mitte hinweg. Der Vorder- und Außenrand sind ungleich und zackig rosenroth im Saume. Die Unterseite ist olivengelb, von der Wurzel bis über die

Mitte hinweg schwärzlich braun und an den Hinterflügeln rosenroth bestäubt. Der Außenrand zeigt sich wie der kaum erwähnte der Oberseite.

Die Raupe ähnelt der des vorhergehenden Schwärmers. Sie ist schwarz oder schwärzlich grau, auch wohl grünlich. Ihr fehlt aber das kleine Horn, statt dessen sie eine kaum merkliche Erhöhung hat. Auch ist sie kleiner als die des Deil. Elpenor. Sie lebt, im Juli, August und September, auf denselben Pflanzen als des letzteren Raupe, auch auf dem Labkraute. Ihre Puppe hat viele Ähnlichkeit mit der dieses Schwärmers. Der Schwärmer — allenthalben in Deutschland — zeigt sich im Mai und Juni, vornehmlich auf den Blüthen des Geißblattes und des Seifenkrautes.

Nerii. (Oleanderschwärmer.)

Taf. V., Fig. 7.

Die Raupe ist grün mit weißen Punkten und gelben Luftlöchern, die ersteren Ringe gelblich mit grüner Schattirung. Auf dem dritten Ringe befinden sich zwei blaue Augen. Das Schwanzhorn kurz. Sie lebt auf Oleander. — Die Puppe ist hell- oder dunkelbraun. Entwickelung im Herbst oder, nach der Überwinterung, im Juli. Das Vaterland ist das südliche Europa, doch findet er sich auch im nördlichen Deutschland, aber nur als Zugvogel.

Smerinthus.

Tiliae. (Lindenschwärmer.)

Taf. VI., Fig. 1.

Die chagrinartig rauhe Raupe hat einen etwas zugespitzten Kopf und ist heller oder dunkler grünfarbig, mit rothen unterwärts gelben schrägen Seitenstreifen. Bauch und Füße aber sind fleischfarbig. Das Horn ist blau oder grün, hinter welchem sich ein aus gelben Wärzchen bestehender Ring befindet. Sie lebt, im Juli bis September, auf der Linde, Ulme, Erle, Birke, auch wohl auf dem Apfel- und Birnbaume. Die Puppe ist dunkelbraun, an den Flügelscheiden schwärzlich. Der Schmetterling erscheint im Mai und Juni.

Quercus. (Eichenschwärmer.)

Er hat die Größe und ist auch wohl noch größer als der Pappelschwärmer. Die Fühler sind gelblich und bräunlich. Kopf, Rücken und Hinterleib sind bei dem Manne hellockergelb, bei dem Weibe dunkelockergelb oder bräunlich und der Hinterleib ist in hellerer Einmischung querstreifig oder geringelt. Jedes Flügelpaar ist am Außenrande gezähnt, das vordere am Innenrande ausgeschweift. In der Grundfarbe sind die Vorderflügel hellocker- oder graugelb, die Hinterflügel rostfarbig. Erstere führen eine breite bräunliche Querbinde und am Innenwinkel einen bräunlichen Fleck; letztere sind am Außenrande und noch breiter am Innenrande dunkler rostfarbig, am ersteren auch weiß gekantet. Die Unterseite ist blaß ockergelb, jedoch dunkler in ihrer Zeichnung.

Die Raupe ähnelt der des Abendpfauenauges oder des Pappelschwärmers. Nur sind ihre Seitenstreife gelblich und abwechselnd mehr oder weniger breit. Die beiden letzten enden am Horn, welches blaßblau ist. Ihr Kopf endet in eine stumpfe zweitheilige Spitze und ist hellgrün mit orangegelber Einfassung. Ihre Luftlöcher sind hochgelb umzogen. Im Sitzen zieht sie sich zusammen, auch setzt sie sich immer an die Unterseite der Blätter. Sie lebt, vom Juli bis im September, auf Pappeln, Weiden und Espen. — Ihre Puppe ist unansehnlich schwarzbraun. Der Schwärmer, in Süddeutschland, aber selten vorkommend, fliegt im Mai und Juni.

Ocellata. (Abendpfauenauge.)

Taf. VI., Fig. 2.

Die chagrinartig rauhe Raupe ist bläulich grün, zugleich aber weiß punktirt und weiß schiefstreifig an jeder Seite. Ihr oben zugespitzter Kopf ist mehr blau als grün; auch zeigt sich in dieser Farbe das Horn. Die rothumzogenen Luftlöcher sind weiß umringt. Sie lebt, vom Juli bis September, auf der Weide, Pappel, Espe, dem Apfelbaum, Faulbaume und dem Schlehenstrauche. — Ihre Verwandlung geschieht ohne alle Kunst in der Erde. — Die Puppe ist braun oder dunkelbraun. Der Schmetterling fliegt im Mai und Juni und ist in Deutschland nirgends selten.

Populi. (Pappelschwärmer.)

Taf. VI., Fig. 3.

Die Raupe hat viele Ähnlichkeit mit der des vorhergehenden Schwärmers. Sie ist aber in ihrem ersten Ringe nicht so dick und in ihrer Hauptfarbe gelbgrün. Auch ist ihr Horn kürzer, gerade und grün. Im Sitzen zieht sie sich zusammen, auch setzt sie sich immer an die Unterseite der Blätter. Sie lebt, vom Juli bis im September, auf Pappeln, Weiden und Espen. — Ihre Puppe ist unansehnlich schwarzbraun. Entwickelung: Mai und Juni. Allenthalben verbreitet.

Pterogon.

Oenotherae. (Nachtkerzenschwärmer.)

Die Fühler sind schwärzlich, an den Spitzen weiß. Kopf und nahe an ihm der Rumpf sind dunkelgrün, Rücken und Hinterleib grau mit grüner Einmischung. Der Hinterleib hat an den Seiten einige Haarbüschel. Die Flügel sind eckig ausgeschnitten; die vorderen führen in der Mitte eine breite dunkelgrüne Binde. Diese hat gegen den Vorderrand einen rundlichen schwärzlichen Fleck. Zwischen diesem und der Binde ist die Farbe hellgrau, gelblich oder bräunlich; es verläuft sich diese Farbe in dem Außenrand, welcher dunkelgrün ist. Die Flügelscheiden sind weißlich. Die Hinterflügel sind oben gelb mit einem breiten schwarzen Saume und weißen Franzen, unten bräunlich grün, in der Mitte mit einer breiten grünlichen Binde.

Die Raupe ist noch unerwachsen gelblich oder schmutzig grün; erwachsen aber dunkelgrün oder braungrau und dunkler klein gefleckt oder punktirt. Statt des Hornes führt sie einen etwas erhabenen, augenförmigen gelben Fleck mit einem schwarzen Punkt in der Mitte. Gelb sind auch die Luftlöcher umzogen. Sie lebt, im Juli, auf der Nachtkerze, dem Schotenweiderich und dem gemeinen Weiderich. Die Puppe ist rothbraun, am Kopfe und an der Endspitze dunkler. Der Schwärmer — in einigen Gegenden Deutschlands, wiewohl selten — fliegt im Mai und in der Mittagssonne auf Blumen.

Macroglossa.

Stellatarum. (Sternkrautschwärmer.)

Taf. VI., Fig. 4.

Die Raupe ist dunkel- und hellgrün, auch wohl rothbraun und mit erhabenen weißen Pünktchen besetzt. Auch führt sie längs jeder Seite eine gelblich weiße und eine dunkelgelbe Linie. Ihr Horn ist bläulich grün, an der Spitze rothbraun. Sie lebt, im Juli bis September, auf dem Sternkraute, dem Labkraute und der Färberröthe. — Ihre Puppe ist langgestreckt, auf dem Rücken platt, an den beiden Enden spitzig, von Farbe aber theils bräunlich, theils schwarzbraun und weißlich. Dieser Schwärmer — nirgends selten — zeigt sich im Frühjahre bis Herbst. Er fliegt bei Tage im Sonnenschein auf verschiedenen Blumen, wo er schwebend ihre Säfte saugt. Vornehmlich aber liebt er Seifenkraut und Geißblatt. Sein Flug ist schnell und schnurrend.

Bombyliformis.

Kopf, Rücken und Hinterleib sind gelblich grün, letzterer hat einen breiten braunrothen ungefleckten Gürtel; der Afterbüschel ist an den Seiten schwarz; zwischen ihm und dem Gürtel stehen in jeder Seite zwei weißlichgelbe Haarbüschel. Die Vorderflügel sind bei frischen Exemplaren mit einem röthlichgrauen Staub bedeckt, von der Wurzel aus, längs dem Vorder- und Innenrande, gelblichgrün. In der Mitte steht am Vorderrande ein rothbrauner kurzer Querstrich in schiefer Richtung. Vor dem Außenrande aller Flügel ist ein breiter rothbrauner Saum, die Adern und Franzen sind gelblich.

Die Raupe ist hellgrün, mit gelblicher Rücken- und Seitenlinie, über den Füßen violett, die Luftlöcher sind braunroth eingefaßt und das Horn ist gekrümmt, braunroth, oder orangefarben. Sie lebt, im Juli und August, auf Waldstroh, Klebekraut, Geißblatt u. s. w.

Die Puppe ist schwarzbraun, mit braunrothen Einschnitten. Der Schwärmer fliegt, Ende Mai und im Juni, in den meisten Gegenden Deutschlands, in dem südlicheren öfter und in zwei Generationen vorkommend. Er schwärmt bei Tage, auf Blumen saugend.

Fuciformis. (Hummelschwärmer.)

Die Fühler sind schwarzblau, kolbig, Kopf und Rücken gelblich grün, der Hinterleib führt einen schwarzen Gürtel, welcher in der Mitte mit gelblichgrünen Härchen vermischt ist, hinter demselben sind zwei Ringe röthlich gelb, an den Seiten weißlich. Der Afterbüschel ist in der Mitte gelblich, zu beiden Seiten schwarz. Die Flügel sind, frisch ausgekrochen, mit feinem, graubraunem Staube bedeckt, der leicht verfliegt. Der Vorder- und Innenrand nebst der Wurzel sind mit feinen gelbgrünen Härchen besetzt, der Außenrand und die Franzen braungrau, zuweilen schwärzlich, die Adern schwarz. Die Hinterflügel sind im Innenrande gelblich, der Außenrand schmal, braungrau, oder schwärzlich begrenzt.

Die Raupe ist kupfergrün und zeigt in jeder Seite eine weiße Linie, in welcher auf jedem Einschnitte ein rothbrauner Punkt steht. Die Luftlöcher sind rothbraun eingefaßt, das Horn gerade und braunroth. Sie lebt auf der Ackerscabiose. Der Schwärmer hat mit dem vorhergehenden gleiche Erscheinungsart.

Trochilium.

Apiforme (Apiformis). (Hornißähnlicher Schwärmer.)

Taf. VI., Fig. 5.

Die Raupe ist weißlich gelb, mit großem schwarzbraunen Kopfe und dunkler Rückenlinie. Sie lebt, im März bis Mai in den Stämmen und Wurzeln aller Arten von Pappeln. Sie überwintert. Verwandlung, in einem mit abgenagten Holzspänchen oder Erdkörnchen verfertigten Gewebe. Die Puppe ist langgestreckt und dunkelbraun. Entwickelung: Mai bis Juli. An den Stämmen der Pappeln. Allenthalben in Deutschland.

Sciapteron.

Tabaniforme. (Asiliformis.)

Der Kopf ist schwarzblau, der Halskragen gelb. Vor den Augen befindet sich ein weißer Fleck. Die Fühler sind schwarzblau, gegen die Wurzel rostgelb. Rücken, Brust und Hinterleib aber haben eine schwarzblaue Farbe. Ersterer zeigt zu beiden Seiten an der Wurzel der Vorderflügel einen gelben Punkt, die Brust unter diesen Flügeln ein gelbes Fleckchen. Der Hinterleib hat drei hellgelbe Gürtel und das an ihm befindliche Afterbüschelchen ist schwarz. Die Füße sind oben schwarz, unten gelb. Die Vorderflügel sind undurchsichtig, schwarzbraun und rostgelb überstäubt, am Vorderrande ins Blaue spielend, ihre Unterseite aber ist röthlich gelb, gegen den Außenrand schwarzbraun. Die Hinterflügel sind durchsichtig, etwas ins Blaue schillernd, und dunkel geadert. Auch führen sie ein theils schwarzbraunes, theils rothgelbes mondförmiges Streifchen. Sowohl Vorder- als Hinterflügel haben Franzen und diese sind heller als erstere Flügel.

Die Raupe lebt in den Stämmen der jungen italienischen Pappel. Ihre Puppe ist wie die der Tr. Apiforme gestaltet, aber kleiner und gelb von Farbe. Flugzeit: Juni und Juli. In den meisten Gegenden Deutschlands.

Sesia.

Tipuliformis.

Sehr klein, Leib tiefstahlblau mit drei oder vier gelben Gürteln und schwarzem Afterbusch. Außenrand der Vorderflügel goldgelb, mit schwarzen Adern durchzogen.

Die Raupe ist weiß mit dunkler Rückenlinie und bräunlichem Kopfe. Sie nährt sich vom Marke der Johannisbeere. Flugzeit: Ende Mai bis Anfang Juli. Nicht selten. In Gärten, wo Johannisbeeren wachsen.

Formiciformis. (Formicaeformis.)

Der Kopf ist schwarzblau. Vor den Augen steht ein weißes Fleckchen. Die Fühler sind schwarz; Rücken und Brust, auch der Hinterleib schwarzblau. Letzterer führt einen breiten hochrothgelben Gürtel. Das an ihm befindliche Afterbüschelchen, bei dem Manne spitz, bei dem Weibe stumpf, ist schwarzblau, unten aber und an den Seiten weiß oder gelblich. Die Füße sind schwarzblau und gelb gefleckt, mehr nach unten schwärzlich und ganz unten gelb. Die Vorderflügel sind durchsichtig, mit schwarzen Adern und schwarzem Rande, auch schwarzer Querbinde. Vorder= und Innenrand aber sind gegen die Wurzel hin rothgelb überstäubt. Ebenso gefärbt ist der Außenrand in ziemlicher Breite zwischen den Adern. Auf der Unterseite sind Vorder= und Innenrand gelb, die Querbinde nach Außen rothgelb. Die Hinterflügel sind auf beiden Seiten schwarz geadert und gerandet. Die Franzen sind blaugrau.

Die Raupe ist weißlich und fein behaart. Ihr Kopf ist bräunlich; auch ist sie in dieser Farbe hinter demselben und auf den Nachschiebern gefleckt. Sie lebt, im März und April, in den Zweigen verschiedener Weidenarten und Obstbäume. Diese Sesie — in mehreren Gegenden Deutschlands, wiewohl selten — fliegt im Sommer.

Ichneumoniformis.

Kopf schwarz, an der Vorderseite hellgelb, Halskragen gelb, vor den Augen ein weißes Fleckchen und hinter denselben ein gelber Streif. Die Fühler beim Manne schwarz, einwärts rostfarbig angeflogen, bei dem Weibe in der Mitte oben gelblich, unten rostfarben. Rücken schwarzbraun mit zwei gelben Längsstreifen, Hinterleib schwarz. Am Ende des Rückens stehen zwei gelbe, durch einige gleichfarbige Linien verbundene Fleckchen, die Einschnitte oben und unten hellgelb. Der Afterbüschel schwarz und mehr oder weniger hellgelb gemischt, die Brust ungefleckt. Die Vorderflügel sind durchsichtig, führen an der Wurzel einen gelben Punkt und sind vor dem schwarzbraun begrenzten Außenrande rothgelb gefärbt. Der Vorderrand ist schwarzbraun, der Innenrand rothgelb. Ein schwarzer mondförmiger Flecken steht in der Mitte und hat einen größeren rothgelben nach außen neben sich. Unten sind sie blässer.

Die Hinterflügel sind durchsichtig; der Vorder= und Außenrand auf beiden Seiten gelb und schwarzbraun bestäubt. Die Franzen aller Flügel sind schwarzbraun. Diese Sesie fliegt im Juli in Sachsen und dem südlichen Deutschland.

Aglaope.

Infausta.

Kopf, Rücken und Hinterleib sind schwärzlich, der Halskragen roth. Die Vorder= und Hinterflügel sind beinahe gleich lang, letztere fast durchsichtig und schwärzlich. Erstere sind an der Wurzel des Vorderrandes roth, ebenso ein Streifchen am Innenrande; letztere ebenfalls von der Wurzel aus längs des Innenrandes.

Die Raupe ist violett, mit schwarzem Kopfe, gelbem Längsstreif über dem Rücken und weißlichem Längsstreif an jeder Seite. Sie lebt, im Juni, auf Schlehe. Ihre Verwandlung geschieht in einem eiförmigen weißlichen, pergamentartigen Gewebe. — Die Puppe ist eiförmig, Flügelscheiden und Rücken sind braun, roth eingefaßt, der Hinterleib gelb. Entwickelung: Juli und August. Südwestliches Deutschland.

Ino.

Globulariae.

Die Fühler sind etwas länger und dünner, auch nicht so breit in den Kämmen als bei dem vorhergehenden Schwärmer. Sie endigen sich in eine scharfe Spitze. Die Flügel sind mehr abgerundet; die vorderen bläulich grün und blau schillernd mit dunkelaschgrauen Franzen. Der Mann ist gewöhnlich etwas größer als der **Ino Statices**; das Weib aber kleiner und schön bläulichgrün von Farbe.

Die Raupe ist schwarz. Längs ihres Rückens zieht sich eine gelbe Linie, welche eine Reihe dreieckiger bläulichweißer Schildchen verbindet; längs jeder Seite aber befindet sich ein gelblicher Streif. An den Einschnitten bemerkt man zu beiden Seiten einen rothgelben Punkt. Sie lebt, im Juni und Juli, auf der Kugelblume. Flugzeit: Juli. Süddeutschland.

Pruni.

Etwas kleiner als **Statices**. Fühler schwärzlich grün und glänzend, in eine feine Spitze auslaufend. Kopf und Rücken sind glänzend stahlgrün, der Hinterleib schwärzlich. Die Vorderflügel zeigen sich schwarzbraun, meist mit einem schwärzlichgrünen, seltener blauen Schiller, unten schwarzgrau mit dunkleren Franzen. Das Weib ist nicht so groß als der Mann; die Fühler schwach wie Fäden.

Die Raupe ist auf dem Rücken fleischfarbig oder rothgelb mit einer Reihe viereckiger schwarzer Schildchen. Kopf, Vorderfüße und die Stellen der Luftlöcher sind schwarz. Auch ist sie fein und dicht behaart. Die schwarzen Härchen stehen sternförmig in drei Reihen auf Wärzchen. Sie lebt, im April und Mai, auf Schlehen, Eichen und auf der Heide. Die Puppe ist dunkelgrau. Sie ist umgeben mit einem feinen pergamentartigen, an beiden Enden kegelförmigen Gewebe. Flugzeit: Juni und Juli. In mehreren Gegenden Deutschlands.

Statices.

Taf. VI., Fig. 6.

Die Raupe ist schwarz mit zwei Reihen eckiger weißer Schildchen längs des Rückens und einem breiten dunkelrothen Seitenstreife. Sie lebt, im Mai und Juni, auf Sauerampfer. — Verwandlung in einem pergamentartigen Gewebe. — Die Puppe ist von Farbe bräunlich gelb. Flugzeit: Juni und Juli. Allenthalben in Deutschland.

Zygaena.

Minos.

Kopf, Rücken und Hinterleib sind schwarz, die Füße oben schwarzblau, unten gelblich. Die Flügel sind ziemlich durchsichtig, die vorderen bei dem Manne fast immer dunkelblau, bei dem Weibe ins Grünliche oder Graue schillernd. Sie führen drei breite rothe Streifen. Der obere und schmälere dieser Streifen endet spitz, der ihm zunächst befindliche gleichbreite Streif rundlich, der nun folgende Streif aber nach Innen spitz, nach Außen in einem beilförmigen Fleck. Dieser dritte Streif überdeckt auch wohl, seiner Größe wegen, nebst den beiden andern den ganzen Flügel. Auf der Unterseite erscheinen dergleichen Streifen in einander. Den Außenrand begrenzt eine zarte schwärzliche Linie. Es zeigen sich gelbe Franzen.

Die Raupe ist oben bleichgelb mit zwei Reihen von zwölf schwarzen Punkten. Sie lebt, im Mai und Juni, auf Klee, Ehrenpreis, Flittergras, Kammgras, Farbeginster und Quendel. — Verwandlung: in einem bräunlichen Gewebe. — Die Puppe ist am Kopf und an den Flügelscheiden und auf dem Rücken schwarzbraun, im Übrigen gelblich. Die Zygäne — in mehreren Gegenden Deutschlands — fliegt vom Ende des Juni bis in den August.

Scabiosae.

Kopf, Rücken und Hinterleib sind stark behaart und schwarz, die Vorderflügel dünn bestäubt schwarzblau; auch, wiewohl selten, grünlich schillernd. Sie haben einen schwarzbraunen Saum. Die Vorderflügel führen drei rothe Flecke. Der obere dieser Flecke an der Wurzel ist länglich, der mittlere breitere und längere etwas gekrümmt und in einem abgerundeten Knopf endigend. Der äußere Fleck ist keulenförmig und gegen die Wurzel spitz zulaufend; auch trifft er wohl den oberen Fleck. Die Hinterflügel sind roth mit einem schwärzlichen Saume. Der Mann hat nicht so breite Flügel als das Weib, auch kürzere Füße und einen nicht so dicken Hinterleib.

Die Raupe ist goldgelb und weißhaarig. Über dem Rücken hat sie zwei Reihen von neun schwarzen Punkten. Der Kopf ist schwarz mit weißer Zeichnung. Sie lebt, im Frühlinge, auf Klee. Verwandlung in einem glänzend goldgelben, pergamentartigen Gewebe. — Die Puppe ist braungelb, mit braunem Rücken und braunen Flügelscheiden. Diese Zygäne — im südlichen Deutschland — fliegt im Juni und Juli.

Cynarae.

Kopf, Rücken und Hinterleib sind schwarzblau, auch, jedoch selten, mit einem grünlichen Schimmer. Der Hinterleib führt einen rothen Gürtel. Die Vorderflügel sind schwarzblau, meist grünlich glänzend, mit fünf rothen Flecken. Von diesen Flecken sind die beiden an der Wurzel gleich lang, der untere aber etwas breiter. Der obere der beiden folgenden Flecke ist nur klein, dagegen der untere weit größer. Ersterer ist eirund, letzterer dreieckig. Der noch übrige fünfte äußere Fleck ist etwas kleiner und rundlich. Die blässere Unterseite zeigt auch dergleichen, wiewohl ziemlich in einander sich befindliche Flecke. Die Hinterflügel sind hochroth mit einem feinen schwärzlichen Saume. Diese Zygäne wird im Juni und Juli in der Gegend von Dresden, Wien, Mannheim, auch sonst noch im südlichen Deutschland gefunden.

Meliloti.

Kopf, Rücken und Hinterleib sind schwarzblau oder grünlichglänzend. Die Vorderflügel sind beim Manne schwarzblau, beim Weibe grünlich mit schwarzblauem Rande. Sie führen fünf rothe Flecke; die beiden an der Wurzel sind von gleicher Länge, der untere aber ist breiter und vorn abgestumpft. Der obere der beiden zunächst befindlichen Flecke ist sehr klein und länglich rund; der untere aber, von allen der größte, ist meist länglich viereckig. Der fünfte Fleck ist etwas kleiner und endet in einem kleinen blässeren Fleck. Die Unterseite ist gelbgrau, nur am Außenrande schwarzblau. Hier sind aber die Flecke etwas in einander gehend. Die Hinterflügel sind blaßroth mit einem schmalen schwarzblauen Saume.

Die Raupe ähnelt der Schildraupe eines Tagfalters. Sie ist hellgrün, Kopf und Brustfüße aber sind schwarz. Längs des Rückens und längs beider Seiten hat sie einen weißlichen Streif mit gelben Fleckchen, zwischen einem jeden dieser Fleckchen aber und der Rückenlinie einen schwarzen Punkt. Auch ist sie fein weiß behaart. Sie lebt, im Mai und Juni, auf verschiedenem Klee und mehrerem Grase. — Verwandlung in einem länglichen hellgelben pergamentartigen Gewebe. — Die Puppe ist gelblich weiß mit schwärzlichem Rücken und schwärzlichen Flügelscheiden. Diese Zygäne — in Franken, in der Gegend von Dresden, Halle, Darmstadt und Wien — fliegt im Juni und Juli.

Trifolii.

Fühler kurz, beim Manne eine dickere Kolbe führend. Die Vorderflügel an der Spitze abgerundet, schwarzblau glänzend, nur selten bei dem Weibe mit grünlichem Schiller. Von den fünf hochrothen Flecken sind die beiden an der Wurzel öfters zusammengeflossen. Das Mittelpaar ist selten getrennt, der untere groß; beide sind sehr oft mit dem ihnen näherstehenden fünften, ziemlich großen, und dem Wurzelpaare verbunden, so daß nur drei große zusammenhängende Flecken erscheinen. Die Franzen sind dunkler als die Grundfarbe, die Unterseite gleicht der oberen. Der Saum der Hinterflügel ist breit, und schwarzblau.

Die Raupe ist blaßgelb, mit vier Reihen schwarzer Punkte, wovon zwei über den Rücken laufen, und unten am Bauche auf jedem Ringe einen schwärzlichen Schatten. Das Gewebe ist strohgelb, länglich, die Puppe schwarz. Flugzeit: Juni. Um Leipzig, sonst noch hin und wieder in Deutschland.

Filipendulae.

Taf. VI., Fig. 7.

Die Raupe ist hellgelb und fein behaart. Dem Rücken längs hat sie zwei Reihen und jeder Seite längs eine Reihe kleinerer schwarzer Flecke. Ihr Kopf ist klein und wie die Brustfüße schwarz. Die übrigen Füße sind gelb. Sie lebt, im Mai und Juni, auf Wegerich, Klee, Löwenzahn, Ehrenpreis, Mausöhrchen und Flittergras. — Ihr Gewebe ist pergamentartig und schwefelgelb. — Die Puppe ist am Kopfe, an den Flügelscheiden und der Endspitze schwarzbraun, an den übrigen Theilen gelb. Die Zygäne erscheint nach drei Wochen, vom Juni bis in den August. Allenthalben in Deutschland.

Ephialtes.

Kopf, Rücken und Hinterleib sind glänzend schwarzblau, auch, wiewohl selten, grünlich schwarz. Der Hinterleib führt einen rothen oder orangegelben Gürtel. Die Flügel sind, wie die Füße, schwarzblau, selten grünlich schwarz. Erstere zeigen fünf oder sechs Flecke. Die beiden an der Wurzel sind hochroth oder orangegelb, der untere von ihnen eigentlich weiß und nur mehr oder weniger roth oder orangegelb überstäubt. Von den beiden mittleren Flecken ist der obere am Vorderrande auch wohl etwas roth oder gelb überstäubt, der untere aber weit größer als der obere. Der fünfte Fleck befindet sich am Vorderrande gegen die Flügelspitze, der sechste und der kleinste Fleck ist selten scharf begrenzt und oft nur kaum erkennbar. Die Hinterflügel sind schwarzblau mit einem weißen Fleck gegen ihre Spitze zu. Die Unterseite zeigt sich wie die Oberseite.

Die Raupe ähnelt sehr der des Filipendulae. Gelb, auch wohl grünlich von Farbe, führt sie längs zwei Reihen schwarzer Punkte. Kopf und Füße sind schwarz. Sie ist fein behaart. Sie lebt, im Juni, auf Sichelklee, Ehrenpreis, der bunten Kronwicke und verschiedenen weichen Grasarten. Ihr Gewebe zeigt sich pergamentartig und strohgelb von Farbe. Die Zygäne — in mehreren Gegenden Deutschlands — fliegt im August.

Peucedani. (Varietät von Ephialtes.)

Kopf, Rücken und Hinterleib sind schwarzblau; letzterer ist roth umgürtelt. Die Vorderflügel sind stahlblau; auch, wiewohl selten, grünlich glänzend. Sie führen sechs rothe Flecke. Deren zwei befinden sich an der Wurzel. Von den beiden mittleren Flecken ist der untere, am Innenrande befindliche, größer; der sechste Fleck aber zeigt sich als der kleinste. Auf der Unterseite erscheinen die Flecke wie in einander gefahren. Meist zieht sich von der Wurzel aus nur ein rother Streif durch sie hin. Doch ändert sich diese Farbe. Die Hinterflügel sind roth und stahlblau breit gesäumt; gegen ihre Spitze steht ein verloschener weißer Fleck.

Fausta.

Der Vorderleib ist zum Kopfe hin roth, auf dem Rücken schwarz und weiß gestreift, an der Wurzel der Vorderflügel aber weiß gefleckt. Der Hinterleib ist schwarz mit breitem rothen Gürtel und Afterbüschel. Die Füße sind hellgelb, die Vorderflügel schwarzblau. Diese führen sechs hellrothe, gelbumzogene, einander berührende Flecke. Die beiden dieser Flecke an der Wurzel erstrecken sich vom Vorder- bis zum Innenrande, und sind am ersteren mit den beiden mittleren Flecken in Verbindung. Auch sind dieß erstere beide Flecke mit beiden letzteren durch zwei gelbliche Linien. Der obere der beiden mittleren Flecke ist nur klein gegen den unter ihm befindlichen. Der sechste Fleck, von mondförmiger Gestalt, berührt mit seinen beiden spitzen Enden den fünften Fleck. Die Unterseite der Vorderflügel erscheint fast wie ihre Oberseite. Die Hinterflügel sind ausgeschweift und von Farbe hellroth, mit schwarzem Saume und gelben Franzen.

Die Raupe ist hellgrün mit schwarzem Kopfe und rothem an diesem weiß liniirten Halsbande. Die Nachschieber sind roth, die Brustfüße schwarz. Längs des Rückens hat sie eine feine bräunliche Linie, längs jeder Seite einen weißen Streif. Auch ist sie schwarz und gelb klein gefleckt. Sie lebt, im Mai und Juni, auf Vogelfuß. Flugzeit: August. Süddeutschland.

Carniolica. (Onobrychis.)

Taf. VI., Fig. 8.

Die Raupe ist blaßgrün, mit weißlichem Streif längs des Rückens und einer Reihe schwarzer dreieckiger Flecke an jeder Seite. Unter jeder dieser Reihe aber zeigt sich noch eine andere von gelben Punkten. Kopf und Brustfüße, auch die Luftlöcher, sind schwarz. Sie ist zugleich fein weißlich behaart. Man findet sie, im Mai und Juni, auf der Esparsette und der Lokrizwicke. — Ihr Gewebe ist eierschalenartig und eiförmig, von Farbe blaßgelb oder weißlich. — Die Puppe ist schwarzbraun, am Leibe weißlich, mit gelben Ringen und schwarzen Luftlöchern. Entwickelung: im Juli. Mittel- und Süddeutschland.

Syntomis.

Phegea.

Taf. VI., Fig. 9.

Die Raupe ist schwarz, mit gleichfarbigen Knöpfchen, auf denen bräunlichgraue Haare büschelweise und aufrecht stehen. Kopf und Füße sind braunroth. Sie lebt auf Ampfer, Wegerich, Löwenzahn und Teufelsabbiß. Sie überwintert in halber Größe und wird im Frühjahre unter Moos gefunden. Im Juni wird sie in einem leichten, weißlichen Gewebe, unter Blättern, zu einer schwarzbraunen, länglichen, an beiden Enden abgestumpften Puppe. Flugzeit Ende Juni und Juli. Ueberall häufig.

Naclia.

Ancilla.

Die Vorderflügel sind breit mit halbdurchsichtigen Flecken, die Hinterflügel dagegen sehr klein. Beide Flügel sind bei dem Manne olivengrau, bei dem Weibe etwas dunkler in dieser Farbe; bei diesem haben die Vorderflügel auch mehrere weiße Flecke. Die Hinterflügel haben eine durch braune Adern abgetheilte breite Binde.

Die Raupe ist schwarz, mit breitem gelben Rückenstreif und mit zwei gelben Seitenlinien. Dabei ist sie ziemlich lang schwarz behaart. Sie lebt, im Mai und Juni, auf Wändeflechte, olivenfarbiger Baumflechte und Aftermoos, und umgiebt sich zu ihrer Verwandlung mit einem leichten Gewebe. — Die Puppe ist rothbraun und die Entwickelung erfolgt in 3 bis 4 Wochen. Er erscheint im Juli. Nirgends häufig.

B. Bombyces. (Spinner.)

Earias.

Clorana.

Diese Phaläne ist klein. Vorderflügel einfach grün, weiß bordirt. Die Hinterflügel sind weiß und silberglänzend. — Die Raupe ist auf dem Rücken schwarz und grau gescheckt, an den Seiten aber schmutzig grün. Sie hat ein weißes Halsband und einen braunen Kopf. Sie lebt, im Mai und auch im August, auf Weiden und verwandelt sich in einem weißen Gewebe. — Die Puppe ist hellbraun. Entwickelung nach 14 Tagen oder 3 Wochen oder auch erst im April des nächsten Jahres. In mehreren Gegenden. Nicht häufig.

Hylophila.

Prasinana.

Mann und Weib weichen ziemlich von einander ab. Der Mann ist stets kleiner. Beider Körper und Flügel sind auf dem Grunde weiß, mit feinem Hellgrün überzogen. Beim Manne hat die Grundfarbe überall eine rostbraune Beimischung. Seine gekerbten Fühler, Palpen und Füße sind braunroth. Kopf und Rücken bräunlich grün, Schulterdecken weiß behaart. Der Hinterleib hat über dem Grün lange rostfarbige Haare, der After allein ist weißgrün. Die männlichen Vorderflügel sind an der Wurzel ziemlich breit, am Ende des Vorderrandes gespitzt. Drei weißliche Querlinien laufen schief über die Fläche. Die ersten zwei sind dunkler mit Grün gesäumt und bilden ein bandartiges Mittelfeld. Die dritte Linie ist ohne deutlichen Saum und hat ein gewässertes Ansehen. Um alle Seiten zieht ein schmaler rostfarbiger Rand, der an den Franzen mit grünen Längsstrichen durchschnitten ist, am Innenrande hinter den zwei weißen Querlinien aber am breitesten wird. Die Hinterflügel glänzen seidenartig gelbgrün mit etwas Rostfarbe. Franzen fast weiß. Das Weib hat gekerbte hellbraunrothe Fühler, Palpen und Füße. Rücken und Vorderflügel sind hellapfelgrün, der dicke Hinterleib ist weißgrün. Die Vorderflügel sind am Vorderrande hellweiß, auf den Franzen und noch mehr am Innenrande erscheint bräunlichgelbe Beimischung. Die Hinterflügel sind schneeweiß, wie die ganze Unterseite.

Die Raupe ist ungleich dick, nach Kopf und Schwanz zu dünner werdend. Der Körper hat eine angenehme gelbgrüne Grundfarbe. Das erste Gelenk ist am vordern Rande mit einem hochgelben, mit Carminroth begrenzten, Saume eingefaßt. An jeder Seite des Oberleibes zeigt sich eine hochgelbe starke Linie, vom Kopfe bis zu dem langgestreckten Nachschieber laufend; die Nachschieber selbst führen einen schönen hochrothen Streifen. Die Oberfläche des Leibes ist auf allen Absätzen mit vielen kleinen, gelblichweißen Punkten besetzt.

Sie lebt auf Buche, Birke, Erle und Eiche und zwar im August und September. Das Gespinnst ist gelblich rothbraun und kahnartig gestaltet. Die Puppe violettblau, ins Rosenrothe übergehend. Entwickelung: April und Mai. Nirgends selten.

Quercana.

Ist dem Vorhergehenden ähnlich, zeichnet sich jedoch durch noch ansehnlichere Größe aus. Die Palpen grün, rosenroth und weiß, wie der Kopf, an welchen ein gelbliches Halsband grenzt. Die Füße weiß, die vorderen mit schwacher, rosenfarbiger Bestäubung. Rücken lebhaft apfelgrün, Hinterleib weiß. Die Vorderflügel sind grün, wie der Rücken. Zwei gelblich weiße, in schiefer Richtung mit einander gleichlaufende Querlinien bilden ein Mittelfeld. Die Flügelränder weißlich, die Franzen hellweiß. Die Hinterflügel sind ebenfalls hellweiß. Die ganze Unterseite ist weiß, mit matter apfelgrüner Bestäubung.

Die Grundfarbe der Raupe ist gelbgrün, in der Jugend braunröthlich. Auf dem zweiten Gelenke erhebt sich ein kurzer, mattgelblich-grüner, zugespitzter Zapfen; der Kopf ist grün, in der Mitte getheilt. An jeder Seite des Körpers zieht ein gelblicher Streif. Sie lebt, im Mai, auf Eichen. Gespinnst und Puppe wie bei Prasinana. Flugzeit: Juni. Nicht gemein.

Nudaria.

Mundana.

Er ist sehr klein. Die Flügel sind grauweiß; jeder führt einen dunkelfarbigen Punkt in der Mitte und zwei verwischte braune Querstreifen. Alle Flügel sind beinahe durchsichtig. — Die gesellige Raupe ist hellgrau, mit breitem, braunen Rückenbande, auf gelber Fläche. Auch hat sie auf dem achten Ringe einen Höcker und ist überdies fein behaart. Sie lebt, im Juli, auf Baumflechten. Flugzeit: Sommer. In manchen Gegenden Deutschlands.

Setina.

Irrorella. (Irrorea.)

Taf. VII., Fig. 1.

Die Raupe ist schwarz mit gelben, schiefen, viereckigen Rücken- und länglichen Seitenflecken. Sie lebt, im Mai, auf der gelben Steinflechte. Zur Verwandlung macht sie sich ein dünnes, hellbraunes Gewebe. Die Entwickelung ihrer Puppe, die rothbraun ist, erfolgt im Juli. Allenthalben in Deutschland.

Lithosia.

Aureola.

Die Vorderflügel sind schmal, einfarbig rothgelb, unten in der Mitte schwarzbraun gedunkelt. Die Hinterflügel sind hellgelb, mit kaum dunklen Franzen.

Die Raupe ist schwarz, mit zwei hochgelben, roth punktirten unterbrochenen Streifen und einigen weißen Flecken längs des Rückens. Sie lebt, im Mai und Juni, auf den Flechten der Föhre und der Tanne. Puppe: rothbraun. Entwickelung: Juni und Juli. Allenthalben in Waldungen zu finden.

Gnophria.

Quadra.

Die Vorderflügel sind schmal, bei dem Manne gelbgrau, an der Wurzel hochgelb, am Außenrande bläulichgrau, am Vorderrande schwarzblau; bei dem Weibe sind sie citrongelb, mit zwei stahlblauen Flecken. Die Hinterflügel sind ockergelb.

Die Raupe ist aschgrau, auf dem Rücken mit rothen Punkten und einigen schwarzen Flecken, in den Seiten aber mit einer gelben Linie. Sie lebt, im Juni, auf den Flechten der Obstbäume, Buche, Eiche, Föhre und anderer Bäumen. Zur Verwandlung macht sie sich ein dünnes filziges Gewebe. — Die Puppe ist kurz und dick, glänzend rothbraun. Entwickelung: im Juli. In den meisten Gegenden Deutschlands. In Waldungen.

Rubricollis.

Taf. VII., Fig. 2.

Die Raupe ist grünlichgrau, mit schwarzen Längsstreifen, roth und weiß punktirt. Der Kopf dunkelbraun, mit zwei weißen, in einem Dreieck zusammenlaufenden Linien. Sie lebt auf Aftermoos, Wändeflechten u. s. w. Flugzeit: Juni und Juli. Nirgends häufig.

Eumydia.

Grammica.

Der Kopf ist schwarz, der Rücken hellgelb, mit drei schwarzen Längsstreifchen, der Hinterleib orangegelb und mit schwarzen Punkten. Die Vorderflügel sind strohgelb mit zwei schwarzen Mittelpunkten oder auch einem solchfarbigen Flecke, beim Manne mit vielen schwarzen Längsstrichen. Die Hinterflügel mit schwarzem Mittelpunkte und schwarzem breiten Saume und Vorderrande. Auch sind alle Flügel gelb gefranzt.

Die Raupe ist schwarzbraun, mit rothen Bauchfüßen und orangegelbem Rückenstreif, einem weißen Strich an jeder Seite, rothbraunen Wärzchen und fuchsrother Behaarung. Sie lebt, im Mai, auf Schwingel, Mausöhrchen, Beifuß, Wegerich, Labkraut, Schlehen, Haide und mehreren Grasarten. Sie besteht den Winter und umgiebt sich zur Verwandlung mit einem weißgrauen filzigen Gewebe. — Die Puppe ist stumpf und rothbraun. Flugzeit: Juli und August. In mehreren Gegenden Deutschlands.

Euchelia.

Jacobaeae.

Taf. VII., Fig. 3.

Die Raupe ist dünn behaart, schwarz und orangegelb umringelt, mit schwarzem Kopfe und Schwanze. Sie lebt, im Juli und August, auf der Jakobsblume. Zur Verwandlung dient ihr ein dünnes Gewebe; es ist bräunlich von Farbe. Puppe: rothbraun und fast eirund. Flugzeit: im Juli, auf Wiesen. In den meisten Gegenden.

Nemeophila.

Russula.

Die Flügel sind in ihrer Grundfarbe roth- oder ockergelb, haben rothe Ränder und auf den Hinterflügeln steht ein schräger, S förmiger Fleck. Das Weib ist bei weitem dunkler gefärbt.

Die Raupe ist schwarzbraun mit einer gelben, rothpunktirten Linie längs des Rückens. Sie lebt, im Mai, dann wieder im Juli und später auf dem Wegerich, Löwenzahn, Apostemkraut, Hundszunge, Habichtkraut, Meier- oder Hühnerdarm und noch andern Pflanzen. Zu ihrer Verwandlung umgiebt sie sich mit einem glänzend rothbraunen, sehr leichten Gewebe, meist an flachen Gegenständen, an Steinen, Baumstämmen u. a. — Die Puppe ist glänzend rothbraun. Entwickelung: in 14 Tagen. Im Juni und Juli in lichten Wäldern.

Plantaginis.

Der Vorderleib ist schwarz und dabei roth und gelb liniirt; der Hinterleib gelb und schwarz gefleckt. Die Vorderflügel sind schwarz, mit hellgelben oder weißlichen Längs- und Querstreifen; die Hinterflügel ockergelb, an der Wurzel schwarzstreifig, am Außenrande schwarzfleckig. Sie führen gelbe Franzen.

Die Raupe ist schwarz, an ihren sechs mittleren Ringen aber ziegelroth. Sie lebt, im März, April und Mai, auf Wegerich, der Lichtrose und dem wilden Nachtveilchen. Sie ist gesellig und besteht den Winter. — Zur Verwandlung umgiebt sie sich mit einem dünnen filzigen Gewebe. — Die Puppe ist schwarzbraun; ihre Entwickelung erfolgt in 14 Tagen bis 3 Wochen. Flugzeit: Mai und Juni; in lichten Wäldern. In mehreren Gegenden Deutschlands.

Callimorpha.

Dominula.

Taf. VII., Fig. 4.

Die Raupe ist schwarz mit drei hochgelben Fleckenstreifen, weißen Punkten und hochblauen Knöpfchen, letztere mit borstigen Haaren. Man findet sie, im April und Mai, auf Hundszunge, Taubnesseln, Brennnesseln, Wollweiden, Eschen, Vogelbeerbäumen, Erdbeeren, Brombeeren und Schlehen. Sie ist gesellig und überwintert. — Zu ihrer Verwandlung umgiebt sie sich mit einem weißlichen filzigen Gewebe. — Die Puppe ist glänzend rothbraun. Entwickelung: in 14 Tagen bis 3 Wochen. Flugzeit: Juni und Juli. In manchen Gegenden Deutschlands nicht selten.

Hera.

Die Fühler sind, wie bei der vorhergehenden Art, Kopf und Halskragen gelb und schwarzgrün gefleckt, der Rücken schwarzgrün und gelb gestreift, der Hinterleib oben rothgelb, mit einer Reihe schwarzer Punkte, unten gelb, mit drei derselben; die Vorderflügel schwarz, grün schimmernd, mit drei großen, breiten und einigen kleineren, kurzen, hellgelben Schrägstrichen, wovon die beiden letztern vor dem Außenrande gegen den Innenwinkel zulaufen und sich hier in einem gelben, schwarzpunktirten Flecke endigen. Der Innenrand ist gelb. Die Hinterflügel sind hochroth, höchst selten gelb, mit einem schwarzen Fleck in der Mitte, einem am Außenwinkel und einem dritten gegen den Innenwinkel. Auf der Unterseite sind die Vorderflügel von der Wurzel aus roth, dann gelblich, mit einer schwarzen, unregelmäßigen Binde durch die Mitte und den Zeichnungen der Oberseite; die hinteren rothgelb, mit einem schwarzen Flecke gegen den Innenwinkel.

Die Raupe ist graubraun oder schwarz, mit einem hochgelben Rückenstreifen, einer gelben oder weißlichen, abgesetzten Seitenlinie und rostgelben, gleichfarbig behaarten Wärzchen. — Sie lebt auf Ginster, Himbeeren, Wegerich, Klee, Eichen, Weiden und vielen niederen Gewächsen. — Die Puppe ist glänzend rothbraun. Flugzeit: Juli. Nicht allenthalben in Deutschland.

Pleretes.

Matronula. (Augsburger Bär.)

Taf. VII., Fig. 5.

Die Raupe ist langhaarig und rothbraun von Farbe mit gelbumzogenen Luftlöchern. Ihr Kopf ist groß. Sie lebt, im Juli und August, sodann, nach einmaliger, auch zweimaliger Ueberwinterung bis Mai, auf Wegerich, Veilchen, Stiefmütterchen, Habichtkraut und andern Pflanzen. Sie frißt nur des Nachts, am Tage ist sie zwischen Moos oder abgefallenen Blättern versteckt. Sie lebt in der Jugend gesellig. — Zur Verwandlung umgiebt sie sich mit einem weißgrauen filzigen Gewebe. — Die Puppe ist glänzend schwarz, am hinteren Theile mit rothbraunen Einschnitten. Entwickelung: in 5 bis 6 Wochen. Flugzeit: Juni und Juli. In mehreren Gegenden Deutschlands, aber jederzeit als Seltenheit.

Arctia.

Caja. (Deutscher Bär.)

Taf. VII., Fig. 6. 7.

Die Raupe kriecht sehr geschwind und rollt sich, wenn man sie berührt, gleich einem Igel, zusammen. Merkt sie, wenn sie auf einem Blatte sitzt, die geringste Bewegung neben sich, so fällt sie sogleich zur Erde. Sie lebt, nach der Ueberwinterung, im Mai und Juni, frißt Nesseln, Salat und mancherlei andere Pflanzen, selbst Gras. Insbesondere gern hält sie sich an Hecken und niedrigen Sträuchern auf. Zu ihrer Verwandlung umgiebt sie sich mit einem filzigen Gewebe. — Ihre Puppe ist in Verhältniß ihrer Länge ziemlich dick. Erst ist sie weißgelb, dann braun und endlich schwarz. Nach 4 bis 5 Wochen der Verwandlung erscheint aus ihr der schöne Nachtfalter. Flugzeit: Juni und Juli. In den meisten Gegenden bekannt und häufig.

Villica. (Schwarzer Bär.)

Taf. VII., Fig. 8.

Die Raupe ist sammetschwarz mit hellbrauner Behaarung, weißen Luftlöchern, braunrothen Füßen und braunrothem Kopfe. Sie lebt, nach überstandenem Winter, im März bis Mai, auf Hühnerdarm, Schafgarbe, Spinat, Nesseln, Erdbeeren, Lattich u. m. a. Pflanzen. Sie lebt gesellig. — Zu ihrer Verwandlung umgiebt sie sich mit einem weißgrauen filzigen Gewebe. — Die Puppe ist wie die des Caja. Entwickelung: in 14 Tagen bis 3 Wochen. Flugzeit: Juni. In mehreren Gegenden Deutschlands.

Purpurea. (Purpurbär.)

Taf. VII., Fig. 9.

Die Raupe ist schwarz, rothbraun oder hellgelb, warzig und gelbhaarig, auch mit einem gelblichen Rücken- und Seitenstreif. Sie besteht den Winter und lebt, im April und Mai, auf Laubkraut, Ginster, Wegerich, Ochsenzunge, Hundszunge, Stachelbeeren, Meierkraute. — Zur Verwandlung umgiebt sie sich mit einem dünnen filzigen Gewebe. — Die Puppe ist glänzend dunkelbraun und ihre Entwickelung erfolgt in 3 bis 4 Wochen. Flugzeit: Juni; in den meisten Gegenden Deutschlands keine Seltenheit

Hebe. (Englischer Bär.)

Taf. VII., Fig. 10.

Die Raupe ist schwarz und schwarzwärzig, in ihrer Behaarung aber grauschwarz, doch heller endend; in den Seiten rostgelb. Sie lebt, erwachsen, im April und Mai, und zwar gesellig, auf Wolfsmilch, Schafgarbe, Beifuß, Hundszunge, Ochsenzunge, Hühnerdarm und noch andern Pflanzen. — Zur Verwandlung umgiebt sie sich mit einem weißlichen, filzigen Gewebe. — Die Puppe ist dunkelschwarzbraun. Entwickelung in 3 bis 4 Wochen. Flugzeit: Mai und Juni. In mehreren Gegenden Deutschlands.

Aulica.

Kopf und Rücken sind zimmetbraun und gelblich eingefärbt, der Hinterleib ist dunkelgelb mit schwarzen Flecken und Punkten. Die Vorderflügel sind rost- oder zimmetbraun, mit hellgelben Flecken und Punkten, die Hinterflügel pomeranzengelb mit schwarzem mondförmigen Mittelfleck und mit zwei schwarzen Binden, deren die eine in der Grundfarbe getheilt ist.

Die Raupe ähnelt der Caja, ist aber viel kleiner. Die Behaarung in den Seiten ist dunkelroth, die des Rückens minder lang. Sie überwintert und lebt, im April, Mai, auf Gras, Wegerich, Schafgarbe, Hundszunge, Brennnesseln. — Zu ihrer Verwandlung umgiebt sie sich mit einem wolligen weißen Gewebe. — Die Puppe ist glänzend schwarz, am schlanken Hinterleibe mit rothbraunen Einschnitten und einer mit feinen Härchen besetzten Schwanzspitze. Entwickelung: in 14 Tagen bis 3 Wochen. — Die Phaläne — in Sachsen, Oesterreich, Franken, auch in einigen Gegenden am Rhein — findet sich im Mai und Juni.

Spilosoma.

Lubricipeda.

Kopf gelblich, der Rücken ockergelb, der Hinterleib rothgelb mit fünf Reihen schwarzer Punkte. Die Vorderflügel sind hellockergelb mit einer schrägen Reihe schwarzer Punkte und einigen einzelnen, meist nur am Vorderrande; die Hinterflügel hellgelb, gegen den Vorderrand weißlich, mit einem schwarzen Fleck nahe diesem Rande. Das Weib ist blässer in der Farbe, seine Hinterflügel sind gewöhnlich weißlich, gegen den Innenwinkel mit zwei schwarzen Punkten.

Die Raupe ist braungelb mit rothgelben Wärzchen, und braungelb in ihrer Behaarung. Auf dem Rücken zeigt sich eine blasse Linie und an jeder Seite ein weißer Streif. Sie lebt, im August bis October, auf Hollunder, Himbeeren, Schotenweiderich und Mausöhrchen. Sie ist gesellig und überwintert. Zur Verwandlung umgiebt sie sich mit einem grauen, filzigen Gewebe. — Die Puppe ist rostbraun. Entwickelung: nach 14 Tagen oder 3 Wochen. — Diese Phaläne — allenthalben in Deutschland — zeigt sich im Mai und Juni.

Menthastri.

Fühler schwarz, Rücken weiß, Hinterleib oben röthlichgelb, am Anfange, Ende und unten weiß, mit fünf Reihen schwarzer Punkte; die Flügel weiß, die vorderen mehr oder weniger schwarz punktirt, die hinteren, sowie die ganze Unterseite nur sparsam punktirt.

Die Raupe ist dunkelbraun, mit glänzend schwarzen Haarbüscheln, welche auf blauen Wärzchen stehen, einem gelben Rückenstreife und gleichfarbigem Kopfe. Sie lebt, vom August bis October, auf Roßmünze, Flöhkraut, Nesseln u. s. w. Puppe glänzend schwarz, dick und ohne Bewegung. Flugzeit: Mai und Juni. Allenthalben.

Epialus.

Humuli. (Hopfenspinner.)

Taf. VIII., Fig. 1. 2.

Die Raupe ist gelblich; erster Ring aber und Kopf sind gelbbraun und glänzend dunkelockergelb. Auf den übrigen Ringen zeigt sie kleine erhabene schwarze Fleckchen, mit kurzen Härchen auf jedem der letzteren und deren auch noch in den Seiten. Sie hat ein großes und scharfes Gebiß. Sie nährt sich, im April, Mai, in der Erde von der Hopfenwurzel. Hier geht auch ihre Verwandlung vor und zwar in einem besonders großen erdigen Gewebe. — Die etwas gespornte Puppe ist in ihrem unteren Theile nicht viel weniger dick als in ihrem oberen und an beiden Enden rundlich, von Farbe aber gelbbraun mit schwarzen Luftlöchern. Die Bewegung, die sie sich selbst geben kann, ist besonders stark. Nicht nur schlägt sie ihren Unterleib von einer Seite zur andern, sondern krümmt sich auch einer Schlange gleich. Auch zeigt sie sich darin merkwürdig, daß sie, wenn der Schmetterling aus ihr bald erscheinen will, ihr Gespinnst durchbricht und bis an die Oberfläche der Erde, ja sogar mit ihrer vorderen Hälfte aus der Erde herauskommt. Es erscheint der Schmetterling in 3 bis 4 Wochen. In den meisten Gegenden Deutschlands.

Hectus.

Fühler, Kopf, Rücken und Hinterleib sind ockergelb, die Vorderflügel bald rostgelb, bald ockergelb und schwärzlich bestäubt. Die Fleckenbinden derselben sind glänzend silberfarbig, oder blaßgolden und schwarzgesäumt. An der Wurzel befindet sich ein schmaler kurzer Strich, hierauf ein vom Innenrande bis zur Mitte in schiefer Richtung ziehender Streif, dann eine ungleich breite, aus einzelnen Punkten und Flecken bestehende, in der Mitte zuweilen unterbrochene Binde, vom Innenrande nach der Flügelspitze laufend. Am Außen- und Vorderrande stehen noch einige Punkte. Das Weib ist größer, fast durchsichtig, rothbraun, mit zwei hellgrauen, weißlich gerandeten, breiten Querbinden. Die Hinterflügel sind schwarzgrau und trübockergelb gesäumt, die Unterseite ist braungrau. Das letzte Paar Füße hat beim Manne eine eigene Gestalt: es ist dick, keulenförmig, am Ende mit steifem, ockergelben Haarbüschel, ohne Schienbeine und Fußblätter. — Flugzeit: Juni. In manchen Gegenden in großer Menge.

Cossus.

Ligniperda. (Weidenbohrer.)

Taf. VIII., Fig. 3. 4. 5.

Die etwas haarige und madenförmige Raupe ist roth oder röthlich von Farbe, mit bräunlich schwarzem Kopfe und schwarz umzogenen Luftlöchern. Sie lebt, in unbestimmten Zeiträumen, und wohl an zwei Jahre lang in den Stämmen der Weiden, Birken, Erlen, Linden und noch anderen Bäumen und durchlöchert sie so, daß sie leicht eingehen oder beim

Sturme umfallen. Sie hat, wie aus der vorläufigen Belehrung erhellt, sehr merkwürdige Eigenschaften. Zur Verwandlung umgiebt sie sich mit einem holzigen Gekitte. — Die Puppe ist rothbraun, am Hintertheile gelb. Naht die Zeit heran, wo der Schmetterling aus ihr hervorkommt, so drängt sich diese aus dem sie umgebenden Gehäuse und bewegt sich von der Mitte des Baumes an bis zur Hälfte aus der Oeffnung des Baumes hervor, springt auf und der Schmetterling kriecht heraus. So kommen oft mehrere, 4 bis 6 Puppen, hinter einander an die Oeffnung des Baumes. Flugzeit: Juni und Juli. In den meisten Gegenden Deutschlands bekannt und häufig.

Terebra. (Aspenbohrer.)

Folgende Merkmale unterscheiden diese Art von der vorhergehenden: C. **Terebra** ist gewöhnlich etwas kleiner, Kopf und Rücken sind schwarzbraun, letzterer am Ende weiß gesäumt, am Hinterleib einfarbig graubraun. Die Vorderflügel sind kürzer und am Innenwinkel mehr abgerundet, silbergrau, mit einem schwarzbraunen, bindenförmigen Schatten in der Mitte, da, wo sich bei C. Ligniperda eine schimmelgraue Stelle befindet; die zwei schwarzen Querstreifen vor dem Außenrande stehen weiter auseinander und gegen die Wurzel befinden sich mehrere und deutlichere Wellenlinien. Die Hinterflügel sind hellaschgrau, kaum sichtbar dunkler gegittert, und die Unterseite ist durchaus heller, als die obere, gefärbt.

Die Raupe gleicht in der Gestalt der von C. Ligniperda, aber die Grundfarbe ist weißlich und über dem Rücken gelb. Der Nackenschild und die Nachschieber sind schwarz. Sie lebt im Pappel- und Aspenholze. Die Puppe gleicht der des C. **Ligniperda.** Je häufiger letztere auftritt, desto seltener ist C. Terebra. Flugzeit: Juni und Juli.

Zeuzera.

Aesculi (Roßkastanienspinner).

Taf. VIII., Fig. 6.

Die Raupe ist gelb, mit erhabenen, glänzenden schwarzen Punkten, auf deren jedem ein feines, kurzes Härchen steht, besetzt. Ueber dem Kopfe zeigen sich zwei schwarze Flecke; der Nackenschild ist breit, gewölbt und, so wie der vorletzte Ring, schwarz glänzend. Sie lebt in den Stämmen der Wallnuß, Kastanien, Aepfelbäume u. s. w. Flugzeit: Juli und August. Allenthalben, aber immer selten.

Limacodes.

Testudo.

Die Grundfarbe der Vorderflügel des Mannes ist meist dunkel ockergelb, mit feinen rostbraunen Stäubchen bestreut. Eine schwarzbraune Querlinie zieht vom Vorderrande schief gegen den Innenrand, und unweit von ihr eine zweite solche Linie gegen das Ende der Franzen, wodurch ein fast dreieckiges, braun ausgefülltes Mittelfeld entsteht, in welchem sich in der Flügelmitte ein runder, und am Innenrande ein länglicher Fleck von der Grundfarbe befinden. Hinter dem Mittelfelde, an der Flügelspitze, tritt die Grundfarbe wiederum ein, der Rand vor den Franzen und diese selbst nähern sich wieder dem Schwärzlichen. Die Hinterflügel sind dunkelbraun, nächst dem Körper meist gelb. Die Unterseite ist hoch ockergelb, die Vorderflügel führen in der Mitte schwarzbraunen Staub. Das Weib ist größer und hellockergelb gefärbt.

Die Raupe gleicht in der Gestalt einer kleinen Gartenschnecke, ist länglich rund, ihr Rücken gewölbt, die Seiten flach. Die Haut ist nackt, hart und hellgrün, die ganze Fläche mit erhabenen, glänzenden Knöpfchen bedeckt. Ueber dem Rücken laufen zwei weißliche, rothgelb gesäumte Längslinien, die Seiten sind gelb umrandet. Sie lebt, im Spätsommer, auf Eiche und Buche. Das Gespinnst gleicht einem eirunden Tönnchen, welches mit einem von außen nicht, von innen leicht zu öffnenden Deckel verschlossen ist. Flugzeit: Mai bis Juli. Allenthalben häufig.

Psyche.

Unicolor. (Graminella.)

Kopf, Rücken und Hinterleib sind rauhhaarig und schwarz; die Fühler starkkämmig. Die Farbe der ziemlich unbestäubten Flügel ist schwarz oder rußbraun. Die Vorderflügel führen einen weißlichen Streif und drei gelbliche Flecke. Das Weib ist flügellos.

Die einen Sack führende, etwas platte Raupe ist dunkelgrau, mit braunem Schilde auf dem letzten Ringe. Im Mai und Juni findet man sie auf Wiesen. In großer Menge ist sie sehr schädlich. Denn eine solche Menge frißt in einer Nacht mehrere Morgen Graswuchs so ab, als wäre er abgemäht. Sie wird aber auch an Bäumen angetroffen, an welchen sie zur Verpuppung ihren Sack befestigt. — Die Puppe des Mannes ist kastanienbraun, die des Weibes gelbbraun, auch ohne Flügelscheiden. Entwickelung im Juli. Allenthalben in Deutschland.

Pentophera.

Morio.

Der Körper ist schwarz, der Hinterleib wollig mit gelben Einschnitten. Die Flügel sind wie schwarzer Flor. Das Weib hat abgekürzte Flügel.

Die Raupe ist schwarz mit rostfarbigen Wärzchen und aschgrau behaart. Sie lebt, im April und Mai, auf dem Lolch (Lolium perenne) und überwintert. — Die Puppe ist gelb, der Länge nach schwarz gestreift, an den Flügelscheiden schwarzbraun und mit weißgrauen Haarbüscheln besetzt. Entwickelung: im Juni. Im südlichen Deutschland.

Orgyia.

Gonostigma.

Kopf, Rücken und Hinterleib sind dunkel braungrau, die Vorderflügel dunkelbraun, schwarzbraun gewölbt und gedunkelt, mit einem rothbraunen, weißgerandeten, fast viereckigen Fleck an der Wurzel, einem rothbraunen Fleck in der Mitte und mit einer, mehrere weiße Fleckchen führenden, breiten, kappenförmigen, am Vorderrande rothgelben Binde vor dem

Außenrande. Die Hinterflügel aber sind dunkelschwarzbraun und, wie die Vorderflügel, mit gelblichen, schwarz gescheckten Franzen versehen. Das viel größere und unförmliche Weib ist dunkelaschgrau, mit kaum merklichen Flügeln.

Die **Raupe** ist rothgelb gestreift, schwarz, mit weiß und gelb behaarten Wärzchen, so wie mit gelblichbraunen Haarbürsten und schwärzlichen Haarbüscheln besetzt. Der Bürsten zeigen sich vier auf dem Rücken, der Büschel zwei am Kopfe und einer über dem letzten Ringe. Sie lebt, im Mai, Juni und August, auf Eichen, Schlehen, Pflaumen, wilden Rosen, Erlen, Schwarzbeerstauden, Himbeeren und mehreren andern Pflanzen. In Menge ist sie eine schädliche Raupe. Zur Verwandlung umgiebt sie sich mit einem bräunlichen filzigen Gewebe. — Die **Puppe**, und zwar des männlichen Spinners, ist an den Flügelscheiden und längs des Rückens schwarzbraun, am Hintertheile ockergelb, die des weiblichen aber dicker und ohne Flügelscheiden, glänzend schwarz, mit rothgelbbraunen Einschnitten am Hintertheile. Entwickelung: nach 14 Tagen oder 3 Wochen. Flugzeit: Juli und Spätsommer. Allenthalben in Deutschland.

Antiqua. (Sackträger.)

Taf. VIII., Fig. 7. 8. 9.

Die **Raupe** lebt, vom Mai bis Herbst, als ein schädliches Insect, auf fast allen Arten von Bäumen und verwüstet sie durch ihre große Gefräßigkeit. Zur Verwandlung umgiebt sie sich mit einem gelbgrauen filzigen Gewebe. — Die **Puppe**, aus welcher der männliche Schmetterling erscheint, ist viel kleiner als die, aus welcher der weibliche hervorkommt. Sie ist konusförmig und endigt sich in eine längliche Spitze. Von Farbe aber ist sie gelb und schwarzbraun, und die Phaläne entkommt aus ihr in 14 Tagen bis 3 Wochen. Flugzeit: Sommer und Herbst. Allenthalben gemein.

Ocneria.

Dispar. (Dickopf.)

Taf. VIII., Fig. 10. 11.

Der Mann (Fig. 10.) ist sehr viel kleiner als das Weib. Er fliegt am Tage. Das Weib ist schmutzig weiß, die Vorderflügel mit verloschenen, geschlängelten schwärzlichen Streifen, mit einem schwarzen Punkte in der Mitte. Der Außenrand führt eine Reihe schwarzer Punkte.

Die **Raupe** (Fig. 11) lebt gesellig im Frühjahre und Sommer. In Menge gehört sie unter die schädlichen Raupen, da sie die Obstbäume verwüstet und kahl frißt. Auch wird sie auf Weiden, Pappeln und Eichen angetroffen. Findet sie aber auf den Bäumen nichts mehr zu fressen, so verschont sie weder Hecken noch Gras. — Die **Puppe** sieht schwarzbraun aus und ist mit gelben Härchen besetzt; es umgiebt sie ein grobes Gespinnst. Man findet sie an den Baumstämmen, Hecken, Wänden und Geländern. Der Spinner erscheint im Sommer und ist überall gemein.

Psilura.

Monacha. (Nonne.)

Taf. VIII. Fig. 12.

Außer der am meisten vorkommenden (Fig. 12.) abgebildeten Färbung erscheinen auch Varietäten, die sich entweder mit schwarzgrau und weiß gemischt oder in manchen Fällen ohne alles Weiß zeigen. Man nennt sie in diesem Falle: Var. Eremita.

Die Raupe ist längs des Rückens bräunlichgrün oder weißgrau und schwarz gemischt, auch wohl, wie im Uebrigen, schwarz; auf dem Leibe aber führt sie blau und roth behaarte Wärzchen, auf dem zweiten Ringe einen sammtschwarzen, hinterwärts bläulichen, an den Seiten weißgesäumten Fleck. Sie lebt — nicht selten in großer Menge und deshalb äußerst nachtheilig — gesellig im Juni, Juli und August, auf Föhren, Eichen, Apfelbäumen und noch andern Bäumen und umgiebt sich zur Verwandlung mit einem leichten Gewebe. — Die Puppe ist braunroth oder schwarzbraun, mit rothbraunen oder gelben Haarbüscheln besetzt. Entwickelung: in 14 Tagen oder 3 Wochen. Flugzeit: Juni bis August. Allenthalben gemein.

Panthea.

Coenobita.

Flügel weiß, mit schwarzen, unregelmäßigen und unterbrochenen Querbinden; der Körper ist weiß und schwarz gefleckt, der Hinterleib schwarz mit schmalen weißen Ringen.

Die Raupe ist braungrau, vom fünften bis elften Ringe auf dem Rücken schwarz mit gelblicher Mittellinie und rothgelben Längsstreifen an jeder Seite des Rückens, auf dem vierten und elften Ringe je ein braungrauer Haarzopf, die Einschnitte der Brustringe sind blau. Sie lebt im Herbst auf Nadelholz. Flugzeit: Mai. Nur in einigen Gegenden, aber auch da nur als Seltenheit.

Leucoma.

Salicis.

Alle vier Flügel sind weiß, seidenartig glänzend. Die Füße sind weiß und schwarz geringelt, die Fühler aber schwarz.

Die Raupe ist braungrau und ziemlich haarig und zwar von den Seiten aus, so daß der Rücken bloß ist. Dieser führt eine Reihe schildförmiger gelber oder weißer Flecke, zwischen rothgelben behaarten Wärzchen. Sie lebt, vom April bis Juli, auf der Weide und der Pappel und richtet in großer Menge vielen Schaden an. Sie überwintert. Zu ihrer Verwandlung zieht sie einige Blätter zusammen und umgiebt sich mit einem leichten Gewebe. — Die Puppe ist glänzend schwarz, mit weißen Flecken, Linien und Haarbüscheln. Entwickelung: in 3 bis 4 Wochen. Allenthalben in großer Menge.

Porthesia.

Chrysorrhoea. (Goldafter.)

In seiner Farbe ist dieser Nachtfalter weiß oder schmutzig weiß. Bei dem Weibe ist der Hinterleib am Ende gelb oder rostbraun, welches die Benennung Goldafter veranlaßt hat.

Die Raupe (sogenannte Nesterraupe) ist schwarzgrau und hierbei braunroth ziemlich stark behaart, auf dem Rücken aber mit zwei Reihen feuerfarbiger und an jeder Seite mit einer Reihe weißer Haarbüschel besetzt. Nach Entwickelung aus dem Ei ziehen die nesterweise vereinigt lebenden Räupchen sogleich einige Blätter mit ihrem Gespinnste zusammen und überwintern in diesem Nest, ohne selbst von dem stärksten Froste zu leiden. Es sind das die gewöhnlichen Raupennester an den Spitzen der Obstbäume, besonders der Pflaumen- und Kirschbäume. In Menge ist denn auch diese Raupe erwähnten und anderen Bäumen sehr schädlich, da sie dieselben kahl frißt; ihre Vernichtung also nothwendig. So wie aber die Raupen größer geworden sind, erweitern diese, und zwar im Frühjahre, ihr Nest. Es besteht aus vielen unregelmäßig gestalteten Kammern, in deren Wänden eine oder zwei Oeffnungen sind, die einen Saum haben und zum Durchgange dienen. Doch bleiben sie nicht darin bis zu ihrer Verwandlung, sondern leben schon einige Zeit vor dieser einzeln. Zu ihrer Verpuppung aber spinnen sie sich zwischen Baumblätter ein. Die Puppe ist schwarzbraun, mit scharfer Endspitze. Ueberall zu Hause. Flugzeit: Juni und Juli.

Laria.

V. nigrum. (Schwarzes V.)

Die Flügel sind schneeweiß, sehr fein beschuppt, die vorderen mit einem hakenförmigen schwarzen Striche, den man mit einem V vergleicht. Der grünliche Schimmer, den der Schmetterling im Leben zeigt, ist eine Wirkung des durch die dünnen Flügeladern scheinenden grünen Saftes und verliert sich, sobald er nach dem Tode vertrocknet.

Die Raupe ist über den Rücken schwarz, in den Seiten rostgelb, am Kopfe und After dicht und lang behaart; auf dem Rücken stehen acht Haarbüschel, wovon die drei mittleren rothgelb, die übrigen weiß sind. Sie lebt, nach der Ueberwinterung, im Mai, auf Eichen, Buchen und Linden und hat die Eigenschaft, bei der Berührung, durch das Zusammenziehen ihres Körpers, auf eine beträchtliche Strecke weit wegzuspringen. Zwischen einigen leicht zusammengezogenen Blättern wird sie zu einer, vorn sehr dicken, nach hinten zugespitzten, bläulichgrünen Puppe, mit drei gelben Rückenlinien und schwarzgesäumten Flügelscheiden. Flugzeit: Juni. In einigen Gegenden, aber nicht häufig.

Dasychira.

Pudibunda.

Taf. VIII., Fig. 13. 14. 15.

Die Raupe lebt, im Juli bis October, auf Eichen, Buchen, Haseln, Birken, Linden, Wallnußbäumen, Weiden und Pappeln. Zu ihrer Verwandlung umgiebt sie sich mit einem gelblichen, filzigen Gewebe. — Die Puppe ist schwarzbraun, hinten rothbraun, mit gelber Behaarung. Entwickelung: im nächsten Frühlinge. Nirgends selten.

Cnethocampa.

Processionea. (Prozessionsspinner.)

Der Körper ist braun und stark haarig. Die Vorderflügel sind graubraun mit einem dunkleren Streifen, die Hinterflügel gräulich weiß oder hellgrau. Der Mann hat gefiederte, das Weib fadenförmige Fühler. Auch führt ersterer hinten einen Haarbüschel.

Die Raupe (sogenannte Prozessionsraupe) ist weißgrau behaart, über dem Rücken schwarz, in den Seiten weißlich, mit zwei orangegelben Wärzchen auf jedem Ringe. Sie lebt im Mai und Juni und wohnt am Fuße der Eiche, von deren Blättern sie sich nährt, in einem gemeinschaftlichen Gewebe (Neste), welches von ansehnlicher Größe und beutelförmig gestaltet ist. Hier hält sich die Genossenschaft den Tag über auf und kommt nur gegen Abend heraus, um sich auf die Zweige der Eiche zu begeben, auf welcher sie die Nacht über verbleibt. Sie mag aber das Nest verlassen oder in dasselbe zurückkehren, so befolgt sie hierbei eine merkwürdige Ordnung. Eine Raupe führt die übrigen an. Ihr zunächst folgt eine einfache Reihe, ungefähr eine halbe Elle lang, so daß immer die hintere Raupe den Kopf nahe beim Schwanze der vorderen hat; dann kommt eine Reihe, die paarweise kriechen oder zu zwei Gliedern neben einander, hiernächst eine zu drei Gliedern, dann eine zu vier Gliedern u. s. w., bis keine mehr übrig ist. So wie die Anführerin sich bewegt, geschieht dies auch von dem Gefolge, so wie sie hurtig oder langsam kriecht, thun dies auch die übrigen Raupen. Stört man die Ordnung, so stellen sie solche sogleich wieder her, und nimmt man die Anführerin weg, so vertritt die folgende Raupe ihre Stelle. Auch verbreitet sich die Genossenschaft gliederweise über die Zweige des Baums. Wo sie aber hinkommt, spinnt sie Fäden; der Baum, den sie bekriecht, ist gleichsam mit denselben tapeziert. — Diese Raupe ist aber auch durch ihre Freßbegierde, sowie durch ihre scharfe Ausdünstung oder eigentlich den Abwurf ihrer Haare ein sehr schädliches Wesen. Denn dieser Haarabwurf erregt, wenn man davon betroffen wird, ein beschwerliches Jucken und eine schmerzhafte Geschwulst. Hat man gar das Unglück, ihn zu verschlucken, so muß man ohne Errettung, unter den fürchterlichsten Schmerzen, sterben. Man gebrauche daher gegen diese Raupe alle Vorsicht und gehe nicht unter einem solchen Baume hinweg, der ihr und ihren Genossen zum Aufenthalte dient. — Bei ihrer Verwandlung umgiebt sie sich mit einem röthlich braunen, filzigen Gewebe. — Die Puppe ist ockergelb, mit zwei kurzen Endspitzen. Entwickelung: in 4—5 Wochen. Der Schmetterling erscheint im Herbst.

Pityocampa.

Die Farbe seines Körpers ist aschgrau, die seiner Vorderflügel weißgrau und graubraun wolkig, letztere mit zwei schwärzlichgrauen Querstreifen, einem in der Mitte befindlichen schwärzlichen Strichchen oder Fleckchen, einer schwarzgrauen kappenförmigen Querlinie und einer weißlichen Wellenlinie vor dem Außenrande. Die Hinterflügel sind weißlich, mit einem verloschenen schwärzlichgrauen Wische am Innenwinkel.

Die Raupe ist längs oben blauschwarz oder schwärzlich grau, längs unten weißlich, mit einem braungelb behaarten Querwulst auf jedem Ringe und weißgrauen Haarbüscheln in den Seiten. Sie lebt vom März bis Mai als Processionsraupe auf Kiefern, Fichten und Tannen, und fast ganz so, wie die des Processionea. Eine einzige Kolonie ist oft so zahlreich, daß sie den Baum, den sie anfällt, kahl frißt, ja daran nicht genug hat und auf den danebenstehenden ihre Morgen- und Abendprocessionen anstellt. Stört man ihre Procession, so sterben sie, weil sie ohne diese Ordnung nicht fressen. Zu ihrer Verwandlung umgiebt sie sich mit einem festen braunröthlichen Gewebe. — Die Puppe ist rothgelb, an den Flügelscheiden bräunlich, am Kopfe zugespitzt, am Schwanzende mit zwei Spitzen. Entwickelung: in 4—6 Wochen. Flugzeit: Mai und Juni. In mehreren Gegenden Deutschlands.

Bombyx.

Populi.

Fühler schwarzgrau, Kopf und Halskragen weißlich gelb, bräunlich gemischt, Rücken und Hinterleib graubraun, die Flügel dünn beschuppt, die vorderen schwarzgrau, an der Wurzel rostbraun, mit zwei geschwungenen gelblichen Querstreifen, die hinteren heller, mit einer verloschenen weißlichen Binde. Die Unterseite ist aschgrau mit einer weißlichen, einwärts scharf begrenzten Binde, die Franzen auf beiden Seiten gelblich und braun gescheckt.

Die Raupe ist bald heller, bald dunkler grau, fein behaart, mit einem gewürfelten, braunen oder schwärzlichen Rückenstreife und vier rothgelben erhabenen Punkten auf jedem Gelenke. Sie lebt im Mai und Juni auf Obstbäumen, Eiche, Birke, Aspe, Linde, Weißdorn und Rosen. In einem festen, erdartigen Gehäuse wird sie zu einer schwarzbraunen, am Hinterleibe braunrothen Puppe, die zu Ende des Septembers bis Anfang November den Schmetterling liefert, welcher allenthalben zu Hause und nicht selten ist.

Neustria. (Ringelspinner.)

Die Farbe des Körpers und der Flügel ist meist ein blasses Ockergelb, seltner rothbraun. Ueber die Vorderflügel hinweg zieht sich eine dunklere Binde. Auch bemerkt man Franzen, die heller und dunkler gefleckt sind. Die Fühler sind beim Manne stark, beim Weibe schwach gekämmt. Ungeachtet der Schmetterling seine vielen Eier so fest anklebt, daß man sie kaum mit dem Messer losbringen kann, so vermag dennoch eine kleine fast unsichtbare Fliege mit ihrem Legestachel einzudringen. Sie legt nämlich in jedes dieser Eier eines der ihrigen, und so kommen dann anstatt der schädlichen Raupen ganz unschädliche Fliegenlarven aus diesen Eiern.

Die Raupe (sogenannte Ringelraupe) ist erwachsen oft schön hellblau, längs dem Rücken aber mit einem weißen Streif, an jeder Seite mit drei feuerfarbenen Streifen gezeichnet. Sie heißt dieser Färbung wegen auch die Livreeraupe. Es kann aber eine Ringelraupe auch graustreifig sein. Sie lebt auf Obstbäumen, Schlehe, Pappel, Birke, Eiche, Rüster und Weißbuche. Sie ist eine der schädlichsten Raupen. Sie kommt sehr zeitig im Frühjahre aus und spinnt sich mit anderen ein gemeinschaftliches Nest; gegen Johannis aber verwandelt sie sich und umgiebt sich an Bäumen, Hecken oder Sträuchern mit einem eirunden weißlichen Gewebe. Am Ende des Juli erscheint aus ihrer Puppe, die gelb gepudert dunkelbraun ist, der Schmetterling. Flugzeit: Juli. Überall in Menge.

Lanestris.

Kopf, Rücken und Hinterleib sind dunkelroth, der After des Weibes weißlich untermischt dunkelgrau. Die Vorderflügel sind rothbraun, mit weißer Bestäubung am Außenrande und mit zwei weißen Flecken, der eine an der Wurzel, der andere in der Mitte des Flügels, auch mit einem weißen, etwas krummlichen Querstreife gegen den Außenrand. Die Hinterflügel sind blässer und schwächer in ihrer Bestäubung, mit einer weißlichen Binde durch die Mitte.

Die Raupe ist schwarzblau oder schwarzbraun, mit zwei Reihen behaarter, rothgelber Wärzchen längs des Rückens und drei weißen Punkten zur Seite an jedem Ringe. Sie lebt gesellig, im Mai und Juni, auf Schlehe, Pflaume, Kirsche, Birke, Linde, Weide, Hagedorn u. s. w. Die Verpuppung geschieht in einem topfförmigen Gehäuse mit einem Deckel, der sich nur von Innen leicht aufstoßen läßt, wie bei Lim. Testudo. Die Puppe ist ockergelb und braun gemischt. Entwickelung: Herbst. Nirgends in Deutschland selten.

Rimicola. (Catax.)

Die Fühler sind röthlichgrau, Kopf, Rücken und Hinterleib beim Manne wie die Flügel gefärbt, letzterer beim Weibe dunkelbraun, mit dickem, aschgrau, wolligen Afterbarte.

Die Flügel sind auf beiden Seiten fast ziegelbraun, gegen den Außenrand heller und schwächer beschuppt, mit einem weißen Punkt in der Mitte der Vorderflügel.

Die Raupe lebt im Mai und Juni (in der Jugend gesellig) auf Eiche. Sie ist dünn behaart, blau oder aschgrau, mit breitem braunen Rückenstreife, der auf beiden Seiten erst schwarz, dann weiß gesäumt ist und auf jedem Gelenke, vom vierten bis zum zehnten, zwei rothgelbe behaarte Wärzchen führt. Der Kopf ist schwarz. Das Gewebe ist eirund, glatt, sehr fest, gelbgrau oder bräunlich, die Puppe an beiden Enden abgestumpft und hellbraun. Der Schmetterling erscheint im September und October, zuweilen auch erst nach 2—4maliger Überwinterung, allenthalben in Deutschland.

Trifolii.

Die Fühler sind braun, mit hellgelbem Schafte, Kopf, Rücken und Hinterleib rostbraun, die Flügel ebenso; ihre Staubfedern sind fein und glatt aufliegend. Auf den vorderen steht in der Mitte ein weißes, dunkler gerandetes Fleckchen, gegen den Außenrand ein hellgelber, auf beiden Seiten scharf abgeschnittener gebogener Streif und an der Wurzel zuweilen eine gelbliche, verloschene Makel. Die Hinterflügel sind einfarbig und die Franzen etwas wellenförmig. Die Unterseite ist rothbraun, mit gelblicher, gebogener Querbinde.

Die Raupe ist schlank und geschmeidig, der Kopf ist oraniengelb, der ganze Leib mit weichen, sammtartigen, gelben Filzhaaren besetzt, mit einem schmalen abgesetzten, blaßgelben Seitenstreife und breiten, bläulichweiß gefleckten Einschnitten. Sie lebt, nach Überwinterung, bis in den Juni, auf Wiesenklee, Sichelklee, Wegerich und anderen niederen Gewächsen. Das Gewebe ist walzenförmig, an beiden Enden abgerundet, röthlichgelb, die Puppe durchaus hellbraun. Flugzeit: Juli und August. In den meisten Gegenden einheimisch.

Quercus. (Quittenvogel.)

Taf. VIII., Fig. 16.

Der Mann ist viel kleiner als das Weib, auch verschieden von diesem in der Farbe. Ersterer ist nämlich am Körper und den Flügeln kastanien- oder rothbraun, letzteres ockergelb (Taf. VIII., Fig. 16.); die Flügel beider haben aber eine hellgelbe Binde und auf jedem der Vorderflügel einen weißen Fleck.

Die Raupe ist graugelb behaart, schwarz geringelt, weiß punktirt, mit weißem Seitenstreif und gleichfarbigen Schrägstrichchen von diesem Streife ab. Sie lebt auf Eiche, Weide, Birke, Hagedorn, Schlehe, Hainbuche und Ginster. Sie überwintert und kommt in gelinden Tagen des Frühjahrs zum Vorschein, wo sie die Baumknospen abfrißt. Im Mai und Juni findet man sie ausgewachsen. Sie ist der inneren Fäulniß, sowohl im Freien als im eingeschlossenen Raume, leicht ausgesetzt. Beim Angreifen rollt sie sich zusammen. Zur Verwandlung macht sie ein gelbbraunes oder aschgraues filziges Gewebe. -- Die Puppe ist schwärzlich, am Hinterleibe braun mit helleren Einschnitten. Entwickelung: nach 3 oder 4 Wochen. Flugzeit: Juli und August. Nirgends selten.

Rubi. (Vielfraß.)

Körper und Flügel sind bei dem Manne röthlichbraun, bei dem viel größeren und dickeren Weibe bräunlichgrau. Beide führen zwei weißliche Querbinden auf den Vorderflügeln.

Die Raupe ist schwarz oder schwarzbraun, dabei rothbraun behaart. Sie ist gesellig und lebt, im Herbst und April, auf Brombeeren. Sie frißt jedoch, was ihr nur für Blätter vorkommen, sogar dürre, angefeuchtete Blätter, bleibt den Winter über in Erstarrung unter Blättern, Moos, Rasen u. dgl. liegen und verwandelt sich erst im kommenden Frühjahr, sich mit einem länglichen, schwärzlich grauen Gewebe umgebend. Die Puppe ist schwarzbraun, mit rothbraunen Einschnitten. Entwickelung: in 3—4 Wochen. Flugzeit: Juni. Allenthalben häufig.

Lasiocampa.

Potatoria. (Graselephant.)

Taf. IX., Fig. 1.

Die Raupe ist schwarzbraun, kurz behaart, in den Seiten gelb gestreift und mit weißen Haarbüscheln besetzt. Auf dem zweiten und vorletzten Gelenke steht ein schwarzer, oben zugespitzter Haarbüschel. Sie lebt im Mai und Juni auf verschiedenen Grasarten. Das Gewebe ist länglich, weich, aber dicht, mit Haaren vermischt; die Puppe schwärzlich braun. Der Schmetterling erscheint im Juli und August und ist nirgends selten.

Pruni. (Feuerglucke.)

Die Fühler sind bräunlich, Kopf und Halskragen braunroth, Rücken und Hinterleib rothgelb, die Flügel gezähnt, die vorderen rothgelb, dunkler gewölbt, mit zwei schwarzbraunen fast geraden Querlinien und verloschenem rostbraunen Streife vor dem Außenrande. In der

Mitte steht ein weißer, meistens länglichrunder Fleck. Die Hinterflügel sind rothgelb, mit einem verblichenen dunkleren Schattenstreife. Die Unterseite ist heller gefärbt, mit rostbrauner Querbinde und gleichfarbigem, blaugrau bestäubten Schatten an der Spitze der Vorderflügel, die hinteren mit undeutlichem, rostbraunen Zackenstreife und gleichfarbiger Binde, welche vom Vorderrande nur bis zur Mitte reicht.

Die Raupe ist sehr schlank und lang gestreckt, bläulichgrau mit gelblichen Längslinien und weißlichen, zuweilen verblichenen Flecken. Auf dem dritten Gelenke steht ein rothgelber Querstreif und auf dem vorletzten ein kurzbehaarter Zapfen. Die Nachschieber sind aus einander gesperrt und hinten weggestreckt. Man findet sie erwachsen im Mai und Juni auf Pflaume, Schlehe, Aprikose, Linde, Birke, Erle, Eiche u. s. w.

Das Gewebe ist gelblich und fest, die Puppe an den Flügelscheiden schwarz, am Hinterleibe dunkelbraun. Der Schmetterling fliegt im Juli und August, ist aber ziemlich selten.

Pini. (Fichtenspinner.)

Taf. IX., Fig. 2.

Die Raupe ist aschgrau oder fleischfarbig, mit aschgrauen oder fuchsrothen Haaren besetzt und über den Rücken braun liniirt, auch in den Seiten braun gestreift. Ihr vorletzter Ring hat einen stumpfen Zapfen, ihr Kopf ein braunes Halsband. Zwischen ihrem zweiten und dritten Ringe führt sie rundliche dunkelblaue Flecke, auch zwischen beiden oft einen weißen, mit silbergrauen Haaren besetzten Fleck. Sie ist gesellig und lebt, im Mai und Juni, auf Nadelholz. Die Puppe ist schwarzbraun mit rothen Einschnitten. Flugzeit: Juli. In den meisten Gegenden. In Menge sehr schädlich.

Quercifolia. (Kupferglucke.)

Taf. IX., Fig. 3. 4.

Die Raupe kriecht noch vor dem Winter aus dem Ei, wird im Herbste 1—$1^1/_2$ Zoll lang, lebt an den Baumstämmen oder unter dem herabgefallenen Laube auch im Winter, jedoch erstarrt; dann aber im Mai und Juni, und zwar auf Obstbäumen, Faulbaum, Weide Eiche und Schlehe. Sie ist in Menge den Obstbäumen sehr schädlich, denn sie kommt im Winter bei gelinder Witterung oder bald im Frühjahre hervor und frißt die Knospen ab. — Bei ihrer Verwandlung umgiebt sie sich mit einem länglichen, dichten, schwarzgrauen, von einem weißlichen Staube durchdrungenen Gewebe. — Die Puppe ist aschgrau, bläulich bestäubt. Der Schmetterling kommt zu Ende des Juni und Juli zum Vorschein und ist nirgends selten.

Populifolia.

Dem Vorigen sehr ähnlich, jedoch sind die Vorderflügel schmaler und weniger abgerundet. Die Grundfarbe ist mehr gelbbraun oder lederfarbig.

Auch die Raupe ist derjenigen des Quercifolia äußerst ähnlich und unterscheidet sich nur durch eine standhaft hellaschgraue Grundfarbe. Verwandlung und Puppe wie bei dem Vorhergehenden. Flugzeit: Juni. Ueberall nur als Seltenheit.

Betulifolia.

Gestalt, wie die beiden vorhergehenden Arten, nur um die Hälfte oder mehr kleiner. Kopf, Rücken und Hinterleib rostfarbig. Die Vorderflügel ebenso gefärbt, vor dem Außenrande aschgrau angeflogen. Zwei schwärzliche, abgesetzte Querstreifen, die sich am Innenrande gegeneinander neigen, ziehen durch die Mitte und zwischen ihnen steht ein gleichfarbiges Mondstrichchen. Vor dem Außenrande zeigt sich eine, meist verloschene, dunklere Fleckenreihe. Die Hinterflügel sind rostfarbig, am Außenrande schwärzlich schattirt, mit schwarzbraunem Querstreife. Der Saum aller Flügel ist rostbraun, kappenförmig und läuft in die weißen Franzen aus. Auf der Unterseite sind die Vorderflügel rostroth, an der Wurzel gelblich, am Außenrande grau, mit zwei schwarzbraunen Querbinden, bisweilen zeigt sich auch nur eine. Die hinteren aschgrau, am Außenrande rostbraun schattirt, mit schwarzem Querstreife durch die Mitte.

Die **Raupe** ist bläulich-, gelblich- oder röthlichgrau, meist einfarbig, zuweilen mit einigen rostgelben oder graubraunen Strichen oder Linien. Auf dem zweiten und dritten Gelenke steht je ein rothgelber Querstreif, der an beiden Enden einen schwarzen Fleck und in der Mitte ein oder zwei gleichfarbige Pünktchen führt. Der Kopf ist röthlich- oder schwarzbraun, der Leib kurz-, in den Seiten länger und büschelweis behaart: auf dem vorletzten Ringe steht ein kurzbehaarter Zapfen. Sie lebt auf Eiche, Birke, Esche, Schwarzpappel u. s. w. vom Juli bis in den Herbst. Das Gewebe ist gelblich, von röthlichem Mehlstaube durchdrungen, womit auch die an sich schwarzblaue Puppe bedeckt ist. Flugzeit: Mai und Juni. Allenthalben in Deutschland nicht selten.

Ilicifolia.

Größe und Gestalt wie bei dem Vorhergehenden. Farbe der Flügel mehr dunkelgraubraun mit bläulichgrauem Schiller.

Die **Raupe** ist sehr geschmeidig, lang gestreckt, über den Rücken kurz-, in den Seiten länger behaart, mit behaartem Zapfen auf dem vorletzten Abschnitte. Ihre Grundfarbe ist rostbraun, mit zwei großen weißen Punkten auf jedem Gelenke, welche einwärts durch eine schwarze Mittellinie, die sich nach ihnen ausbreitet, gerandet sind. Auf dem zweiten und dritten Ringe steht ein rothgelber, an beiden Seiten schwarzpunktirter Querstreif und über den Füßen ist sie grau. Der Kopf bräunlichgrau und rostfarbig behaart. Eine Abänderung führt über den Rücken rothgelbe, von schwarzen Querlinien unterbrochene Flecke, welche durch eine schwarze Mittellinie verbunden und auf beiden Seiten in beträchtlicher Breite weiß eingefaßt sind. Ueber den Füßen steht ein blaugrauer Streif. Ihre Nahrung ist: junge Saalweiden und Heidelbeeren. Sie lebt vom Juni bis August. Gewebe und Puppe wie bei Betulifolia. Flugzeit: Mai. Vaterland: Sachsen, Thüringen und Schwaben. Nicht häufig.

Endromis.

Versicolora. (Scheckflügel.)

Taf. IX., Fig. 5.

Bei dem viel größeren Weibe ist die Grundfarbe weißlich und kaffeebraun verwischt.

Die **Raupe** ist in ihrer ersten Lebenszeit schwarz und fein behaart, nach der letzten

Häutung aber, bei ansehnlicher Größe, grün, über den Rücken weißlich, seitwärts mit gelblichen Schrägstrichen, jedoch die drei ersten Ringe ausgenommen, die eine gelbliche Linie in gerader Richtung führen. Auf dem letzten Absatze hat sie eine stumpfe, pyramidenförmige Erhöhung. In der Ruhe zieht sie den Kopf in sich; vor der Verwandlung wird sie braun. Sie ist gesellig und lebt, im Juni und Juli, auf Birke, Erle und dem Haselstrauche. Ihre Verwandlung erfolgt in einem pergamentartigen Gewebe über der Erde, unter Moos. Die Puppe ist dunkelschwarz, mit spitzen Häkchen am Hinterleibe und mit einer krummen, stachlichen Endspitze. Entwickelung: im März und April. In den meisten Gegenden Deutschlands, mehr oder weniger selten.

Saturnia.

Pyri. (Wiener Nachtpfauenauge.)

Der größte einheimische Spinner. Die Fühler sind ockergelb, Kopf und Rücken schwärzlichbraun, der Halskragen weiß, der Hinterleib schwarzbraun und weißgrau geringt. Die Vorderflügel sind weißgrau, an der Wurzel und vor dem Außenrande schwarzbraun. Ein schwarzbrauner, einwärts rothgesäumter, nicht bis zum Vorderrande reichender, schiefer Querstreif steht gegen die Wurzel und ein gelber, beiderseits rothgerandeter Zackenstreif zieht sich, in schiefer Richtung, von der Flügelspitze nach dem Innenrande. Die Hinterflügel sind von der Wurzel aus röthlichgrau gefärbt; zwei schwarzbraune Wellenstreifen stehen an derselben und eine rothgraue, einwärts dunkler gesäumte Zackenlinie begrenzt ein schwarzbraunes Feld vor dem Außenrande. Der Saum aller Flügel ist breit, gelb, nach außen braungrau vertrieben. In der Mitte eines jeden Flügels steht ein schwarzer Augenfleck, mit einem weißen durchsichtigen Mondstriche und einer braungrauen Einfassung, welche nach Innen erst weiß, dann roth gerandet ist. Das Ganze wird durch einen schwarzen Ring begrenzt.

Die Raupe ist, erwachsen, gelbgrün, in den Seiten dunkler, mit sechs hellblauen, zuweilen rosenrothen, sternförmigen, mit steifen Borsten und zwei langen, am Ende kolbigen Haaren besetzten Erhöhungen. Ueber der Schwanzklappe und auf jedem der Nachschieber steht ein hochrother Fleck und eben so sind die Luftlöcher gefärbt. Sie lebt, im Juli und August, auf Birne, Pflaume und anderen Obstbäumen, auch auf Rüster. Das Gewebe ist gewöhnlich dunkelbraun, zuweilen weißgrau und besteht äußerlich aus groben Fäden, sonst ist es pergamentartig, am hintern Ende rund, gegen das vordere verengt, mit einer fischreusenförmigen Oeffnung. Die Puppe ist an den Flügelscheiden schwarz, übrigens schwarzbraun, mit rothbraunen Einschnitten und einer kurzen borstigen Endspitze. Flugzeit: Mai. Bei Wien und in manchen andern süddeutschen Gegenden keine Seltenheit.

Spini. (Mittleres Nachtpfauenauge.)

Beträchtlich kleiner, als der Vorhergehende. Kopf und Rücken schwarzbraun, Halskragen weiß, Hinterleib dunkelaschgrau, mit weißen Einschnitten. Die Flügel sind schwarzgrau, mit breitem, weißlichen, graubraun schattirten Saume. Der Vorderrand der vorderen ist weißgrau und führt im Außenwinkel eine rothe, weiß bestäubte Makel. Von ihr läuft ein weißlicher, auf beiden Seiten schwärzlich gesäumter, stark gezackter Streif in schiefer Richtung nach dem Innenrande, so daß er **hinter** dem Augenflecke der Hinterflügel auf den zweiten Querstreif derselben trifft. Vor der schwarzgrau gefärbten Wurzel steht eine weißliche, auswärts erst roth-, dann schwarzbraun begrenzte, gerade Binde, welche nicht bis zum Vorderrande reicht. Die Hinterflügel sind wie bei Sat. **Pyri**, nur abstechender, gezeichnet. Der Augenfleck steht in einem weißlichen, zuweilen röthlich angeflogenen Felde und ist wie bei der vorhergehenden Art gestaltet, aber der erste Ring ist ockergelb, einwärts erst dunkelroth, dann bläulichweiß gerandet. Die Unterseite ist heller, als die obere, aber ebenso gezeichnet; im Außenwinkel der Hinterflügel steht immer ein runder weißer, zuweilen roth angeflogener Fleck. Mann und Weib unterscheiden sich nur durch die Fühler und die Gestalt des Hinterleibes.

Die Raupe lebt, im Mai und Juni, auf Schwarzdorn, dem wilden Apfelbaume, Rüster und wilden Rosen. Sie ist schwarz mit stahlblauen, nach der letzten Häutung aber goldgelben, sternförmigen Knöpfen. Das Gewebe ist wie bei Sat. **Pyri**, braun oder weißlich, die Puppe länger gestreckt und spitziger. Die Entwickelung geschieht im Mai, sehr oft, wie auch bei **Pyri**, erst nach dem zweiten Winter. Im südlichen Deutschland.

Pavonia. (Carpini.) (Kleines Nachtpfauenauge.)

Taf. IX., Fig. 6. 7. 8.

Wie in der Größe, so auch in der Farbe verschieden zeigen sich Mann und Weib. Der Mann ist auf Taf. IX., Fig. 6. abgebildet. Beim Weibe sind Kopf und Rücken grau, der Hinterleib aber röthlich grau. Die Grundfarbe der Vorderflügel und auch die der Hinterflügel ist röthlich grau; es sind letztere wie erstere bräunlichgrau verloschen gefleckt. Jeder der auf den vier Flügeln befindlichen großen Augenflecke erhebt sich in schwarz und weißlicher Färbung auf größerem, weißlichen Fleck. Alles Übrige ist wie bei dem Manne.

Die Raupe lebt, im Juni und Juli, auf Schwarzdorn, Erle, Eiche, Hainbuche, wilden Rosen, Haide, Erdbeerenkraut. Ihre Verwandlung ist wie bei den beiden vorhergehenden Arten. Die Puppe ist im Verhältniß zur Raupe nur klein. Sie ist schwarzbraun, am Kopfe grünlich. Sie krümmt das Schwanzende dergestalt, daß der Leib oben erhaben, unten hohl ist. Ihre Entwickelung erfolgt im Mai. Nirgends selten.

Aglia.

Tau. (Nagelfleck.)

Die Vorderflügel sind nicht gerundet und laufen am Außenrande oben in eine Spitze aus. Die Farbe der Flügel ist beim Manne rothgelb, beim Weibe ockergelb; und in der Mitte aller vier Flügel, sowohl beim ersteren, als beim letzteren steht ein schöner violetter Augenfleck mit einer kleinen weißen Zeichnung, die einem Nagel oder einem T ähnelt. Der Mann hat schön gefiederte Fühler.

Die Raupe ist bis zur dritten Häutung dornig, dann über den ganzen Rücken höckerig, mit sieben weißlichen, schrägen Seitenstrichen und einer weißlichen Längslinie unter den dunkelrothen Luftlöchern. Sie lebt, im Juni bis in den August, auf Rothbuche, Eiche, Hainbuche, Birke, Linde, Hasel und wildem Äpfel- und Birnbaum, und verwandelt sich in einem lockeren Gewebe in der Erde oder unter Moos. — Die Puppe ist rauh, länglich rund, schwarzgrau, am Ende platt und mit Häkchen versehen. Entwickelung: im April und Mai. In den meisten Gegenden Deutschlands nicht selten.

Platypterix.

Falcataria. (Falcula.) (Sichelflügel.)

Taf. IX., Fig. 9.

Die Raupe ist blaßgrün, auf dem Rücken rothbraun, mit einem dunkeln Strich beim Anfange eines jeden Ringes. Der Kopf ist bräunlichgelb. Sie lebt, im Mai und im September, auf der Birke, Erle, Zitterpappel, Weide, Eiche, und verwandelt sich in einem Gewebe zwischen Blättern. — Die Puppe ist braun, auf den Flügelscheiden dunkler; am Kopfe führt sie zwei Spitzen oder Häkchen. Entwickelung: Mai und Juli. Allenthalben in Deutschland nicht selten.

Lacertinaria. (Lacertula.)

Kopf und Rücken sind hellbraun, der Hinterleib ist weißgrau. Die sichelförmig ausgeschnittenen und tief gezähnten Vorderflügel haben bald eine mehr weißgrüne, bald mehr weißbraune Farbe, mit zwei braunen Querlinien in der Mitte und einem schwarzen Punkte gegen den Vorderrand. Die Hinterflügel sind weiß mit braunröthlichem Schimmer, braunen Franzen und einem zarten Mittelpunkte.

Die Raupe ist walzenförmig und höckerig, mit scharfer Afterspitze, welche sie in der Ruhe in die Höhe richtet; von Farbe aber sie ist braun, bisweilen in den Seiten oder auch überall mit Grün überfärbt. Sie lebt, im Mai und im September, auf der Birke. Ihre Verwandlung geschieht in einem dünnen Gewebe zwischen Blättern. — Die Puppe ist schlank, weiß und mit einem festanhängenden Staube umgeben. Die Phaläne erscheint im Mai und Juli. Allenthalben häufig.

Cilix.

Spinula.

Taf. IX., Fig. 10.

Die Raupe ist nackt, heller oder dunkler rostbraun, mit tiefen Einschnitten. Sie lebt, im August und September, auf Schlehe. Ihre Verwandlung erfolgt in einem Gewebe zwischen Blättern. — Die Puppe ist länglich, vorn braun, hinten blau, und entwickelt sich Mai bis Juli. Allenthalben — in gebirgigen mit Schlehe bewachsenen Gegenden — nicht selten.

Harpyia.

Bicuspis.

Die Fühler sind gekämmt, beim Manne stärker, schwarz, mit weißem Schaft, die Füße schwarzblau und weiß geringt, Kopf und Halskragen weiß, zwischen beiden steht in der Mitte ein schwarzes Pünktchen. Der Rücken ist schwarzblau und rothgelb gefleckt, der Hinterleib unten weiß, oben schwarzgrau, mit weißlichen Ringen, in den Seiten schwarz punktirt. Die Vorderflügel sind milchweiß, dicht beschuppt, an der Wurzel steht ein schwarzer Punkt, hierauf eine Querreihe von vier bis fünf schwarzen Punkten, dann eine schwarze, weiß und gelblich bestäubte, auf beiden Seiten erst schwarzblau, dann rothgelb gerandete Binde, welche am Vorderrande schmal, am Innenrande um Vieles breiter und auf beiden Seiten busig eingeschnitten ist. Gegen die Spitze zeigt sich ein schwarzer, weißbestäubter Fleck, der auswärts nicht scharf begrenzt ist, einwärts aber durch eine schwarze dreizackige Linie, welche nach der Wurzel zu rothgelb gerandet ist und am Innenrande mit der Binde zusammenfließt. Im Mittelraume befinden sich zwei schwarze, mehr oder weniger deutliche, zackige Parallellinien, ein schwarzer Punkt und unter diesem einwärts ein gleichfarbiges Strichchen. Der Außenrand führt eine Reihe schwarzer Punkte. Die Hinterflügel sind milchweiß, mit schwarzen Randpunkten, einem verloschenen schwärzlichen Mittelfleck und einem kaum sichtbaren dunklen Schattenstreife, der sich im Innenwinkel in einem schwarzbraunen Fleckchen endigt. Auf der Unterseite sind die Vorderflügel bis auf den weißen, schwarzpunktirten Außenrand schwärzlichgrau, hier und da heller gemischt, mit den verloschenen Zeichnungen der Oberseite; — die hinteren weiß, mit schwarzgrauem Mittelfleck und Randpunkten.

Die Raupe lebt, im August und September, auf Birke. Ihr Kopf ist gelbbraun mit zwei großen schwarzen Flecken oben an den Seiten. Ueber denselben steht ein rothbrauner, auf beiden Seiten weiß eingefaßter Fleck in Gestalt einer Pyramide oder eines gleichschenkligen Dreiecks, dessen Seitenlinien länger sind als die Basis, — er erstreckt sich über das erste und zweite Gelenk und endigt sich in einer Erhöhung, die einem Knöpfchen ähnelt. Auf dem vierten Ringe beginnt ein Rückenfleck, der mit dem ersteren nicht zusammenhängt; er ist am Anfange spitz und erweitert sich allmälig auf jedem Gelenke bis zum siebenten, wo er sehr breit wird, so, daß er die Luftlöcher der Seiten berührt. Von da verengt er sich wieder bis zum vorletzten Ringe, wo er sich etwas ausdehnt und endigt sich zwischen zwei Schwanzspitzen, welche lang und dornig sind, in einem schwarzen glänzenden Schildchen. Seine Farbe ist schön rothbraun, auf dem fünften und siebenten Absatze seitwärts gelb gefleckt und mit einer weißen Linie eingefaßt, welche bei dem siebenten Gelenke unterbrochen ist. Die Farbe des übrigen Körpers ist hellgrün. Das Gewebe ist fest und hart, die Puppe braun. Flugzeit: Juni. In mehreren Gegenden, als große Seltenheit.

Bifida.

Dem Vorhergehenden sehr ähnlich, nur ist das Weiß der Grundfarbe weniger rein und ist die ebenfalls vorhandene breite Binde nach dem Außenrande zu bogig eingeschnitten. Der äußere Raum bis zu dem schwarzpunktirten Außenrande ist hellgrau bestäubt, wodurch namentlich sich diese Art von der vorhergehenden standhaft unterscheidet.

Die Raupe ist erwachsen papageigrün, der Kopf glänzend röthlichgrau, meistens in den ersten Ring zurückgezogen. Der Nackenschild hat die Gestalt einer abgestumpften Pyramide, ist violett und erst rothbraun, dann gelb, wellenförmig gesäumt; er erstreckt sich bis zu Ende des zweiten Ringes und wird durch eine weißliche Linie, um welche noch einige weißliche Punkte stehen, der Länge nach getheilt. Der Rückenfleck beginnt zu Ende des dritten Ringes, berührt den Nackenfleck nicht, ist violettbraun, in den Seiten, besonders auf dem siebenten Gelenke, gelb gefleckt, erst von dunkelrothbraunen, dann von gelben, kappenförmigen Linien eingefaßt. Durch die Mitte zieht eine Linie und zu beiden Seiten derselben sind Punkte von dunklerer Farbe, als der Grund. Auf dem letzten Ringe stehen zwei weißliche Halbmonde, die hohle Seite nach hinten gekehrt. Der ganze Leib ist mit zarten gelben, violettroth eingefaßten Punkten besetzt; die Luftlöcher sind gelb und dunkelrothbraun gesäumt, die Brustfüße gelbgrün, roth gefleckt, die Mittelfüße grün, roth gefleckt und geringt. Zwischen den blaßgrünen, roth gedornten Gabeln stehen über der Schwanzklappe zwei steife schwarze Dornen. Das Gewebe ist, wie bei den verwandten Arten, am Stamme, oder einem Aste des Baumes, von abgenagten Holzspänen zusammengeleimt, die Puppe hellbraun. Flugzeit: Juni, zum zweiten Male im August. In den meisten Gegenden Deutschlands.

Erminea. (Weißer Hermelin.)

Er hat mit dem Nachfolgenden viele Aehnlichkeit; doch ist er etwas kleiner. Sein Hinterleib ist ganz schwarz und nur die Endspitze weiß. Die Flügel sind mehr bestäubt, die Vorderflügel weiß mit schwarzen Wellenlinien, die Hinterflügel weißlich und, außer einem mondförmigen Fleck in der Mitte, ohne Zeichnung.

Die Raupe hat die Größe und Gestalt der des Harp. Vinula. Sie ist aber anders, nämlich violett von Farbe, und lebt, vom Juni bis Herbst, vorzüglich auf der Aspe. Ihre Verwandlung geschieht an den Stämmen der Bäume. — Die Puppe ist hellbraun und wie die des Harp. Vinula gestaltet. Flugzeit: Mai und Juni. In den meisten Gegenden Deutschlands, aber immer selten.

Vinula. (Gabelschwanz.)

Taf. IX., Fig. 11. 12.

Die Raupe nährt sich vorzüglich von Pappel und Bandweide, auf welcher man sie im Juli und August antrifft. Sie zeigt, wie bereits Seite 5 d. B. bemerkt worden ist, merkwürdige Eigenschaften, von denen die hier wiederholt sei, daß sie aus jeder ihrer Schwanzspitzen einen rothen Faden hervorstreckt, wenn sie beunruhigt wird. Wenn sie kriecht, drückt sie bei jedesmaliger Fortsetzung der Bauchfüße den Schwanz so tief nieder, daß dieser den Boden berührt. Es dient ihr also der Schwanz auch zum Kriechen. Zu ihrer Verwandlung umgiebt sie sich mit einem holzigen Getitte. — Die von Farbe braunschwärzliche Puppe ist nach Verhältniß der Raupe nur klein und nicht ausgezeichnet in ihrer Gestalt. Im April und Mai kommt der Schmetterling zum Vorschein und ist allenthalben bekannt und häufig.

Stauropus.

Fagi.

Taf. IX., Fig. 13. 14.

Die Raupe lebt, im August und September, auf Eiche, Haselstrauch, Buche, Linde, Birke, Erle und Pflaume. Ihre Verwandlung erfolgt in einem weißen, seidenartigen Gewebe, zwischen Blättern. – Die Puppe ist glänzend rothbraun, am Ende mit vier krummen, spitzigen Häkchen. Entwickelung: im Juni. In den meisten Gegenden Deutschlands, aber nicht häufig.

Hybocampa.

Milhauseri.

Taf. X., Fig. 1. 2. 3.

Die Raupe lebt, vom Juli bis zum Herbst, auf Eiche, nach manchen Schriftstellern auch auf Rüster, Pappel, Aspe und Birke. Zur Verwandlung verfertigt sie am Stamme des Baumes, auf dem sie lebte, ein festes, innen glattes Gespinnst. Entwickelung: Mai und Juni. Eine Seltenheit, wiewohl in den meisten Gegenden einheimisch.

Notodonta.

Dictaea.

Die Fühler sind rostfarbig, gekämmt, beim Weibe schwächer, Kopf und Rücken braungrau und weiß gemischt, der Hinterleib gelbgrau.

Die Vorderflügel sind weißgrau, am Vorderrande dunkler gefleckt, mit zwei oder drei brandfarbigen, kurzen Streifen gegen die Spitze. Längs dem Innenrande zieht sich ein schwarzer, rückwärts scharf abgeschnittener und weißbegrenzter, vorwärts brandfarbig in der Fläche verloschener Schatten, bis über die Hälfte des Außenrandes hinauf, wo er von weißen Linien durchschnitten wird. Vor dem Außenrande steht eine weiße und hierauf eine schwarzbraune feine Linie, die Franzen sind gelbgrau, erst braun und dann weiß gesäumt. Der Rückenzahn besteht nur aus einem behaarten Häkchen. Die Hinterflügel sind weiß, mit einem durch eine weiße Linie getheilten, schwarzbraunen Wische im Innenwinkel. Auf der Unterseite sind die Vorderflügel weißgrau, am Vorder- und Außenrande braun schattirt, die hinteren einfarbig weiß.

Die Raupe ist glatt, glänzend, wie lackirt, rothbraun, öfters ins Violette vertrieben, mit einer pyramidenförmigen Erhöhung auf dem letzten Gelenke. Sie lebt, vom Juni bis spät in den October, auf allen Arten von Pappeln, Weide und Birke. Sie verwandelt sich in einer fest zusammengesponnenen Erdhöhle in eine walzenförmige, kastanienbraune, am Ende mit zwei Spitzen versehene Puppe. Flugzeit: Mai, Juli und August. Allenthalben in Deutschland und nicht selten.

Dictaeoides.

Dem Vorhergehenden täuschend ähnlich, doch sind die Vorderflügel dunkler angelegt, wodurch die weißgraue Farbe mehr hervortritt. Der brandfarbige Schatten ist breiter und zieht sich am Außenrande her bis zur Spitze hinauf; die drei Streifen gegen dieselbe sind dunkelschwarzbraun und schließen rückwärts einen weißen Fleck ein, der auf dem Vorderrande steht. Im Innenwinkel zeigt sich ein länglicher, keilförmiger weißer Fleck, dessen Spitze gegen die Wurzel gekehrt ist. Die schwarzbraune Linie am Außenrande zieht sich kappenförmig in die Franzen, wodurch diese etwas gescheckt erscheinen. Die Hinterflügel sind beim Manne schmutzigweiß, am Vorder- und Außenrande braun schattirt, beim Weibe dunkelbraun und nur in der Mitte weißgrau gemischt. Auf der Unterseite sind die Vorderflügel braungrau, an der Spitze weißgrau bestäubt, mit einer verloschenen dunkleren Mitttelbinde, die Hinterflügel weißgrau und dunkelbraun bestäubt, mit einer schwarzbraunen Querbinde, die sich aber meistens nur am Vorderrande als ein länglicher Fleck ausnimmt.

Die Raupe ist nicht so glänzend glatt, wie die vorhergehende, grün, über den Rücken weißlich, mit einem gelben Seitenstreife. Die Erhöhung auf dem letzten Abschnitte ist an der Spitze roth. Die Verwandlungsgeschichte ist derjenigen der Not. **Dictaea** gleich.

Ziczac.

Kopf, Halskragen und Vorderfüße sind gelblich blaßbraun; der Leib, welcher beim Weibe dick und plump ist, und die übrigen Füße grau; die Fühler braun. Auch sind Kopf, Halskragen und Füße haarig. Die Vorderflügel sind gelblich blaßbraun und führen zwei krumme und schmale dunkelbraune Querstreifen. Zwischen diesen ist ihre Farbe weißlich, weiterhin aber bis nahe zum Außenrande sind sie zu einer Rundung hell und dunkelgraufarbig. Auch zieht sich ganz nahe an diesem Außenrande und einem Theile des Vorderrandes eine dunkelbraune Linie hin, am Innenwinkel aber steht ein dunkler Zahn. Die Hinterflügel sind hellgrau, bei dem Manne weiß, in der Mitte mit einer gebogenen kurzen schwarzen Linie, am Außenrande schwarz.

Die Raupe ist sonderbar gestaltet. Auf dem fünften und sechsten Ringe hat sie einen hinterwärts gekrümmten Fleischhöcker gleich einem Horne, und noch einen solchen Höcker auf dem elften Ringe, der jedoch weniger krumm ist. Ihr Kopf ist vorn lang und rüsselförmig. Im Sitzen hält sie gewöhnlich den vordern und hintern Theil ihres Körpers in die Höhe gerichtet, indem sie nur auf zwei oder drei Paaren ihrer Mittelfüße ruht. Sie bildet sich so zu einem Zickzack. Von Farbe sind ihre neun ersten Ringe blaßrosenroth und grünlichbraun streifig, die Luftlöcher sind auf grünem Fleck erst gelb, dann schwarz und endlich weiß umrundet. Der zehnte und elfte Ring, auch noch die hinterste Hälfte des neunten Ringes sind dunkelgelb, der zwölfte Ring ist rosenroth. Die Höcker sind an ihrem Außenrande röthlich braun mit weißem Rande. Der Kopf ist röthlich weiß oder röthlich, die Vorderfüße braun, die Bauchfüße grau. Auch ist sie noch insbesondere in die Länge gestreift. Man findet sie vom Juni bis in den October. Sie lebt auf Weiden und auf Pappeln. Ihre Puppe ist kastanienbraun und hat zwei Endspitzen. Entwickelung: nach vier Wochen oder im Frühjahr des folgenden Jahres. Flugzeit: April und Mai, Juli und August. Allenthalben in Deutschland vorkommend.

Tritophus.

Die Fühler sind hellbraun, beim Manne gekämmt, beim Weibe borstenförmig, der Rücken schwärzlichbraun, die Schulterdecken weißgrau gesäumt, der Hinterleib aschgrau. Die Vorderflügel sind hell- und schwarzbraun gewölkt, mit zwei verloschenen zackigen Querstreifen, einer rostbraunen Binde vor dem Außenrande, einer mondförmigen weißlichen Makel in der Mitte, welche einen rostfarbenen Kern hat, und neben ihr, einwärts, einen ähnlichen, aber verloschenen runden Fleck. Die Adern sind schwarz, in der Nähe des Außenrandes weiß punktirt und der Rückenzahn schwarzbraun. Die Hinterflügel sind beim Manne weißlich, beim Weibe weißgrau, mit verloschenem Mittelflecke und schwarzbraunem Wische im Innenwinkel. Auf der Unterseite sind die Vorderflügel aschgrau, am Außenrande dunkler und weiß bestäubt, die hinteren weißgrau, mit schwarzbraunem Mittelflecke, verloschener Binde und schwarzbraun angeflogenem Außenrande.

Die Raupe ist dunkelgrün, mit rothem Kopfe; die drei ersten Gelenke sind, wie bei allen verwandten Arten, sehr dünn, auf jedem der fünf mittleren steht ein rother spitzer, hinterwärts gekrümmter Höcker und zwischen dem ersten und dem Kopfe ein rother Längsstreif. Über den Füßen zieht ein gleichfarbiger unterbrochener Streif her; das letzte Gelenk ist oben kegelförmig und im Sitzen in die Höhe gerichtet. Vor der Verwandlung wird sie kaffeebraun, mit grauem Kopfe, die Rückenlinie verlischt und die Höcker sind kaum zu sehen. Sie lebt, im Juli und September, auf Aspe, Pappel und Birke. Sie wird in einer zusammengesponnenen Erdhöhle, oder auch zwischen abgefallenen Blättern und Moos zu einer walzenförmigen, glänzend dunkelbraunen, mit zwei Endspitzen versehenen Puppe. Flugzeit: Mai und Juni, zum zweiten Male im August. Er kommt in mehreren Gegenden Deutschlands, aber nicht häufig vor.

Tremula. (Trepida.)

Die Fühler sind rostfarbig, beim Manne schwach gekämmt, beim Weibe fadenförmig, Kopf, Rücken und Hinterleib braungrau, die Schulterdecken schwarzbraun gesäumt. Die Vorderflügel sind gelblich und grau gemischt, mit drei rostbraunen zackigen Querstreifen, wovon der äußere in der Mitte kaum sichtbar ist und auf jeder der schwarzbraunen Adern ein weißes Fleckchen führt. Vor dem Außenrande zieht eine gebogene Reihe rostbrauner gelbgesäumter Flecke, und vor den Franzen ein gleichgefärbter kappenförmiger Streif her. In der Mitte steht ein rostbraunes gelbbegrenztes Mondfleckchen und der Zahn am Innenrande ist schwarzbraun behaart. Die Hinterflügel sind gelblich weiß, dunkelbraun gesäumt und am Vorderrande aschgrau angelegt. Die Unterseite ist weißgrau.

Die Raupe ist gelbgrün, mit zwei weißen Rückenlinien, einem rothen, gelbgerandeten schiefen Seitenstreife auf jedem Gelenke, wovon auch zwei über den Kopf laufen. Sie lebt vom Ende des Juli bis in den September auf Eiche. In einer zusammengesponnenen Erdhöhle verwandelt sie sich in eine dunkelschwarze Puppe mit helleren Einschnitten am Hinterleibe und entwickelt sich im Mai und Juni. Allenthalben in Deutschland.

Torva.

Die Fühler sind braungelb, beim Manne schwach gekämmt, beim Weibe fadenförmig. Kopf und Rücken sind graugelblich, der Hinterleib aschgrau, die Vorderflügel schwärzlichgrau und gelbbestäubt, mit zwei dunkleren, auf den entgegengesetzten Seiten gelbgerandeten

Zackenlinien und einem ähnlichen, aber undeutlichen Streife vor dem Außenrande. In der Mitte steht eine gelbliche Mondmakel mit einem schwärzlichgrauen Mittelstrichchen, die Franzen sind schwärzlichgrau und gelblich gemischt. Die Hinterflügel sind aschgrau, mit einer helleren verloschenen Binde, einem dunkleren, kaum sichtbaren Mittelflecke und einem braunen, nicht scharf begrenzten Wische im Innenwinkel. Die gelblichen, kaum dunkler gescheckten Franzen sind durch eine schwarzbraune Linie von der Fläche abgeschnitten. Die Unterseite ist aschgrau, durch alle Flügel zieht ein schwarzbrauner bogiger, auswärts weißlich gerandeter Streif und in der Mitte steht ein dunkleres Mondfleckchen. Oft finden sich diese Zeichnungen auch weniger deutlich vor.

Die Raupe ähnelt derjenigen der Not. Ziczac. Sie ist röthlichbraun, gelb gemischt, mit drei zackenförmigen, hinterwärts gekrümmten Höckern auf dem mittleren Gelenke und einer kegelförmigen Erhöhung auf dem letzten. Sie lebt im Juni und September auf Aspe. Das Gewebe ist zwischen zusammengesponnenen Blättern, die Puppe rothbraun, zwei Endspitzen führend. Der Schmetierling entwickelt sich im Mai und August; das Vaterland ist Deutschland, vorzüglich Sachsen.

Dromedarius.

Fühler hellbraun, Kopf und Rücken dunkelbraun, der Hinterleib bräunlichgrau. Die Vorderflügel sind schwärzlich graubraun, an der Wurzel weißlich, oder gelb gefleckt; zwischen zwei schwarzbraunen, auf den entgegengesetzten Seiten weißlich und gelbgerandeten Zackenlinien steht am Vorderrande ein rostbraunes, weiß oder gelblich umzogenes Strichchen. Vor dem Außenrande zieht ein rostbrauner kappenförmiger Streif nach dem Innenwinkel, wo er sich mit der zweiten Zackenlinie in einem gelben, oder weißgrauen Flecke vereinigt. Die Hinterflügel sind braungrau, in hellerer oder dunklerer Anlage, mit verloschener weißlicher Querbinde und einem dunkelbraunen Wische im Innenwinkel. Die Unterseite ist weißgrau, vor dem Außenrande rostbraun schattirt, mit einer dunkelbraunen, auswärts weißlichen Querbinde durch alle Flügel und rostbraunem Mittelflecke.

Die Raupe ist gelbgrün, zuweilen bräunlichroth, mit vier an den Spitzen rothgefärbten Höckern auf den mittleren Gelenken und einer kugelförmigen Erhöhung auf dem vorletzten. Zwischen dem Kopfe und dem ersten Höcker steht ein rother und in jeder Seite ein gleichfarbiger unterbrochener Streif. Sie lebt, vom Juni bis zum October, auf Birke, Erle und Haselnuß. Gewebe und Puppe sind wie bei den vorhergehenden Arten, auch erscheint der Schmetterling zweimal, im Mai und August, allenthalben in Deutschland.

Chaonia.

Fühler rostgelb, Kopf und Halskragen weißgrau, Rücken aschgrau, Hinterleib braungrau. Die Vorderflügel sind schwärzlichgrau, mit zwei weißen, schwarzbezrenzten Wellenstreifen und einem abgebrochenen an der Wurzel, in der Mitte weißgrau, einwärts schwärzlich schattirt, mit einem schwarzen Mondstrichchen, welches auch manchmal fehlt. Vor dem Außenrande zieht meistens eine verloschene weißliche Wellenlinie her; die Franzen sind graubraun und schwarz gescheckt und der Zahn am Innenrande ist kaum sichtbar. Die Hinterflügel sind beim Manne weißgrau, mit verloschener, dunklerer Binde, beim Weibe hellaschgrau und schwärzlichgrau schattirt. Die Unterseite ist auf den Vorderflügeln hellaschgrau, auf den hinteren weißlich, mit verloschenem dunkleren Bande durch alle Flügel.

Die Raupe ist langgestreckt, nackt und glänzend glatt, hellgrün, in den Seiten dunkler, mit zwei gelben Rückenlinien und einem gleichfarbigen Seitenstreife über den Füßen. Sie lebt, im Juni, Juli und August, auf Eiche und wird in einer zusammengesponnenen Erdhöhle zu einer schwarzbraunen Puppe. Flugzeit: April und Mai. In Deutschland allenthalben vorkommend.

Querna.

Die Fühler sind rostfarbig und wie bei der vorhergehenden Art gestaltet, Kopf und Rücken aschgrau und weißlich gemischt, der Hinterleib aschgrau, in den Seiten bräunlich. Die Vorderflügel sind schwarz- und röthlichgrau gemischt, wie getuscht; an der Wurzel steht ein abgebrochener schwarzer, hierauf zwei weiße schwarzgerandete Streifen. Der erste ist fast gerade, nur im Innenrande ausgeschweift, der zweite kappenförmig und läuft nach außen in schwarze Zähne aus. Der Raum zwischen beiden ist erst schwarzgrau, dann weiß gefärbt und führt einen weißen Mittelmond. Vor dem Außenrande zieht ein verloschener, röthlichgrauer Wellenstreif und vor den gescheckten Franzen eine schwarze Linie her. Die Hinterflügel sind beim Manne weiß, beim Weibe weißgrau, mit hier und da dunkler bestäubten Adern und einer schwarzbraunen Linie vor den Franzen. Die Unterseite ist beim Manne auf den Vorderflügeln weißgrau, gegen den Außenrand dunkler schattirt, die zweite Binde und der Mittelmond scheinen verloschen durch; — auf den hinteren weiß, am Vorderrande, der einen dunklen hakenförmigen Flecken führt, rostbraun angeflogen. Beim Weibe sind die Vorderflügel aschgrau, die hinteren weißgrau, am Vorder- und Außenrande rostbraun bestäubt, mit einer verloschenen Binde durch alle Flügel.

Die Raupe ist dunkelgrün, auf dem letzten Gelenke etwas erhöht, mit zwei gelben Rückenlinien und einem gleichfarbigen Seitenstreife durch die schwarzen Luftlöcher. Sie lebt, im August, auf Eiche. In einer Erdhöhle wird sie zu einer schwarzen, an der Endspitze stacheligen Puppe. Flugzeit: Mai und Juni. In einigen Gegenden Deutschlands. Selten.

Dodonaea.

Die Fühler sind gelbbraun, beim Manne gekämmt, beim Weibe fadenförmig, Kopf und Rücken weißgrau und schwarzbraun gesäumt; der Hinterleib ockergelb. Die Vorderflügel sind braungrau; an der Wurzel steht ein abgebrochener schwarzbrauner Streif, der nur bis zur Mitte reicht, in einem gelblichen, am Vorderrande weißen Flecke. Der Mittelraum führt einen schwarz- oder braungrauen Schatten, hierauf eine weiße, in der Mitte zuweilen bräunlich schattirte Binde und wird nach innen von einem gelblichen, auf beiden Seiten schwarzbraun gerandeten Bogenstreif, nach außen von einem weißen, gebogenen, einwärts schwach, auswärts von schwarzen Zackenlinien, welche öfters einen gleichfarbigen Schatten bilden, gerandeten Streife begrenzt. Am Vorderrande, gegen die Spitze, steht ein schwarzer, von zwei weißgrauen Linien getheilter Fleck. Der Außenrand ist graubraun, mit einer schwärzlichen, oft nur in einzelnen Fleckchen sichtbaren Binde, und vor den gelbbraun und schwarzgrau gescheckten Franzen weißgrau. Der Zahn am Innenrande ist oft kaum sichtbar. Die Hinterflügel sind gelbgrau, mit einem helleren Querstreife; die Unterseite weißgrau, dunkler schattirt, mit einem graubraunen, auswärts weißlichen Querbande durch alle Flügel.

Es giebt von diesem Schmetterlinge die verschiedensten Abänderungen in Zeichnung und Farbe.

Die Raupe ist grün, mit einem goldgelben Seitenstreif über die Füße, zuweilen roth gefleckt. Sie lebt, im Juli und August, auf Eiche. Flugzeit: Mai. Nirgends selten.

Bicoloria.

Taf. X., Fig. 4.

Die Raupe ist schlank, glänzend glatt, grasgrün, über den Rücken weißlich, mit einigen gelben Längsstreifen, wovon der breiteste goldgelb ist und über den Füßen herläuft. In jedem Gelenke erscheint eine gelbe verloschene Querlinie und der Kopf ist fahlgrün. Sie lebt, im Juli und August, auf Birke. Zur Verwandlung wickelt sie sich am Boden in herabgefallene Blätter oder Moos, und wird in einem dünnen, weißen Gewebe zu einer schwarzbraunen Puppe. Flugzeit: Mai bis Anfang Juli. In Sachsen und einigen anderen Gegenden Deutschlands.

Argentina.

Die Fühler sind rostfarbig, Halskragen und Rücken braungelb, letzterer mit einem erhabenen Schopfe, die Schulterdecken orangefarbig, der Hinterleib bräunlichgelb, beim Manne mit getheiltem Haarbüschel am Ende. Die Vorderflügel sind gezähnt, ockergelb, von der Wurzel aus olivengrau, oder bräunlich und orangefarben gemischt und vor dem Außenrande dunkler schattirt. Ein beinahe herzförmiger Silberfleck steht gegen die Mitte, vor ihm ein kleinerer und hinter ihm, nach der Wurzel zu, einige Silberpunkte. Im Innenwinkel zeigt sich eine mehr oder weniger lebhafte orangefarbene Makel und eben so ist auch der ansehnliche, stark behaarte Zahn an Innenrande gefärbt. Die Hinterflügel sind gelb- oder bräunlichgrau und die Unterseite ist einfarbig ockergelb, mit einer verloschenen braunen Binde durch die Hinterflügel und einer gleichfarbigen Makel am Vorderrande der vorderen.

Die Raupe ist glatt, mattglänzend, rostbraun und grau gemischt, in den Seiten gelblich gefleckt, mit zwei kegelförmigen Erhöhungen auf dem vierten, einem schmalen, schwarzgesäumten Querwulst auf dem zehnten und mehreren kleineren Erhöhungen auf dem elften Ringe. Der Kopf ist länglichrund, oben gespalten, bräunlichgelb, mit zwei dunkleren Streifen. Sie lebt, im Juni, Juli und August, auf Eiche. Sie verwandelt sich unter dem Moose in einem zarten Gewebe zu einer glänzend schwarzbraunen Puppe und der Schmetterling entwickelt sich Anfang Juni, die zweite Generation im August. In Sachsen und in dem südlichen Deutschland.

Lophopterix.

Carmelita.

Taf. X., Fig. 5.

Die Raupe ist glatt, walzenförmig gestaltet, chagrinartig, grün von Farbe, mit mennigroth gefleckter Seitenlinie über den Füßen. Sie lebt, im Juni und Juli, auf Birke. Flugzeit: Ende April und Anfang Mai. In einigen Gegenden, namentlich bei Leipzig.

Camelina.

Die Vorderflügel sind zimmtbraun mit zwei schrägen zackigen Querstreifen; am Außenrande aber gezähnt und am Innenrande einen dunklen Zahn führend. Die Hinterflügel sind blaßbraun oder blaß ockergelb mit einem blauen, durch eine gelbe Linie getheilten Fleck am Innenrande.

Die Raupe ist grün, zuweilen röthlich, über den Rücken hinweg weißlich, mit einer hochgelben, roth punktirten Linie an jeder Seite. Auf dem letzten Ringe hat sie einen Höcker mit zwei krummen rothen Spitzen. In der Ruhe legt sie den Kopf mit den ersten Ringen auf den Rücken und richtet das Hintertheil in die Höhe. Sie lebt, im Sommer und Herbste, auf Linde, Birke, Aspe, Eiche, Erle und Hainbuche. Zur Verwandlung dient ihr eine ausgesponnene Erdhöhle. — Die Puppe ist schwarzbraun, mit einem Stachel am Ende. Entwickelung: nach drei Wochen oder im Frühlinge des nächsten Jahres. Die Phaläne — allenthalben in Deutschland — zeigt sich im Mai, Juli und August.

Pterostoma.

Palpina.

Taf. X., Fig. 6.

Die Raupe ist schlank, bläulichgrün, an den Seiten dunkler, mit einigen helleren Längsstreifen und einer gelben, auf den ersten Ringen meist rothpunktirten Seitenlinie, nahe über den Füßen hinweg. Der Kopf ist flach und in der Ruhe grade vorwärts gestreckt. Sie lebt, vom Juni bis October, auf allen Weidenarten, Pappel und Linde. Ihre Verwandlung erfolgt in einem erdigen Gehäuse. — Die Puppe ist rothbraun und die Phaläne erscheint im Frühjahr und Sommer.

Gluphisia.

Crenata.

Die Fühler sind gekämmt, schwarzgrau, mit weißbestäubtem Schaft; Kopf und Rücken schwarzgrau, der Hinterleib braungrau. Die Vorderflügel sind breit, fast ohne Zahn am Innenrande, aschgrau, weiß und gelbbraun gemischt. Zwei schwärzliche, auf den entgegengesetzten Seiten weißlich gerandete Querstreifen schließen das hellere Mittelfeld ein, in welchem ein gelbliches verloschenes Mondfleckchen steht. Der erstere, gegen die Wurzel, ist gerade, der zweite kappenförmig; mit ihm läuft ein ähnlicher, einwärts gesäumter, vor dem Außenrande, parallel. Der Raum zwischen beiden ist dunkel aschgrau. Die Hinterflügel sind hell aschgrau, vor dem Außenrande schwarzbraun schattirt, mit verloschenem dunkleren, durch ein weißliches Strichchen getheilten Wische im Innenwinkel. Die Franzen aller Flügel sind aschgrau und weißlich gefleckt. Die Unterseite ist hellaschgrau und schwarzbraun schattirt, mit einigen verloschenen, dunkleren, durch die hellere Grundfarbe abgetheilten Binden.

Die Raupe ist glatt, meergrün, mit blasser Rückenlinie und gleichfarbigem, breiten Seitenstreif. Sie lebt, im August, auf Aspe. — Die Puppe ist kurz, breitgedrückt und abgestumpft, schwärzlich, ohne Glanz. Flugzeit: Juni und Juli. In einigen Gegenden. Selten.

Pygaera.

Bucephala. (Mondvogel.)

Taf. X., Fig. 7.

Die Raupe ist in ihrer ersten Lebenszeit schwarz, erwachsen schwarzbraun, und sowohl in der Länge als in der Breite gelbstreifig; auch ist sie dünn behaart. In der Ruhe richtet sie den hinteren Theil senkrecht in die Höhe. Sie lebt, Juli bis Herbst, auf Linde, Birke, Eiche und noch einigen andern Bäumen; sie ist träge und kriecht sehr langsam. Zur Zeit ihrer Verwandlung begiebt sie sich in die Erde, macht aber kein Gespinnst. — Die Puppe ist anfänglich grün, wird aber bald dunkelbraun und beinahe glänzend schwarz. Der Schmetterling erscheint im Mai und Juni und ist überall bekannt und häufig.

Clostera.

Anastomosis.

Die Grundfarbe seiner Vorderflügel ist braungrau mit drei schrägen, gelblich weißen, braungerandeten Querlinien. Die Hinterflügel sind einfarbig braungrau.

Die Raupe ist braun, auf dem Rücken schwarz, mit einer hellgelben Linie an der Seite und mit zwei weißen und zwei gelben Punkten auf jedem Ringe. Auf dem vierten Ringe führt sie einen größeren, auf dem letzten Ringe einen kleineren, schwarz behaarten, weißgefleckten Zapfen. Sie lebt, im Juni und Anfangs Juli, dann im August und September, auf Weide und Pappel. Zur Verwandlung umgiebt sie sich mit einem grauen Gewebe zwischen Blättern. — Die Puppe ist bläulich schwarz, am Hintertheile dunkelbraun, mit zwei rothgelben Rückenstreifen. Entwicklung: in 14 Tagen bis 3 Wochen, auch wohl im künftigen Jahre. Flugzeit: Juli und September. Nicht häufig.

Curtula.

Die Fühler sind braungrau, mit weißlichem Schafte, Rücken und Hinterleib röthlichgrau, auf ersterem steht ein großer, dunkelkaffeebrauner, fast rautenförmiger Fleck und der Afterbüschel ist am Ende rothbraun gefärbt. Die Vorderflügel sind perlgrau, röthlich gemischt und schwarzbraun bestäubt, mit vier weißen Schrägstrichen, deren äußerer einen rothbraunen großen Fleck begrenzt, welcher an der Flügelspitze steht und durch dessen Mitte sich eine schwärzliche abgesetzte Linie zieht. Die Hinterflügel sind bräunlichgrau, am Außenrande dunkler; die Unterseite der vorderen ist bräunlichroth, mit einem helleren, die der hinteren weißgrau mit einem dunkleren Querstreife.

Die Raupe ist fast walzenförmig, dünn behaart, braungrau, gelblichgrün, oder fleischfarben; auf dem vierten Gelenke steht eine größere, auf dem letzten eine kleinere sammtschwarze warzenförmige Erhöhung. Von den drei in der Grundfarbe abweichenden Varietäten führt die erste eine röthliche Rückenlinie und rothe Punkte in den Seiten, die zweite ist an den Seiten mit schwärzlichen Atomen bestäubt und mit vier Reihen blaßgelber Wärzchen besetzt; die dritte mit feinen schwärzlichen, oft abgesetzten Rückenlinien und hochgelben Wärzchen. Sie lebt, im Juni und Juli, dann wieder im August und September, auf Weide und Pappel. Flugzeit: Mai, Juli, September und October. Fast allenthalben in Deutschland zu finden.

Gonophora.

Derasa.

Der Kopf ist gelbgrau, der Halskragen lichter, zuweilen weißlich, aber mit gelblich braunen Streifen. Der Rücken braun, die Haare desselben sind rückwärts emporsteigend und weiß gerandet. Die Fühler tiefbraun, schwach gekämmt. Der Hinterleib gelbgrau, lang gestreckt. Die Füße bräunlich, unten dunkler. Die Vorderflügel haben theilweise zwei Grundfarben. Die nächst der Wurzel ist gelblichgrau oder feuersteinfarbig, dann folgt eine weiße, schiefe Querlinie, gegen welche eine, ebenfalls weiße Linie nächst den Franzen, sich neigt. Hieraus entsteht ein sehr breites Dreieck, welches zuerst gegen den Vorderrand weiß ist, dann goldfarbig wird, und ungefähr auf den sonstigen Stellen weiß eingefaßte Makeln, hinter diesen aber viele künstlich gezogene, dunkle Striche hat. Ein weißer Strich läuft aus der Wurzel bis zur ersten Querlinie, ein anderer kleinerer Strich zeigt sich, wo das Weiß des Vorderrandes aufhört. Die Franzen sind weiß, mit einer schönen, aus weißen Linien und Halbmonden bestehenden Zeichnung eingefaßt, übrigens ungezähnt. Die Hinterflügel sind gelbgrau, mit weißlichen Franzen. Unten sind alle Flügel gelbgrau; nach innen haben sie aschfarbige Bestäubung, gegen außen sind sie heller und glänzend. Die weißen Linien der Vorderflügel scheinen durch. Man sieht, jedoch undeutlich, einen oder zwei Bogenstreife.

Die Raupe ist glatt, jedoch mit einzelnen feinen Haaren besetzt. Der verhältnißmäßig große Kopf ist wie die Grundfarbe des Körpers pomeranzengelb. Auf jedem Ringe über dem Rücken stehen kaffeebraune Sechsecke, die längs desselben mit einer schwarzen Linie durchzogen sind. Zunächst unter diesen zeigt sich eine Linie aus schwärzlichbraunen Pünktchen zusammengesetzt, der vierte und fünfte Ring haben hier blaßgelbliche, schwarz gesäumte Makeln, der zweite und elfte aber über dem Rücken eine wulstige Erhöhung. Sie lebt im Herbst auf Brombeere und Himbeere. — Die Puppe ist schwarzgrau, am Vordertheile verdickt, die Einschnitte sind sehr vertieft. Flugzeit: Juni. In den meisten Gegenden, aber nicht häufig.

Thyatira.

Batis.

Taf. X., Fig. 8.

Die Raupe ist nackt, braun oder rostfarbig gescheckt. Hinter dem Halse ist ein Höcker, welcher sich in zwei Spitzen endigt und gegen den Kopf zu steht. Hinter demselben sind auf dem Rücken noch fünf in Spitzen zugehende Höcker und vor dem hinteren ist eine stumpfe Erhöhung, welche vorwärts einen dunkeln, viereckigen Fleck hat. Zwischen den vorderen und den Bauchfüßen sind an den Seiten zwei Höcker und zwischen den Bauch- und Hinterfüßen ebenfalls zwei. Der Kopf ist gekerbt. Auf dem Halse stehen zwei schwarze Punkte, hinter welchen sich eine abgebrochene Linie befindet. Von diesen Punkten erstreckt sich, bis in die Spitze des ersten Höckers, ein weißlichgelber, großer Fleck. Sie lebt, gleich der vorhergehenden, auf Brombeere und Himbeere, ebenfalls im Herbst. Flugzeit: Mai bis Anfang Juli. Nirgends selten.

Cymatophora.

Or.

Die Vorderflügel haben eine aschgraue düstere Grundfarbe, die zuweilen ein wenig pfirsichblüthfarben schillert. Nächst der weißlichen Wurzel folgt eine doppelte, matte, und dann gleichfalls ein doppelte scharfe, gezackte Querlinie, der Grund dazwischen ist dunkler und gewässert. Hierauf sieht man in hellerem Grunde zwei grünlichweiße Flecken, von denen der innere oft ganz ausbleibt; der äußere ist länglich viereckig, nach oben eingekerbt und unten mit einem kleinen braunen Striche versehen. Hierauf folgt wieder eine doppelte Zackenlinie, dann ein röthlichweiß gewässerter Schein, durch welchen eine weißliche Linie geht, die an der Flügelspitze bei einem krummen, schwärzlichen Striche anfängt und von fünf gleichfalls schwärzlichen Flügeladern durchschnitten wird. Die Franzen sind braun und schwarz gestrichelt. Die Hinterflügel beider Geschlechter zeigen sich gelblichgrau, am Außenrande dunkler, in der Mitte bemerkt man zuweilen eine hellere Binde. Die Franzen sind weißlichgrau. Auf der Unterseite ist nur die weißliche Spitze der Vorderflügel zu bemerken. Sonst sind sie gelbgrau mit drei oder vier verloschenen Binden.

Die Raupe ist hellgrün oder gelblichgrün, der Kopf rostbraun. Sie lebt auf Pappel und Aspe. Flugzeit: Juni und Juli. Nirgends selten.

Asphalia.

Flavicornis.

Taf. X., Fig. 9. 10.

Die Raupe lebt, im Juni und Juli, auf Birke und Aspe. Die Puppe ist rothbraun, vorn kolbig, hinten fein zugespitzt. Flugzeit: In den ersten Tagen des Frühlings, oft schon im Februar. Ziemlich gemein.

Ridens. (Xanthoceros.)

Taf. X., Fig. 11.

Die Raupe hat eine schlanke Gestalt und ist besonders gegen den Kopf hin und in den beiden hintersten Gelenken schmaler. Der Kopf ist heller oder dunkler roth. Auf der Stirne stehen weiße Striche. Der übrige Körper hat eine gelbe Grundfarbe, welche bisweilen ins Grünliche zieht. Der Länge nach gehen über alle Gelenke vier schwarze, bisweilen ins dunkelgrüne spielende Linien und quer über jeden Ring, den ersten ausgenommen, eine Reihe weißer Punkte. Sie lebt, im Mai und Juni, auf Eiche. Zur Verwandlung begiebt sie sich in die Erde und wird zu einer hellbrauen, glänzenden Puppe mit feiner Endspitze. Flugzeit: März und April. In mehreren Gegenden Deutschlands. Nicht eben häufig.

C. Noctuae. (Eulen.)

Diloba.

Caeruleocephala. (Blaukopf.)

Kopf und Rücken sind grau, der Halskragen rostfarbig. Die Vorderflügel sind glänzend gewässert bräunlichgrau mit wolkiger Fleckung, zwei dunklen gezackten Querstreifen und einem dreifach getheilten weißlichgelben, in der Mitte bräunlichen Fleck, ungefähr einer Brille ähnelnd; noch einem andern aber am Innenwinkel, welcher weißlichgelb ist. Die Hinterflügel sind hellaschgrau, am Innenwinkel schwarzbraun bestäubt oder mit einem schwarzen Fleck.

Die Raupe ist gelblichgrün, mit blaßgelbem Streif längs des Rückens und jeder Seite und mit schwarzen Knöpfchen, deren jedes ein einzelnes Haar hat. Ihr Kopf ist bläulich, daher Blaukopf. Jedoch führt er zwei runde schwarze Flecke. Sie lebt, im Mai und Juni, auf dem Mandelbaume, Weißdorn, Schlehe und Obstbäumen, und ist in Menge eine schädliche Raupe. Ihre Verwandlung geschieht in einem holzigen oder erdigen Gewebe. — Die Puppe ist walzenförmig und rothbraun, und nach Verhältniß zur Raupe besonders klein. Entwickelung: im Herbst oder im nächsten Frühjahre. Allenthalben gemein.

Acronycta.

Megacephala.

Der Rücken ist weißwollig, die Vorderflügel sind weißgrau, auch wohl schwärzlich mit dunkleren, wolkigen Zeichnungen; die Hinterflügel grauweiß mit schwarzgrauen Adern.

Die Raupe ist großköpfig, an den Seiten schwarzfleckig braun, auf dem Rücken schwärzlich und gelb punktirt, und mit braunen Wärzchen, die gelbliche Haarbüschel führen. Der elfte Ring zeigt einen gelben, schwarz umzogenen Fleck. Sie lebt, im Juni bis September, auf Pappel und Buschweide. Zur Verwandlung dient ihr ein filzig holziges Gewebe, unter der Rinde oder in einem Baumspalt. — Die Puppe ist rothbraun und entwickelt sich im Juli und auch im nächsten Mai oder Juni. Allenthalben häufig.

Psi.

Kopf und Rücken röthlichgrau, der Hinterleib hell- oder dunkelgrau. Die Vorderflügel sind grau, die Hinterflügel grauweiß. Erstere aber führen schwarze krumme Linien und in schwarzer Farbe den griechischen Buchstaben Ψ (Psi): das Weib jedoch hat ein O. —

Die Raupe ist haarig, oben gelb, an den Seiten rothgefleckt und schwarz, mit schwarzem Kopfe und krausförmigem Fleischzapfen auf dem vierten Ringe. Sie lebt, im Juni bis October, auf Obstbäumen, Linde, Weide, Buche, Pappel, auch Weiß- und Schwarzdorn und andern Sträuchern. Zur Verwandlung umgiebt sie sich mit einem dichten holzigen Gewebe. — Die Puppe ist braun, mit borstiger Endspitze. Entwickelung: im Sommer oder im Mai des folgenden Jahres. Überall zu finden und nicht selten.

Rumicis. (Ampfereule.)

Kopf und Rücken weißgrau oder ockergelb, der Hinterleib bräunlich. Die Vorderflügel sind aschgrau, mit eingemischten dunkeln gezackten Streifen und dunkel umzogenen Flecken am Außenrande. Die Hinterflügel sind graubraun, am Außenrande schwärzlich, mit einem dunkeln Mittelpunkte. Erstere Flügel haben gescheckte, letztere gelbliche, mit einer braungrauen Linie durchzogene Franzen.

Die Raupe ist haarig und es gehen die Haare von zehn hellrothen Knöpfchen aus, mit welchen sie auf schwarzer Farbe besetzt ist. Sie führt aber auch eine Reihe schiefer, hellweißer Flecken an den Seiten und einen gelblichweißen, rothgefleckten Längsstreif über den Füßen. Sie lebt, im Juni und auch im August, auf allen Laubhölzern, besonders Eiche und Pappel, auch auf Ampfer, Flöhkraut, Augentrost und andern Pflanzen. Zur Verwandlung umgiebt sie sich mit einem holzigen Gewebe. — Die Puppe ist am Vorderleibe schwarzbraun, am Hinterleibe rothbraun, am Kopfe mit zwei Spitzen. Entwickelung: im Juli oder im Mai des nächsten Jahres. Allenthalben in Deutschland.

Ligustri. (Hartriegeleule.)

Kopf, Halskragen und Rücken sind schwarz gescheckt grünlich weiß, der Hinterleib gelbgrau, mit schwarzen Büschelchen auf den ersten Ringen. Die Vorderflügel sind schwarzbraun, oft ins Violette übergehend, mit schwarzen, wiewohl etwas undeutlichen gekrümmten Querlinien und Flecken. Die Hinterflügel sind einfarbig graubraun.

Die Raupe ist gelblich grün, mit drei gelblich weißen schmalen Längsstreifen und feiner schwarzer Behaarung. Der Kopf ist dunkelgrün. Sie lebt, im Juli, August und September, auf Rainweide, Esche und Hartriegel. Zur Verwandlung dient ihr ein holziges Gewebe, schwärzlichweiß von Farbe. — Die Puppe ist rothbraun und die Phaläne entwickelt sich im Mai, Juni oder Juli des nächsten Jahres. In mehreren Gegenden Deutschlands, jedoch nicht häufig.

Moma.

Orion.

Taf. XI., Fig. 1. 2.

Die Raupe ist sammtschwarz, mit hochrothgelben Wärzchen auf jedem Ringe und geschlängelten Seitenstreifen. Auch hat diese Farbe der Hals; sie ist röthlichbraun behaart. Sie lebt, im Mai und Juni, auch im August und September, auf Eichen und Birken. Zur Verwandlung umgiebt sie sich mit einem festen Gewebe zwischen Blättern. — Die Puppe ist rothbraun. Entwickelung: im Juli oder im April und Mai des folgenden Jahres. Nirgends selten.

Agrotis.

Fimbria.

Taf. XI., Fig. 3.

Die Raupe wechselt in der Farbe vom Hellbraun bis zum Gelbgrau. Der Kopf ist röthlich braun. Längs des Rückens zeigt sie einen hellen, zu beiden Seiten dunkel gesäumten Streif und auf jedem Ringe zwei schiefe braune Striche. Sie lebt, im April und Mai, an Schlüsselblumen, verschiedenen Melden, mehreren andern niedern Pflanzen und selbst an Kartoffeln, deren Knollen sie durchlöchert. Sie ist gesellig und begiebt sich zu ihrer Verwandlung in eine leicht ausgesponnene Höhle in der Erde. — Die Puppe ist dunkelbraun, vorn stark gewölbt. Entwickelung: im Juni oder Juli. Nicht eben häufig.

Pronuba. (Gelber Erdpfahl).

Taf. XI., Fig. 4.

Die Raupe ist walzenförmig, der Kopf klein und bräunlich, der übrige Körper aber gelblichgrau mit gelben Seitenstreifen und mit schwarzen Linien auf jedem Ringe längs des Rückens. Sie lebt, im April und Mai, auf Sauerampfer, Schlüsselblumen, Aurikeln, gelben Levkoien, Winter- und Sommerlevkoien, Kohl, Veilchen und noch andern Pflanzen. Zur Verwandlung dient ihr ein erdiges, leicht zerbrechliches Gehäuse. — Die Puppe ist glänzend rothbraun und sehr lebhaft. Entwickelung: im Juni oder Juli. Allenthalben bekannt und häufig.

Exclamationis.

Kopf und Rücken bald hellröthlichbraun, bald grau, der Hinterleib braun oder aschgrau. Die Vorderflügel sind bald hellröthlichbraun, bald ebenso grau, mit mehreren helleren und dunkleren Punkten. An einer Stelle zeigt sich ein herzförmiger Fleck mit einem Striche darüber, und hierin findet man das Ausrufungszeichen. Die Hinterflügel sind bei dem Manne weiß, bei dem Weibe hellaschgrau oder aschgrau.

Die Raupe ist rostbraun, mit schwarzen Punkten und einer bleichen Rückenlinie. Sie überwintert. Die Entwickelung erfolgt nach 3 Wochen. Flugzeit: Mai und Herbst. Allenthalben zu finden.

Tritici. (Aquilina.)

Kopf und Halskragen hellrothbraun, der Rücken grau und dunkelbraun gemischt, der Hinterleib aschgrau. Die Vorderflügel sind gelblichgrau und führen vornehmlich einen lichten Querstreif mit kleinen, dreieckigen schwarzen Strichen und einen breiten, wiewohl nicht lebhaften, weißlichen Längsstrich nächst dem Vorderrande, der sich von der Wurzel aus bis über die weiterhin befindlichen Flecke erstreckt. Die Hinterflügel sind beim Manne weiß und am Rande stark braun und minder braun gemischt, beim Weibe aber sind sie fast ganz braun.

Die Raupe ist längs oben hellgrau, an den Seiten bräunlichgrau, mit vier schwarzen Punkten auf jedem Gelenke; der Kopf aber ist hellbraun gesprenkelt. Sie lebt, im Mai, auf Waldstroh. Ihre Verwandlung geschieht in einem festen Gewebe im Moos. Die Puppe ist glänzend rothbraun. Entwickelung: im Juli. In mehreren Gegenden Deutschlands nicht selten.

Charaeas.

Graminis.

Kopf und Rücken gelblichbraun, der Halskragen etwas heller in dieser Farbe. Die Vorderflügel sind braungrau, mit einem weißlichen längsgehenden, ästigen Streif und drei gelben Flecken. Die Hinterflügel sind schmutzig ockergelb, am Außenrande beinahe braunschwarz.

Die Raupe ist braun oder grau, längs zu beiden Seiten und des Rückens mit hellen Streifen. Erster und letzter Ring sind mit einer Schale überzogen; in der Endspitze treffen die Streifen auf einander. Sie lebt, und zwar gesellig, im Mai und Juni, auf Wiesen an den Wurzeln des Grases. In großer Menge frißt sie in einer Nacht einen Strich von etlichen Morgen so kahl, als ob er abgemäht wäre. Zur Verwandlung kriecht sie in die Erde, und schon nach vierzehn Tagen oder drei Wochen erscheint aus ihrer Puppe, die glänzend schwarz ist, der Schmetterling. Flugzeit: Juli; im nördlichen Deutschland.

Mamestra.

Nebulosa.

Kopf, Halskragen und Rücken sind schwarz gewischt weißgrau, der Hinterleib aschgrau. Die Vorderflügel sind bald heller, bald dunkler weißgrau mit Braun unterfärbt und mit weißlichen, schwarz eingefaßten Querlinien. Die Hinterflügel sind aschgrau, dunkler gegen den Außenrand und mit schwarzem Mittelflecke.

Die Raupe ist hellbraun, auch bräunlichgrau, mit dunklen rautenförmigen Flecken und feinen, unterbrochenen, weißen Linien auf dem Rücken, auch mit einem schwärzlichen schrägen Seitenstrich auf jedem Ringe. Der Kopf ist hellbraun und dunkel gegittert. Sie lebt im März, April und Juni, zwischen den Blättern des Wollkrautes und frißt nur des Nachts. Sie überwintert und umgiebt sich zur Verwandlung, in oder auf der Erde, mit einem erdigen Gewebe. — Die Puppe ist schlank und glänzend hellbraun, mit zwei Endspitzen. Entwickelung: Juni und Juli In mehreren Gegenden Deutschlands gemein.

Noct. Pisi. (Erbseneule.)

Kopf und zum Theil der Halskragen sind gelblich, der Rücken rostbraun, der Hinterleib braungrau. Die Vorderflügel sind stellenweise mit Rostgelb gemischt rothbraun, mit einem nierenförmigen, bleichgelben Flecke, einer weißlichgelben Zackenlinie am Außenrande und einem braunen Fleck am Innenwinkel. Die Hinterflügel sind aschgrau, gegen die Wurzel lichtgrau oder gelblich.

Die Raupe ist schlank und glatt, rothbraun, auch wohl grünlich oder bräunlich, unten so wie der Kopf röthlich, und führt vier breite hochgelbe Längsstreifen. Sie lebt, im Mai, Juni und Juli, auf Rittersporn, Bohnen, Wicken, Erbsen, Ampfer und mehreren Gras- und Kleearten. Sie umgiebt sich zur Verwandlung mit einem weichen Gewebe. — Die Puppe ist rothbraun mit rothen Einschnitten und dunklen Punkten. Entwickelung: im Mai oder Juni des nächsten Jahres.

Brassicae. (Kohleule.)

Kopf, Rücken und Halskragen schwärzlichgrau, der Hinterleib dunkelaschgrau. Die Vorderflügel sind grau mit gelblicher und weißer Beimischung und Zackenlinie. Auch bemerkt man auf ihnen, wie bei der **Oleracea** ein W. Die Hinterflügel sind hellgrau, mit dunklen Adern und Mittelfleck.

Die Raupe ist nackt, grün oder bräunlichgrün, mit einem gelblichen Streif zur Seite und drei aus weißen Fleckchen oder Punkten bestehenden Linien längs des Rückens, zwischen welchen die Ringe dunkler sind. Sie ist gesellig und lebt, im August und September, auf Kohlpflanzen, Salat, römischem Kohl und anderen Gemüsekräutern, denen sie das Herz ausfrißt. In Menge ist sie fast schädlicher als die des Kohlweißlings; denn sie frißt sich in die Krautherzen ein und macht, daß das, was sie nicht auffrißt, durch den zurückgelassenen Unrath faul und stinkend wird. Ihre Verwandlung geschieht theils in, theils über der Erde in einem leichten Gewebe. — Die Puppe ist hellrothbraun. In Deutschland sehr verbreitet; fliegt: Mai und Juni.

Oleracea.

Kopf, Halskragen und Rücken sind in der Farbe wie die Vorderflügel, der Hinterleib aber ist, braun gebüschelt, aschgrau. Die Vorderflügel sind rostbraun, mit einem gelblichen, runden Fleck und einem weißen nach Außen doppelzackigen Streif, der in der Mitte mit zwei Zacken ein W gestaltet. Die Hinterflügel sind ockergelb und schmutzig weiß.

Die Raupe ist glatt und gelbbraun oder röthlichbraun, vor der letzten Häutung aber grün. Ist sie aber braun, so zeigt sie längs des Rückens und jeder Seite einen dunklen Streif, auch einen weißen Streif über den Füßen hinweg, und ist sie grün, so führt sie längs des Rückens und jeder Seite eine schwarzgesäumte weiße Linie und über den Füßen hinweg einen hochgelben Streif. Auch zeigt sie oben weiße, schwarz begrenzte Punkte. Sie ist gesellig und lebt, im Juli, August und September, auf Lattich, Kohl, Mangold, Wasserpfeffer, Flöhkraut. Zur Verwandlung begnügt sie sich mit einer Höhlung in der Erde. — Die Puppe ist glänzend rothbraun. Entwickelung: im Mai oder Juni des nächsten Jahres. Allenthalben in Deutschland zu finden.

Tincta.

Taf. XI., Fig. 5.

Die Raupe ist lichtgrau gerieselt, mit feinen schwarzen Strichen über den ganzen Körper. Der Kopf ist ockergelblich. Über die Mitte des Rückens geht eine hellere, schwärzlich eingefaßte Rückenlinie. Die ockergelben Luftlöcher stehen in dem weißlichgrauen Seitenstreife. Jeder Absatz führt vier weißliche Wärzchen. Sie lebt, im Spätherbste, dann im Frühjahre, auf Hauhechel und andern niederen Pflanzen. Flugzeit: Juni. Nicht häufig.

Polia.

Flavicincta.

Kopf und Rücken hochgelb bestäubt grau, der Hinterleib weißgrau mit orangegelber Beimischung. Die Vorderflügel zeigen sich als ein wolkiges Gemisch von Weißgrau und Braungrau, mit gelben Punkten und Fleckchen; die Hinterflügel aber gelblich aschgrau mit einem dunklen Zackenstreif und dunkler verwischter Binde.

Die Raupe ist schlank und gegen den nur kleinen Kopf geschmälert, außer diesem, der glänzend braun ist, grün, und führt längs des Rückens einen dunklen, längs jeder Seite aber einen gelben Strich. Sie lebt, im Mai und Juni, auf Weide, Beifuß, Stachelbeere, Wildlattich, Ampfer und Wegwart. Sie ist gesellig und überwintert. Zur Verwandlung dient ihr, in der Erde, ein erdiges Gekitte. — Die Puppe ist glänzend rothbraun, mit kurzer, schwarzer Endspitze. Diese Eule — in den meisten Gegenden Deutschlands, wiewohl etwas selten — zeigt sich im Sommer.

Dichonia.

Aprilina.

Taf. XI., Fig. 6.

Die Raupe ist nackt und rindenfarbig braun, mit einer weißlichen Linie zwischen gelben und weißen Punkten längs des Rückens; hiernächst aber mit zwei weißen gezackten Linien. Sie lebt, im April und Mai, am Tage zwischen den Spalten der Eichbäume, des Nachts aber auf den letzteren. Zur Verwandlung dient ihr blos eine Erdhöhle. — Die Puppe ist schlank und braun. Entwickelung: im August oder September. In den meisten Gegenden Deutschlands. Nicht selten.

Luperina.

Virens.

Kopf, Rücken und Halskragen sind sanft grün, die Vorderflügel hellgrün mit hellem Rande und weißen Franzen, die Hinterflügel aber weiß, ins Grünliche spielend.

Die Raupe ist schmutzig grün, ohne Glanz und Zeichnung, mit einem schwarzen Kopfe. Sie lebt, indem sie überwintert, im Frühlinge, auf Hühnerdarm und Spitzwegerich. Zur Verwandlung, in der Erde, umgiebt sie sich mit einem leichten Gewebe. — Die Puppe ist dunkelbraun. Die Phaläne — in den meisten Gegenden Deutschlands — findet sich im Juli und August. Sie sitzt an wohlriechenden Blumen oder Distelköpfen nach Sonnenaufgang ganz betäubt.

Hadena.

Polyodon.

Kopf, Halskragen und Rücken sind braunroth mit grauer Einmischung, der Hinterleib graubraun. Die Vorderflügel sind, hell- und dunkel wechselnd, braunroth, am Vorderrande bleich mit dunkleren Flecken. Bemerkbar ist auch eine gezackte, gelbe Linie und in der Mitte der Buchstabe W. Die Hinterflügel sind gelbbraun, schwärzlich gegen den Außenrand und auf den Adern.

Die Raupe ist dick, walzenförmig, blaßbräunlich oder schwarzgrau, mit einem helleren Rückenstreif, einigen dunkleren andern Streifen und vielen schwarzen Punkten. Der Kopf aber ist glänzend schwarz. Sie lebt, im April und Mai, fast ihre ganze Lebenszeit in der Erde, an den Wurzeln mehrerer Grasarten und Küchenkräuter. Sie überwintert und verwandelt sich in der Erde. — Die Puppe ist glänzend kastanienbraun; ihre Spitze endigt sich in zwei konusförmige Stielchen, welche ein ankerförmiges Querstück haben. Entwickelung: im Juni oder Juli. Überall in Deutschland nicht selten.

Euplexia.

Lucipara.

Kopf, Rücken und Halskragen kaffeebraun, der Hinterleib bräunlichgrau. Die Vorderflügel haben eine glänzende Kupferfarbe und theilen sich mittelst Querlinien in drei Felder, deren das mittlere dunkel, fast schwarz, das eine der beiden andern am hellsten und mit Purpur lebhaft sich verschönert zeigt. Auch haben sie und zwar dunkle, gelblich eingefaßte Franzen. Die Hinterflügel sind graugelb, am Außenrande braun, fast schwarz. Sie führen gleichfalls und zwar graue, gelb eingefaßte Franzen.

Die Raupe ist glatthäutig und grün, an den Einschnitten der Ringe aber und an den Seiten etwas blasser. Jeder Ring hat dunkelgrüne, schräge, gegen die Mitte sich verbreitende Striche. Unten, am Leibe hinweg, zieht sich eine weißgelbe Linie. Der Kopf ist braun. Sie lebt, im August, September und October, auf Brombeeren, Steinbeeren, Sauerampfer, Salat, Kamillen, Steinklee, Natterkopf, Ochsenzunge und Schöllkraut. Zur Verwandlung, in der Erde, umgiebt sie sich mit einem erdigen Gekitte. — Die Puppe ist glänzend rothbraun, an ihrer Endspitze mit zwei einwärts gekrümmten, wie ein S gestalteten Häkchen. Diese Eule — in den meisten Gegenden Deutschlandes nicht selten — findet sich im Mai, Juni und Juli.

Brotolomia.

Meticulosa. (Achateule.)

Taf. XI., Fig. 7.

Die Raupe ist glatthäutig und grün oder rindenfarbig braun, mit drei weißen, längs gehenden Rücken- und Seitenlinien und schrägen Strichen auf jeder Seite. Am After aber hat sie einen kleinen Höcker. Sie lebt, im März und April, so wie im Juni, auf Mangold, Levkoien, Gauchheil, Hühnerdarm, gemeinem Schierling, Schlüsselblumen, Wermuth und Wollkraut. Sie überwintert und umgiebt sich bei ihrer Verwandlung, in der Erde, mit einem leichten Gewebe. — Die Puppe ist glänzend rothbraun, mit einer feinen Endspitze. Entwickelung: Mai, Juli und August. Allenthalben in Deutschland.

Mania.

Maura. (Schwarzes Ordensband.)

Taf. XI., Fig. 8.

Die Raupe ist schwarzgrau, mit einer weißlichen Rückenlinie und weißlichen Einschnitten der Ringe. Auf dem zehnten Ringe hat sie zwei, auf dem eilften einen und zwar weißlichen Höcker. Sie lebt, im Mai und Juni, auf niederen Pflanzen und Gartensalat, ist aber schwer zu finden. Sie überwintert und umgiebt sich zu ihrer Verwandlung mit einem Gewebe. — Die Puppe ist kolbig, mit zwei Endspitzen, röthlich mit blauer Bereifung und besonders lebhaft. Die Phaläne — in mehreren Gegenden Deutschlands — findet sich, im Juli und August, in Gewölben, Kellern, unter Brücken u. dgl. verborgen, und nicht eben häufig.

Naenia.

Typica.

Kopf, Halskragen und Rücken sind hellbraun, der Hinterleib grau. Die Vorderflügel sind braunröthlich oder sehr dunkel rußig oder auch lichtgrau mit weißer Mischung. Die Querlinien sind weiß oder bräunlich bestäubt und bilden sich gitterförmig. Die Hinterflügel sind aschgrau, nach dem Außenrande zu dunkler und hier mit hellen, schwarzbegrenzten Franzen.

Die Raupe ist grau und führt auf jeder Seite, ihrer Länge nach, drei Linien, eine rothe und zwei weißgraue, auch hier einige dunkle Punkte. Sie lebt, im April und Mai, auf Wollkraut, Hundszunge, Brennnesseln und verschiedenen Arten der Weide. Sie überwintert und umgiebt sich zu ihrer Verwandlung mit einem erdigen Gewebe. — Die Puppe ist rothbraun, mit einfacher Endspitze. Entwickelung: im Juli und August. Allenthalben in Deutschland.

Gortyna.

Flavago. (Königskerzeneule.)

Kopf, Halskragen und Rücken sind röthlichbraun mit hochockergelber Einfärbung, der Hinterleib gelbgrau. Die in vier Felder abgetheilten Vorderflügel sind entweder gelbrothbraun, hochgelb mit bräunlicher Bestäubung oder ganz rothbraun. Die Hinterflügel sind gelb mit dunklem Mittelfleck und Bogenstreifen.

Die Raupe ist schmutzig weiß, mit dunkelbraunem Halsschilde und mehreren schwarzen Wärzchen. Der Kopf ist gelbbraun. Sie lebt, im Juli und August, in den Stengeln des Wollkrautes (Königskerze), der großen Klette, Wasserbraunwurz und in den Zweigen des gemeinen Hollunders. Auch erfolgt ihre Verwandlung im Stengel der ihr beliebten Pflanzen. — Die Puppe ist rothbraun, langgestreckt. Die Phaläne — in mehreren Gegenden Deutschlands nicht selten — findet sich im Mai oder im August und September.

Nonagria.

Algae. (Cannae.)

Kopf, Rücken und Halskragen bei dem Manne dunkelrothbraun, bei dem Weibe trübockergelb, der Hinterleib aschgrau, bei dem Manne röthlich, bei dem Weibe gelblich überfärbt. Die Vorderflügel sind bei dem Manne dunkelrothbraun, bei dem Weibe trübockergelb; die Hinterflügel bei ersterem dunkelgrau, bei letzterem gelblichgrau.

Die sehr dünne Raupe ist graulich oder gelblich, mit vier schwarzen Punkten oder Wärzchen auf jedem Ringe, und mit bräunlichem Kopfe und Nackenschilde. Auch ist die Endklappe grünlichweiß. Sie lebt, im Juni, in der breitblätterigen Schilfkolbe. Ihre Verwandlung geht im Innern des Rohres, in einem Gewebe vor. Die Puppe ist walzenförmig, langgestreckt und gelbbraun von Farbe. Sie findet sich meist in dünnen Stengeln. Die Eule — in mehreren Gegenden Deutschlands — erscheint im August.

Leucania.

L. album. (Weißes L.)

Kopf und Halskragen sind graugelb oder bräunlichgelb, der Hinterleib grau, zu beiden Seiten mit schwarzen Punkten. Die Vorderflügel sind gelbgrau, in der Mitte mit einem weißen L; die Hinterflügel gelbgrau oder aschgrau.

Die Raupe ist gelblich fleischfarbig, mit zwei nebeneinander laufenden feinen Linien längs des Rückens und zwei schwärzlichen Längsstreifen zu jeder Seite. Der Kopf ist grünlichgrau. Sie lebt, im Frühlinge und auch im Sommer, auf dem Wegerich und andern niedern Pflanzen. Sie überwintert und umgiebt sich zur Verwandlung mit einem holzigen, erdigen Gekitte. — Die Puppe ist im Verhältniß zur Raupe sehr klein und von Farbe schwarzbraun. Diese Eule — nirgends in Deutschland selten — zeigt sich im Juni und auch im September.

Albipuncta.

Kopf, Halskragen und Rücken in der Farbe wie die Vorderflügel, der Hinterleib grau oder röthlich und stets heller als die Vorderflügel. Diese aber sind gelbgrau, ändern sich jedoch bis zum Rostbraun oder Weißlichgelb, mit zwei helleren Querlinien. Die Hinterflügel sind gelblichgrau oder aschgrau.

Die Raupe ist schmutzig grau, zuweilen röthlich mit einer schwärzlich eingefaßten, weißen Rückenlinie und einem schwärzlichen Streife längs beiden Seiten des Rückens, auch noch einer weißen Linie unter diesem Streife. Der Kopf ist lichtbraun. Sie lebt, im April und Mai, auf Gras und niederen Pflanzen. Sie überwintert und umgiebt sich zur Verwandlung, in der Erde, mit einem leichten Gewebe. — Die Puppe ist braungelb. Die Phaläne — in mehreren Gegenden Deutschlands — zeigt sich im Juli oder August.

Caradrina.

Alsines. (Hühnerdarmeule.)

Körper und Vorderflügel sind rostfarbig braun, diese mit zwei eisengrauen Querlinien, deren die eine gezackt, die andere vielbogig ist. Die Hinterflügel sind beim Manne gelblich grau, beim Weibe schwärzlicher.

Die Raupe ist schmutzig hellgrau, auch wohl aschfarbig, schwärzlich und ziegelroth. Längs des Rückens führt sie drei weißliche, längs jeder Seite aber einen breiten weißen Streif, in welchem sich die Luftlöcher als schwarze Punkte zeigen. Sie lebt, im Juli bis, indem sie überwintert, zum Frühlinge, und nährt sich von Wegerich, Hühnerdarm und Gras. Zur Verwandlung, in der Erde, umgiebt sie sich mit einem erdigen Gewebe. — Die Puppe ist glänzend braun, am Ende mit zwei konusförmigen Spitzen. Diese Phaläne — in mehreren Gegenden Deutschlands — erscheint im Juni und Juli.

Amphipyra.

Tragopoginis.

Kopf, Halskragen und Rücken sind braunschwarz, der Hinterleib heller in dieser Farbe. Die Vorderflügel sind schwarzbraun, beinahe ohne alle Zeichnung; die Hinterflügel braungelblich, gegen die Wurzel weißlich oder röthlich.

Die Raupe ist nackt und grün, mit fünf weißen Längslinien und dazwischen befindlichen weißen Punkten, auf welchen einzelne feine Haare stehen. Sie lebt, im Mai oder Juni, auf Bocksbart, Spinat, Ampfer, Feldrittersporn und noch andern Pflanzen. Sie überwintert und umgiebt sich zur Verwandlung mit einem erdigen Gewebe. — Die Puppe ist dunkelbraun. Diese Eule — allenthalben in Deutschland — findet sich im Juli oder August.

Pyramidea.

Kopf, Halskragen und Rücken sind dunkelroth, der Hinterleib ist glänzend röthlich, doch etwas aschgrau überfärbt. Die Vorderflügel sind aschgrau mit schwarzbrauner Einmischung und metallischem Glanze. Auch führen sie drei weißliche oder gelbliche Querlinien. Die Hinterflügel zeigen sich glänzend kupferfarbig, doch dunkler gegen den Vorderrand.

Die Raupe führt hinten einen pyramidenförmigen Höcker. Vor der dritten Häutung ist sie sehr zart und weich, von Farbe gelblichgrün, nachher aber ist sie grün mit mehreren weißen Längslinien und weißer Punktirung. Auch zeigt sich die Spitze des Höckers rothgelb. Sie lebt, im Mai und Juni, auf Esche, Nußbaum, Rüster, Pappel, Eiche, Hartriegel, Johannisbeerstrauch, Pflaume, Geißblatt und noch andern Pflanzen. Sie überwintert; zur Verwandlung aber, zwischen Blättern, umgiebt sie sich mit einem Gewebe. — Die Puppe ist dunkelbraun bis auf die Flügelscheiden, die schwärzlich sind. Insbesondere tief sind die Einschnitte des Hintertheils. Flugzeit: Juli und August. Allenthalben in Deutschland.

Taeniocampa.

Miniosa.

Kopf, Halskragen und Rücken mennigroth oder ockergelb, mit Grau gemischt, der Hinterleib grau. Die Vorderflügel ändern in Gelb- oder Mennigroth, mit Grau gemischt. Sie führen grau umzogene, gelbe Querlinien und eine gelbe, wiewohl meist unterbrochene Zackenlinie. Die Hinterflügel sind weiß mit einem Mittelpunkte und Bogenstreifen.

Die Raupe ist längs oben blau, an den Seiten schwarz, mit einem gelben Mittelstreifen längs des Rückens und einer gelben Linie zu beiden Seiten, auch zwei schwarzen Flecken auf jedem Ringe. Der Kopf ist schwarz gefleckt weißlich. Sie lebt, im Mai, auf Eiche, Birke und italienischer Pappel. Ihre Verwandlung erfolgt in der Erde, in einem festen Gewebe. Diese Eule — in mehreren Gegenden Deutschlands, wiewohl nicht häufig — erscheint im Frühlinge.

Incerta. (Instabilis.)

Körper und Rücken sind von abwechselnder Farbe der Vorderflügel, der Hinterleib aschgrau. Die Vorderflügel sind in ihrer Grundfarbe bald blaugrau, bald aschgrau, lederbraun, rostbraun oder rothbraun, mit einem gefleckten Außenrande, bald verlorenen, bald deutlichen Querlinien und einer Zackenlinie. Die Hinterflügel sind entweder aschgrau oder gelbgrau oder auch rothbraun, mit einem starken Mittelfleck.

Die Raupe ist an Kopf und Körper meist gelblichgrün, mit einer in der Farbe abweichenden Rückenlinie und gelbem Längsstreif an jeder Seite. Auch führt sie vier Reihen gelber Pünktchen. Sie lebt, im Mai und Juni, auf Rüster, Linde, Eiche und mehreren Obstbäumen. Zur Verwandlung dient ihr eine bloße Höhle in der Erde — Die Puppe ist rothbraun. Diese Phläne — überall in Deutschland und immer häufig — zeigt sich im Frühlinge.

Panolis.

Piniperda.

Kopf, Rücken und Halskragen sind gelbröthlich, der Hinterleib braungrau. Die Vorderflügel sind bräunlichroth mit zwei gelblichen Querstreifen, die Hinterflügel schwarzbraun mit röthlichem Glanze.

Die Raupe ist nackt und grün, mit drei weißen und zwei rothen Längsstreifen. Der Kopf ist gelb und wie mit einem rothen Netz überzogen. Sie lebt, im Juni bis August, gesellig auf der Föhre und deren Nadeln. Würde sie nicht an verschiedenen Fliegen und an den Schlupfwespen so viele Feinde haben, welche nämlich ihre Eier in sie legen und dadurch verursachen, daß von hundert Raupen kaum acht bis zehn leben bleiben, und würden ihrer nicht so viele von Vögeln gefressen werden, so würde keine Föhrenwaldung bestehen können, vor der so großen Vermehrung dieser Raupe. Zur Verwandlung dient ihr nur eine Erdhöhle. — Die Puppe ist rothbraun oder schwarzbraun. Flugzeit: April und Mai. Häufig.

Dicycla.

Oo.

Kopf, Rücken und Hinterleib sind hellockergelb, letzterer stark zugespitzt, jener des Weibes mit einem langen Legestachel versehen. Die Vorderflügel sind hellockergelb und gitterförmig von braunen Adern und Querlinien durchzogen. In der Mitte bemerkt man zwei o. Die Hinterflügel sind gelblichweiß in der Farbe.

Die Raupe ist blaßroth mit weißen Flecken, welche an den oberen Ringen fast zu einer Mittellinie sich ergeben, und mit einer weißen Seitenlinie über den Füßen. Der Kopf ist schwarz. Sie lebt, im Mai und Juni, so wie im August und September, auf Eichen. Ihre Verwandlung erfolgt zwischen zusammengesponnenen Blättern. — Die Puppe ist braunroth. Entwickelung: im Juli und August und auch im nächsten Frühjahre. In mehreren Gegenden Deutschlands, aber nicht häufig.

Calymnia.

Trapezina.

Kopf, Halskragen und Rücken haben die Farbe der Vorderflügel; diese sind gewöhnlich schmutzig ockergelb, diese Farbe geht jedoch durch alle Stufen in das Graue und Fleischfarbige dann wieder in das Bräunliche, Rothgelbe und Mennigrothe über. Noch führen sie aber auch weißliche, braun eingefaßte Querlinien und man unterscheidet ein unregelmäßiges Viereck (Trapez). Die Hinterflügel sind aschgrau, an den Rändern ockergelb.

Die Raupe ist mattgrün, mit drei weißen, zwei dunkelbraunen und zwei schwefelgelben Linien; erstere gehen über den Rücken, letztere über die Füße hinweg. Auch führt sie auf dem Leibe oben schwarze Wärzchen. Der Kopf ist braun gestrichelt. Sie lebt, im Mai und Juni, auf Ahorn, Linde, Eiche, Haselstrauch, Birke, Aspe, Rüster, Hainbuche und noch andern Bäumen oder Sträuchern. Sie verwandelt sich in einem schwachen Gewebe, in oder über der Erde. — Die Puppe ist dunkelbraun. Entwickelung: nach 3 bis 5 Wochen, gegen Ende Juli. Allenthalben gemein.

Orthosia.

Rufina.

Kopf, Halskragen und Rücken sind röthlichbraun, die Vorderflügel sanft grünlichgelb mit drei röthlichen Streifen, die Hinterflügel aschgrau.

Die Raupe ist rothbraun oder leberfarbig, mit weißer Punktirung und einer schwärzlichen Linie längs des Rückens, so wie einem weißen Streif längs jeder Seite. Sie lebt, im Mai, auf Eichen. Sie verwandelt sich in der Erde, in einem leichten Gewebe. — Die Puppe ist rothbraun und führt zwei kurze Endspitzen. Entwickelung: im September oder October. Allenthalben, aber nicht häufig.

Xanthia.

Citrago.

Kopf, Halskragen und Rücken sind ockergelb, auch wohl citron- oder orangegelb, der Hinterleib ist weißlichgelb. Die Vorderflügel sind citrongelb, auch wohl orangegelb, mit vier rostfarbigen Querlinien, die Hinterflügel aber weißlichgelb, mit braunrothem Mittelfleck und Bogenstreif.

Die Raupe ist röthlichgrau mit schwarzem Nackenschilde, schmalem weißen Rückenstreifen und breitem weißen Streif über den Füßen. Auf jedem Ringe, dem Rückenstreif zu beiden Seiten, führt sie weiße Punkte; der Kopf ist gelbröthlich. Sie lebt, im Mai und Juni, zwischen zusammengesponnenen Blättern, auf Linde und Wollweide. Ihre Verwandlung geschieht zwischen Blättern, in einem zarten Gewebe. — Die Puppe ist hellbraun und die Phaläne entkommt aus ihr im Juli, August oder September. In mehreren Gegenden Deutschlands.

Orrhodia.

Rubiginea.

Kopf und Halskragen sind hochockergelb, der Rücken röthlich fuchsfarbig, der Hinterleib röthlichgrau. Die Vorderflügel wechseln mit einer helleren oder trüberen gelblichen Rostfarbe. Dieselben sind auch wohl ganz gelb oder ganz fuchsroth. Die Hinterflügel sind gelblich aschgrau.

Die Raupe ist schwarzgrau, etwas bräunlich, dünn behaart, mit einem schwarzen Fleckenstreif längs des Rückens. Sie lebt, im Mai und Juni, auf dem wilden Apfelbaume. Sie verwandelt sich in der Erde, in einem leichten erdigen Gewebe. — Die Puppe ist braun, mit zwei gebogenen Endspitzen. Entwickelung: im September; auch im zeitigen Frühjahr. In mehreren Gegenden Deutschlands.

Scopelosoma.

Satellitia.

Kopf, Hals und Rücken sind von Farbe wie die Vorderflügel, der Hinterleib ist röthlich- oder gelblichgrau. Die Vorderflügel aber sind meist rothbraun oder rostfarbig, auch gelblich-braun oder graubraun, mit dunkler Liniirung. Die Hinterflügel haben dagegen eine asch-graue Farbe.

Die Raupe ist sammtschwarz, ins Braune spielend, mit rostbraunem Kopfe und gelb eingefaßtem, schwarzen Nackenschilde. Auch führt sie einzelne Härchen. Sie lebt, im April und Mai, auf Birnbaum, Eiche, Buche, Rüster, Himbeeren- und Stachelbeersträuchern und mehreren niederen Pflanzen. Zu ihrer Verwandlung, in der Erde, umgiebt sie sich mit einem leichten Gewebe. — Die Puppe ist braun, an dem unteren Theile des Bruststückes schwärzlich. Sie hat eine einfache Schwanzspitze. Die Phaläne — in ganz Deutschland nicht selten — erscheint im September.

Scoliopteryx.

Libatrix. (Dotterweideneule.)

Kopf, Halskragen und Rücken feuerroth, der Hinterleib grau mit rother Mischung. Die stark gezackten Vorderflügel sind grauroth oder gelblich rußfarbig, mit zwei braun gerandeten, grauweißen, etwas gekrümmten Querlinien und weißer Lichtung gegen den Außenrand. Die Hinterflügel sind aschgrau, gegen die Wurzel gelbgrau.

Die Raupe ist schlank, glatt und grasgrün, mit zwei weißgerandeten, dunklen Linien längs ihres Körpers und gelben Einschnitten ihrer Ringe. Sie lebt, im Juli und August, auf Weide, Pappel, Rose und Gundelrebe. Sie verwandelt sich zwischen zusammengesponnenen Blättern in einem leichten Gewebe. — Die Puppe ist erst grün mit schwarzen Flügelscheiden, dann ganz düster schwarz und sehr lebhaft. Diese Phaläne — fast überall in Deutschland — findet sich, im Spätherbste, mitten im Winter und im Frühjahre, in Kellern, Speisekammern, unter Brücken, zwischen Zäunen, an Bretwänden und andern Orten.

Xylina.

Ornithopus. (Rhizolitha.)

Kopf und Halskragen hellgrau, der Rücken weißgrau, der Hinterleib aschgrau. Die an sich langen und schmalen Vorderflügel sind weißgrau mit graubrauner Einmischung und mit einem in drei Zacken sich endenden Längsstreif. Die Hinterflügel sind braungrau mit weißem Saume.

Die Raupe ist bläulich- oder apfelgrün, mit vielen weißen Punkten und auf jedem Ringe mit Wärzchen, deren jedes mit einem einzelnen weißen Haar versehen ist. Längs des Rückens aber führt sie eine dunkle, weißgesäumte Linie. Sie lebt, im Mai und Juni, auf Weißeiche, Weidenarten und Zwetsche. Sie ist sehr träge und frißt äußerst wenig. Zur Verwandlung dient ihr eine bloße Erdhöhle. — Die Puppe ist kolbig und rothbraun, ihre Endspitze überwärts gekrümmt, mit zwei einwärts gebogenen Stacheln. Entwickelung: im August und September, oder nach der Überwinterung im zeitigen Frühjahr zu finden. In ganz Deutschland nicht selten.

Calocampa.

Exoleta. (Moderholz.)

Kopf weißgrau, der Halskragen bräunlich oder röthlich, der Rücken schwarz, der Hinterleib gelbgrau. Die an sich langen und schmalen Vorderflügel sind graubraun und in hellerer Farbe so verwischt, daß sie wie moderndes Holz aussehen, mit einer dunklen Linie gegen den

Außenrand und vier oder fünf weißen Punkten am Rande. Die Hinterflügel sind aschgrau mit dunkleren Adern. Auf den Vorderflügeln bemerkt man auch ein gelbes W.

Die Raupe ist gelblichgrün glänzend, an jeder Seite mit einem rothen und über diesem mit einem schwarzgesäumten Längsstreif, über letzterem aber führt sie auf jedem Ringe zwei weiße, schwarz umgebene Punkte. Auch zeigen sich solche Punkte zwischen dem rothen und gelben Längsstreif. Sie lebt, im Juli und August, auf Scharte, Melde, Spargel, Wolfsmilch, Lattich, Gänsefuß, Ginster, Pfrieme, Hauhechel, Himbeere, Steinbrombeere, Erbse und noch andern Pflanzen. Zur Verwandlung, in der Erde, dient ihr eine weiche, besponnene Höhle. — Die Puppe ist glänzend rothbraun. Diese Phaläne — viel verbreitet in Deutschland — wird im August und September gefunden.

Asteroscopus.

Sphinx. (Cassinia.)

Kopf, Halskragen und Rücken schwarzgrau, der Hinterleib gelblichgrau. Die Vorderflügel sind aschgrau oder weißgrau, mit vielen abgesetzten, braunen und schwärzlichen Längsstrichen, auch einer deutlichen Zackenlinie. Die Hinterflügel sind braun bestäubt weiß mit einem Mittelfleck.

Die Raupe ist glänzend grün, nach der dritten Häutung gelblich und zuletzt fast weiß. Längs des Rückens zeigt sie drei hellweiße Streife, längs der Seiten einen schwefelgelben Streif. Sie ist sehr zart und nach der letzten Häutung fast durchsichtig. Sie findet sich, im Mai bis August, auf Linde, Wollweide, Eiche und mehreren andern Bäumen. Ihre Verwandlung erfolgt in der Erde, nach Verlauf von drei Monaten. — Die Puppe ist dunkelbraun und die Phaläne entkommt aus ihr im September und October. Allenthalben, jedoch nicht häufig.

Cucullia.

Verbasci. (Wollkrauteule.)

Kopf gelblich, der Halskragen weißgrau, der Hinterleib röthlichgelb. Die Vorderflügel sind mitten schmutziggelb, wie versteinertes Holz, am Vorder- und Innenrande aber ziemlich breit schön braun. Auch bemerkt man einen schwarzen Längsstrich mit mehreren schwarzen Punkten. Die Hinterflügel sind meist braunschwarz.

Die Raupe ist perlweiß, der Kopf schwarz punktirt gelb. Auf jedem Ringe aber führt sie gelbe und schwarze Fleckchen. Sie lebt, im Mai bis September, auf dem Färbe-Wollkraut oder der wolligen Königskerze und andern Pflanzen dieser Art. Zur Verwandlung umgiebt sie sich mit einem erdigen Gekitte. Die Phaläne entwickelt sich im Mai oder Juni des nächsten Jahres, zuweilen auch um ein ganzes Jahr später. Allenthalben nicht selten.

Scrophulariae.

Sie ähnelt der vorhergehenden Eule, nur sind die Hinterflügel mehr hell in der Farbe; auch ist sie kleiner als die Wollkrauteule und hat weniger stark gezähnte Vorderflügel.

Die Raupe ist grünlich weiß, hellgelb gefleckt und schwarz punktirt. Der Kopf ist bräunlich gelb und führt acht bis zehn schwarze Punkte. Man findet sie, im Juni und Juli an der Wasserbraunwurz, knotigen Braunwurz und auf den Wollkrautarten. Verwandlung und Erscheinung wie bei Verbasci. Sie ist viel verbreitet in Deutschland.

Tanaceti.

Kopf, Halskragen und Rücken aschgrau oder weißgrau. Die Vorderflügel sind weißgrau oder auch wohl aschgrau, stellenweise mit kleineren und größeren schwarzen Längsstrichen, auch mit einigen bräunlichen Strichen und weißen Punkten. Die Hinterflügel sind weiß mit brauner Bestäubung.

Die Raupe ist perlfarbig mit vielen schwarzen Punkten, Strichen und Fleckchen, auch fünf gelben Längslinien. Sie lebt, im Mai bis September, auf Rainfarn, Wermuth, Beifuß, Kamille u. a. Kräutern. Ihrer besonderer Eigenschaften wegen, ist ihrer bereits, in der 1sten Abtheilung dieses Buches, gedacht worden. Zur Verwandlung umgiebt sie sich mit einem erdigen Gekitte. — Die Puppe ist gelbbraun, am Scheitel und an den Augendecken schwärzlich; die abgerundete Zungenscheide geht über das zweite Gelenk des Hinterleibes. Diese Eule — im nördlichen Deutschland — kommt im Juli und August zum Vorschein.

Argentea. (Artemisiae.) (Silbermönch.)

Kopf und Halskragen sind grün, der Rücken ist weiß, der Hinterleib gelblich weiß. Die Vorderflügel sind hellgrün mit silberglänzendem Außenrande und mit mehreren (meist sieben) hellsilbernen Flecken im Mittelfelde; die Hinterflügel glänzend weiß und verloschen schwarz punktirt.

Die Raupe ist grün von Farbe und braunroth gefleckt; auch führt sie spitzige Warzen und andere kleine Erhabenheiten. Der Kopf ist hellbraun. Sie lebt, im Juli bis September, auf dem wilden oder Feld-Beifuß, von dem sie nur die Blumenköpfe, Blumen und Samenkapseln frißt. Zu ihrer Verwandlung, in der Erde, umgiebt sie sich mit einem erdigen Gewebe. — Die Puppe ist dick. Kopf und Flügelscheiden sind grün, letztere in einer stumpfen braunen Spitze endigend; die Flügelscheiden ziemlich schwarzbraun, der Rücken und die Ringe grünlich mit hellbraunen Einschnitten. Diese Phaläne — in mehreren Gegenden des nördlichen Deutschlands, jedoch ziemlich selten — zeigt sich im Frühlinge und im Sommer. Sie ist eine der schönsten Noctuen.

Plusia.

Triplasia.

Kopf dunkelbraun, Halskragen und Rücken ockergelb. Die Vorderflügel sind glänzend braun achatförmig, in der Mitte und nach der Wurzel zu mit zwei hell oder bräunlich eingefaßten schwarzen Querlinien und zwei dreieckigen schwarzen Flecken, der eine am Vorderrande. Die Hinterflügel sind graubraun, gegen die Wurzel heller, auch wohl weißlich.

Die Raupe ist dunkelgrün, auch wohl fleischfarbig mit einer weißen Längslinie auf dem Rücken zwischen dem Kopfe und dem vierten Ringe, und mit schiefen, auf dem Rücken sich verbindenden weißen Linien über den Füßen. Auch ist sie mit feinen Härchen bewachsen. Der Kopf ist bräunlich grün. Sie lebt, im Juli und August, gesellig auf der großen Nessel und verwandelt sich zwischen zusammengesponnenen Blättern. — Die Puppe ist braun, kurz und dick, auch gegen den Kopf geeckt. Entwickelung: im Herbst, oder Mai und Juni des nächsten Jahres. Allenthalben in Deutschland nicht selten.

Chrysitis. (Messingeule.)

Kopf und Halskragen sind orangegelb, der Rücken grau, der Hinterleib gelbbraun. Die Vorderflügel sind, dem polirten Golde ähnlich, glänzend messingfarbig, mit braunen Streifen in der Mitte querdurch und einigen rundlichen Zeichnungen. Die Hinterflügel sind braungrau mit Metallglanze.

Die Raupe ist grün, mit mehreren feinen weißen Längslinien, auch ist sie mit feinen weißen Härchen bewachsen. Sie lebt, im Mai, Juni, auch im August, September, auf der bunten Hanfnessel, gemeinen Hanfnessel, großen Brennnessel, dem Andorn, der wilden Münze, Bisamdistel, dem Borretsch, der Klette, Wegedistel, dem Wollkraut, der Kardendistel und andern Pflanzen. Zur Verwandlung umgiebt sie sich mit einem weißen dünnen Gewebe. Diese schöne Eule — in den meisten Gegenden Deutschlands fast allgemein — fliegt im Frühling und auch Juli.

Festucae.

Der Kopf ist hochgelb, der Rücken braun, der Halskragen hellroth. Die Vorderflügel sind goldschimmernd braun, mit drei länglich runden Silberflecken, deren zwei in der Mitte und einer an der Außenecke zu sehen ist. Die Hinterflügel sind gelblichgrau mit Metallschimmer.

Die Raupe ist grasgrün, mit gelblichen Querlinien über den Ringen, einer weiß gesäumten, dunkelgrünen Linie längs des Rückens und einem weißen Seitenstreif über den Füßen. Auch bemerkt man noch mehrere gelbe feine Seitenlinien und auf ihr feine Härchen der Kopf aber ist grünbraun. Sie lebt, im Juni und Juli, auf Mannaschwingel oder Schwaden und der breitblätterigen Schilfkolbe. Ihre Verwandlung erfolgt an den Stengeln ihrer Futterpflanze oder auf der Erde in einem dichten weißen Gewebe. — Die Puppe ist hellgrün, auf dem Rücken schwarz. Diese schöne Phaläne — in den meisten Gegenden Deutschlands — zeigt sich im Juli, August und September.

Gamma. (Ypsilon.)

Kopf und Halskragen braungrau, der Hinterleib hellgelblichgrau. Die Vorderflügel zeigen sich in einer angenehmen Vermischung von hell- und dunkelgrau, in der Mitte mit etwas Rostfarbe. Gegen den Innenrand aber führen sie, zwischen feinen Goldlinien, eine gold- oder silberfarbig glänzende Zeichnung, die, vom Innenrande her betrachtet, einem γ (Gamma) oder Υ (Ypsilon) ähnelt, von dem Vorderrande her aber einem λ (Lambda). Die Hinterflügel sind gelbbraun, mit dunkelbrauner Färbung am weißlichen Rande.

Die Raupe ist hellgrün, mit sechs ganz feinen weißlichen oder gelblichen Linien längs des Rückens und einem gelben Streif an jeder Seite. Auch führt sie einzelne dünne Härchen; der Kopf ist bläulich grün. Sie lebt, vom Frühlinge bis zum Herbst, auf allen niedern Gewächsen, selbst das Gras nicht ausgenommen, wenn es ihr an andern Pflanzen ermangeln sollte. Sie ist gesellig und in Menge eine gar schädliche Raupe. Zu ihrer Verwandlung umgiebt sie sich mit einem weißen Gewebe. — Die Puppe ist schwarzbraun und die Phaläne kommt aus ihr in vierzehn Tagen bis drei Wochen zum Vorschein, aber auch wohl erst nach der Überwinterung. Diese Eule — allenthalben in Deutschland in Menge — erscheint vom Frühjahre bis zum Herbst fast ununterbrochen.

Anarta.

Myrtilli. (Heidelbeereule.)

Der Kopf ist braun, Halskragen und Rücken sind rothbraun mit gelblich weißer Streifung, der Hinterleib aber ist schwarz. Die Vorderflügel sind porphyrfarbig, wie Sammt, mit weißer Marmorirung, und ändern so vom helleren Roth bis in's dunkle Schwarzbraun. Nahe am Hinterrande zeigt sich auf ihnen eine doppelt geschweifte gelbe Querlinie. Die Hinterflügel sind pomeranzengelb mit einer breiten sammtschwarzen Binde, nahe den Franzen. Diese sind gelblich weiß, bei den Vorderflügeln rothbraun gefleckt weiß.

Die Raupe ist grasgrün, ihr Kopf bläulich. Jeder ihrer Ringe führt fünf viereckige stumpfe Spitzen. Sie lebt, im Juli und August, auf Heidelbeeren, Sumpfbeeren, Wald= und Sumpfhaide. Ihre Verwandlung geschieht zwischen dem Abfall der Pflanze, die ihr zur Nahrung dient. — Die Puppe ist stumpf und dunkelbraun. Entwickelung: im Juli desselben Jahres oder im folgenden Jahre, im April oder Mai. In mehreren Gegenden Deutschlands.

Heliothis.

Dipsacea. (Kardendisteleule.)

Kopf, Halskragen und Rücken sind grüngelb, der Hinterleib graugelb. Die Vorderflügel sind grünlich blaßgelb mit einem quer durch die Mitte gehenden dunkleren Bande, am Hinterrande mit den Franzen jedoch etwas weniger blaß und hier mit einer Reihe brauner Punkte. Die Hinterflügel sind gelblich, mitten mit einem großen und länglichen schwarzen Flecke. Hier sind aber die Franzen weiß und mit einer braunen Linie umzogen.

Die Raupe ist langgestreckt und an beiden Enden sich verdünnend, von Farbe grün und mit sechs weißen Linien am Körper. Sie lebt, im Mai und auch im August, auf dem Spitzampfer (Mengelwurz), auf Kardendistel, Cichorie, Flockenblume, Sterndistel, Lichtnelke, Gliedweich und noch andern Pflanzen. Zur Verwandlung, in der Erde, umgiebt sie sich mit einem lockeren Gewebe. — Die Puppe ist schwärzlich braun, bläulich bestäubt, gegen den Kopf und an den Seiten mit einem Knöpfchen. Sie hat zwei steife Endspitzen. Entwickelung: im Juli und auch im nächsten Frühjahre. Ziemlich gemein in Deutschland.

Chariclea.

Delphinii. (Ritterspornеule.)

Kopf, Halskragen und Rücken sind gelblich weiß, der Hinterleib aschgrau. Die Vorderflügel sind bald blaß, bald lebhaft purpurroth, mit einem zackigen und bogigen rosenrothen Streif und am Außenrande mit gelbem Saume. Die Hinterflügel sind lichtbraun, mit grauen Adern und Mittelfleck.

Die Raupe ist violettgrau, mit einer schmalen, schwefelgelben Linie längs des Rückens und einem gelben Streif längs jeder Seite, auch mit schwarzen Wärzchen auf jedem Ringe und jedes Wärzchen mit einem einzelnen Haare. Der Kopf hat am Halse zwei schwarze Punkte. Sie lebt, im Juli und August, auf Rittersporn, am liebsten auf Brachfeldern. Zur Verwandlung dient ihr eine bloße Erdhöhle. — Die Puppe ist rothbraun, die Flügeldecken aber sind grünlich. Entwickelung: im nächsten Mai oder Juni. Nicht häufig, auch nicht in allen Gegenden Deutschlands.

Acontia.

Luctuosa.

Kopf, Halskragen und Rücken sind braun, fast schwarz, beide letztere mit weißer oder röthlicher Behaarung; der Hinterleib ist schwarzgrau mit weißlichen Einschnitten der Ringe. Die Vorderflügel sind weiß mit kaffeebrauner oder schwarzer Fleckung, die Hinterflügel schwarzbraun mit weißer Mittelbinde und einem weißen Fleck oder Punkt; beide Flügel führen weiße Franzen. Dieser Schmetterling — in mehreren Gegenden Deutschlands, jedoch nicht häufig, — erscheint im Mai bis August.

Agriphila.

Sulphuralis. (Sulphurea.)

Kopf und Halskragen schwefelgelb, der Rücken gelb gefleckt schwarz. Die Vorderflügel sind metallglänzend, schwefelgelb mit schwarzer Zeichnung durch Flecken und Streifen, die Hinterflügel hellschwarzbraun mit gelben Franzen.

Die Raupe ist grasgrün mit einer schwarzen Rückenlinie und doppelter weißer Seitenlinie, oder sie ist braun mit verloschener Rückenlinie und doppelter gelben Seitenlinie. Der Kopf aber ist stets rothbraun. Sie lebt, im Juli und August, an der Feldwinde und auf Weiden. Zur Verwandlung, zwischen Grashalmen, umgiebt sie sich mit einem leichten Gewebe. — Die Puppe ist klein und braunroth. Die Phaläne — allenthalben in Deutschland — zeigt sich im Frühlinge und im Sommer, und zwar gerne auf den Äckern.

Euclidia.

Glyphica.

Kopf, Halskragen und Rücken sind rothbraun oder graubraun, der Hinterleib oben schwärzlich, unten gelbgrau. Die Vorderflügel sind röthlich grau oder bräunlich mit zwei schwärzlich braunen, auswärts hellgerandeten Bändern; die Hinterflügel gelb mit einer schmalen schwarzen Querbinde und schwarzen Adern.

Die Raupe ist zimmtbraun, auch gelblich oder röthlich, mit einer dunklen Linie über den Rücken, die auch wohl in feinere Linien getheilt ist oder gar fehlt. Einige der dunkelsten haben gegen die Luftlöcher einen gelben Saum. Sie lebt, im Mai, Juni, auch aber im August, September, auf dem Wiesenklee. Zur Verwandlung umgiebt sie sich mit einem dünnen Gewebe zwischen Blättern oder Moos. — Die Puppe ist dunkelbraun und überzogen mit blauem Reif, am Ende mit Häkchen. Diese Eule — in Deutschland gemein — findet sich im Frühling und dann im August und September, auf Wiesen und in Waldungen bei Tage.

Pseudophia.

Lunaris.

Kopf, Halskragen und Rücken sind grünlichgrau oder heller oder dunkler graubraun, der Hinterleib ist lichter in jener oder dieser Farbe. Die Vorderflügel sind grünlichgrau oder heller oder dunkler graubraun, mit einem braunen Punkte bei der Einlenkung und zwei braun eingefaßten gelben Querlinien. Die Hinterflügel sind gegen die Wurzel gelblichbraun, gegen den Außenrand schwarzbraun.

Die Raupe ist vor der letzten Häutung dunkelgrün mit weißer Punktirung und rother Linie an jeder Seite. Auch hat sie auf dem vierten Ringe zwei rothe erhabene Punkte und auf dem vorletzten Ringe zwei rothe, ziemlich erhabene Spitzen. Nach der letzten Häutung aber ist sie röthlichbraun, und die Seitenlinien sind sehr blaß, so wie die erwähnten Punkte und Spitzen rothgelb. Der an sich flache und große Kopf ist gelb liniirt rothgelb. Sie lebt, im Juli und August, auf Eichen. Sie verwandelt sich in der Erde in einem leichten Gewebe oder außerhalb derselben zwischen dürren Blättern und Moos. — Die Puppe ist braun und die Entwickelung erfolgt im nächsten Mai. In einigen Gegenden Deutschlands. Nicht häufig.

Catocola.

Fraxini. (Blaues Ordensband.)

Taf. XI., Fig. 9.

Die Raupe ist glatt und aschgrau, auch wohl röthlichgrau, bei der einen wie bei der andern Farbe aber viel schwarz punktirt. Auf dem achten Ringe zeigt sie einen Wulst oder Höcker, zur Seite weißliche Franzen. Sie lebt, im Mai und Juni, am Tage unbeweglich in den Spalten der Rinde oder an den dicken Ästen, bei Nacht aber geht sie ihrer Nahrung nach. Diese findet sie auf Pappel, Esche, Birke, Ulme und Ahorn. Ihre Verwandlung geschieht zwischen Blättern oder in einer großen Spalte der Baumrinde und hier umgiebt sie sich mit einem gitterförmigen Gewebe. — Die Puppe ist schlank und rothbraun, auch mit blauem Reif überzogen. Fliegt im August. Allgemein bekannt.

Nupta. (Rothes Ordensband.)

Taf. XI., Fig. 10.

Die Raupe ist bräunlich grau mit eingefärbten gelblichen Flecken und unterbrochenen Streifen. Der Länge nach und schief über die Ringe ziehen dunkelbraune Linien. Auch bemerkt man Vertiefungen und Wärzchen und an den Seiten Franzen. Der achte Ring führt einen flachen Wulst. Sie lebt, im Mai und Juni, auf der weißen Weide, Saalweide und Bruchweide, auch auf der italienischen Pappel und Zitterpappel. Verwandlung, Puppe und Entwickelung wie bei Cat. Fraxini. Diese Eule — allenthalben in Deutschland — zeigt sich im Juli und August.

Sponsa.

Kopf, Halskragen und Rücken sind braun, der Hinterleib oben dunkler, unten hellaschgrau. Die Vorderflügel sind braun mit wolkiger hellerer und dunkler Färbung. Mehrere zackige, bald mehr, bald minder geschweifte Linien ziehen sich querüber hinweg. Die Hinterflügel sind lebhaft hochroth, karminroth, mit zwei gezackten schwarzen Binden; erstere Farbe zeigt sich aber auf den Adern schwärzlich überfärbt. Auch sind diese Flügel graubestäubt weiß gefranzt.

Die Raupe ist aschgrau oder bräunlich mit lichter oder dunkler Einfärbung. Dabei zeigt sie röthliche, mit steifen Haaren besetzte Wärzchen, an den Seiten aber Franzen und auf dem achten Ringe einen Wulst. Sie lebt, im Mai und Juni, auf Eichen. Zur Verwandlung umgiebt sie sich mit einem dünnen, obwohl starken Gewebe. — Die Puppe ist schlank und hellrothbraun und bläulich überstäubt. Diese Phaläne — allenthalben in Deutschland und eben nicht selten — findet sich im Juli.

Paranympha. (Gelbes Ordensband.)

Taf. XI., Fig. 11.

Die Raupe ist braun, bisweilen schwarzgrau, bisweilen auch schwärzlich, bei jeder dieser Farben aber mit rostfarbigen Wärzchen besetzt, auf welchen sich feine Borsten zeigen. Auf dem achten Ringe findet sich ein sehr merklicher Höcker, welcher es noch mehr vor der letzten Häutung ist und senkrecht steht, nach derselben aber hakenförmig sich rückwärts krümmt. Noch bemerkt man auch auf dem vierten und zwölften Ringe Spitzen. Sie lebt, im Mai und Juni, auf dem Weißdorn, auf Schlehe und allen Pflaumenarten, und zwar an den niedrigen Ästen oder Stämmen fest ansitzend. Zur Verwandlung umgiebt sie sich mit einem dünnen Gewebe. — Die Puppe ist blaubereift. Diese Eule — in den meisten Gegenden Deutschlands, jedoch selten — zeigt sich im Juli und August.

Brephos.

Parthenias.

Der ganze Körper ist schwarz, mit bräunlicher, auch wohl weißlicher Behaarung. Die Vorderflügel sind marmorirt grau und rothbraun, mit schwarzer und brauner Bestäubung, mit schwarzen Querlinien und einer rostfarbigen, am Vorder- und Innenrande meist mit Weiß eingefärbten Binde. Die Hinterflügel sind hochgoldgelb mit einer dreieckigen schwarzen Fleckung und schwarzer Binde am Hinterrande. Auch haben sie grau gefleckte weiße, die Vorderflügel aber braungefleckte weiße Franzen.

Die Raupe ist grün mit gelben Linien längs des Rückens und gelbem Striche zu beiden Seiten. Sie lebt, im Juni und Juli, auf Birke, Buche und Eiche. Zur Verwandlung bohrt sie sich in die Rinde des Baumes und verspinnt die gemachte Öffnung, oder sie umgiebt sich mit einem holzigen Gehäuse. — Die Puppe ist länglich und rothbraun, auch höckerig an jedem Ringe ihres Hinterleibes. Die Phaläne — überall in Deutschland — fliegt im Februar, März und April bei Tage.

Puella.

Der ganze Körper ist schwarz mit bräunlicher Behaarung. Die Vorderflügel sind bräunlich aschgrau, mit zwei breiten hellbraunen, oft ins Gelbliche gefärbten und mit schwarzen kappenförmigen Linien gesäumten Binden. Auch zeigt sich zwischen denselben ein schwarzer Fleck. Die Hinterflügel sind hochgelb, mit lichtgelber Färbung und mit zwei schwarzen Binden und dreieckiger schwarzer Fleckung.

Die Raupe ist violett, auch wohl rosenroth, mit weißen Rücken- und Seitenlinien, weißen Einschnitten der Ringe und zwei weißen Punkten auf den mittleren Ringen unter den Rückenlinien. Sie lebt, im Juni und Juli, auf Aspe. Verwandlung und Puppe wie bei dem vorhergehenden Nachtfalter. Diese Phaläne — in mehreren Gegenden Deutschlands — zeigt sich im Frühlinge.

D. Geometrae.

Geometra.

Papilionaria. (Grünes Blatt.)

Taf. XII., Fig. 1.

Die Raupe ist grün, mit einer gelben Linie auf jeder Seite. Der Kopf ist braungelb mit weißer Punktirung. Auf dem 2ten, 5ten, 6ten, 7ten, 8ten und letzten Ringe aber führt sie paarweise stumpfe, krausförmige Zapfen, von braunrother oder rosenrother Farbe, mit vieler weißer Punktirung. Die Schwanzklappe ist rosenroth. Sie lebt, im Mai, Juni, auch im August, September, auf der Birke, dem Haselstrauche, der Buche, Erle und Besenpfrieme. Zur Verwandlung umgiebt sie sich mit einem durchsichtigen weißen Gewebe, zwischen Blättern. — Die Puppe ist länglich, von Farbe oben blaßbräunlich, oft röthlich, unten gelbgrünlich.

Sie ist sehr lebhaft. Die Phaläne fliegt im Mai und im Herbst; fast überall in Deutschland nicht eben selten.

Nemoria.

Viridata. (Brombeerspanner.)

Körper und Fügel sind gelblichgrün, die Vorderflügel führen zwei weiße Querlinien Der Körper spielt ins Weißliche. Die Franzen und der Adernlauf der Flügel sind vornehmlich weiß.

Die Raupe ist fleischfarbig, mit dunkler Rückenlinie. Sie hat vier Hörnchen oder Dornen, deren zwei am Kopfe und zwei hinter dem Halse stehen. Sie lebt, im Juni und auch im September, auf Brombeere, Weißdorn, Eiche, auch auf Haselsträuchern. Verwandlung, Puppe und Entwickelung wie bei Geom. Papilionaria.

Acidalia.

Aureolaria.

Der Körper ist schwärzlich, die Flügel auf ihrer Oberseite hochgoldgelb, wiewohl schwärzlich bestäubt, insbesondere sind es die Vorderflügel. Diese aber und die Hinterflügel zeichnen sich auch dadurch aus, daß über erstere drei, über letztere zwei schwarzbraune Linien hinweggehen.

Die Raupe ist dünn, glatt, weißlich, mit dunklem Rücken, der längs eine braune Linie führt. Sie lebt, im April und Mai, auf der Heckenwicke. Die Entwickelung der Puppe erfolgt im Juni oder Juli. In einigen Gegenden Deutschlands.

Zonosoma.

Pendularia.

Sowohl der Körper als die Flügel sind trübweiß, mit feinem hellgrauen Staube. Jeder der Flügel hat zwei Reihen schwarzer Punkte. Auch führt jeder Flügel in der Mitte der beiden Punktreihen von der Wurzel ab ein Auge, bestehend aus einem braunröthlich umringten weißen Punkt.

Die Raupe ist grün oder auch wohl bräunlich und rostfarbig, der Länge nach mit helleren Linien überzogen. An jeder Seite ziemlich unten, hat sie einen gelben Saum und an jedem Ringe gelbe schiefe, sehr feine Seitenstreife. Sie lebt, im Juni und auch im September, auf Birke und Erle. Ihre Verwandlung erfolgt im Freien, so daß sie sich mittelst ihres Schwanzendes und eines um sich gezogenen Fadens aufhängt. — Die Puppe ist etwas eckig und von Farbe grün, mit vielen schwarzen Pünktchen und schwarzen Strichen an den Flügelscheiden. Diese Phaläne — allenthalben in Deutschland nicht selten — zeigt sich im Mai und im Sommer.

Punctaria.

Körper und Vorderflügel sind mehr oder weniger gelblederfarbig; die Hinterflügel weißlich gelb. Sämmtliche Flügel sowohl als der Körper aber führen viele schwärzliche Punktirung und was insbesondere die Vorderflügel betrifft, so zieht sich mitten auf ihnen hinweg ein in schwärzlichen Punkten sich recht kenntlich gebender gebogener Streif.

Die Raupe ist walzenförmig und von Farbe blaßrehfahl oder auch gelblichgrün. Vom Maule über den Rücken hinweg zieht sich eine hellbraune, wiewohl nicht durchaus gehörig sichtbare Linie, und auf dem vierten und den folgenden fünf Ringen findet sich zu jeder Seite ein in dunkler Rehfarbe kenntlicher spitziger Winkel, der seine Spitze nach hinten kehrt, von einem citronengelben Fleck begrenzt, zwischen sich aber einen hellrothen Fleck hat, welcher auf dem siebenten und folgenden Ringen zu einer geraden Linie wird. Noch zieht sich aber auch neben der erwähnten hellbraunen Linie zu beiden Seiten ein citronengelber Streif über die Stirne und die drei ersten Ringe, der sich in der gelben Farbe des ersten Winkels verliert. Ist jedoch die Raupe grün, so machen sich die Winkel nicht in dunkler Rehfarbe, sondern in einem dunkleren Grün kenntlich. Sie lebt, im Juli und auch im Herbste, auf Eiche. Zur Verwandlung überspinnt sie in ebener Fläche den kleinen Raum eines Blattes und befestigt sich mit der Endspitze daran, hängt sich mit dem Leibe auf und zwar, indem sie um denselben und an das Blatt einen Faden befestigt. — Die Puppe ist fleischfarbig, an den Flügelscheiden blaßgelb, mit röthlichen Streifen und blaßgelben Linien; von der grünen Raupe zeigt sie sich aber mit einem dunkelbraunen Striche und gelblich weißem Saume auf den Flügelscheiden. Entwickelung: Mai, Juni und August. Allenthalben in Deutschland.

Pellonia.

Vibicaria.

Er führt auf seinem weißlichgelben, oft ins Grünliche spielenden Grund seiner Flügel purpurfarbige Striche, auch Binden und Punkte.

Die Raupe ist lang und sehr schlank, oben weißlich mit einigen schwarzen Punkten und einer hellen Rückenlinie. An den Seiten ist sie gelblich weiß. Kopf und Unterleib sind auch weiß. Sie lebt, im Juni und auch im August, an der Bergschmele, öfter an der Besenpfrieme. Ihre Verwandlung geht in einem leichten Gewebe vor. — Die Puppe ist schlank und braun. Fliegt — in mehreren Gegenden Deutschlands — im Mai und Juli.

Zerene.

Grossulariata. (Harlekin.)

Taf. XII., Fig. 2. 3.

Kopf und mitten der Rücken schwarz, dieser gelb, der Halskragen hochgelb, der Hinterleib bleichgelb. Sowohl die Hinter- als die Vorderflügel sind weiß oder grauweiß und in vielen schwarzen Flecken unterbrochen querstreifig (halbstreifig). Die Vorderflügel führen zwei röthlichgelbe Binden, die Hinterflügel statt deren zwei einfache Reihen schwarzer Flecken.

Die Raupe ist weiß oder grauweiß, längs an den Seiten, auch an beiden Enden röthlich gelb, und führt längs des Rückens eine Reihe ungleichweit von einander stehender schwarzer Flecke. Schwarz sind auch Kopf und Bauchfüße. Sie ist gesellig und lebt vom Herbste bis zum nächsten Juni. Man findet sie auf dem Stachelbeer-, Johannisbeer- und Schlehenstrauche, welche Sträuche, wenn sie in Menge da ist, von ihr ganz kahl gefressen werden. Zu ihrer Verwandlung hängt sie sich mit dem Schwanzende an ein Ästchen und umgiebt sich mit einem nur aus wenigen Fäden bestehenden Gewebe. — Die Puppe ist erst glänzend gelb, dann dunkelrothbraun und zuletzt fast schwarz. Entwickelung: Juli und August. Allenthalben gemein.

Marginata.

Taf. XII., Fig. 4.

Der ganze Körper ist schwarz oder schwarzbraun. Sowohl die Hinter- als Vorderflügel sind weiß, auch wohl gelblich weiß. Die vorderen führen am Vorder- und Hinterrande, die hinteren am Außenrande einen ungleich breiten, stellenweise unterbrochenen, schwarzbraunen oder schwärzlichen Saum.

Die Raupe ist dunkelgrasgrün, mit schwärzlichen Längslinien, einer weißen oder gelblichweißen Linie zu jeder Seite über den Füßen hinweg, und gelben oder schwärzlichen Ringeinschnitten. Der Kopf ist braungestreift etwas heller grün. Sie lebt, im April und Anfangs Mai, und auch zu Ende Juni und im Juli, auf dem Haselstrauche, der Buche, dem Pimpernußstrauche, der Zitterpappel und noch andern Bäumen und Sträuchern. Ihre Verwandlung erfolgt in der Erde. — Die Puppe ist klein, kolbig rothbraun. Entwickelung: zu Ende Juni und im Juli, auch im August und September. Allenthalben in Deutschland nicht selten.

Ellopia.

Fasciaria.

Der Körper ist röthlich, der Rücken jedoch dunkler; der Kopf ist hellweis, Die Farbe der Flügel ist ein gelbliches oder bräunliches Roth und, was insbesondere die Vorderflügel betrifft, so ziehen sich über sie zwei gelblichweiße Querlinien oder schmale Querstreifen hinweg, wiewohl sie eben nicht immer deutlich sind.

Die Raupe ist gelblich, mit rothbraunen, nach hinten sich vergrößernden Schildern längs des Rückens und rothbraunen Flecken zu beiden Seiten. Der Kopf ist dunkelbraun mit schwärzlichem Dreieck. Sie lebt, im Juni und auch im August und September, auf Nadelholz. — Sie verwandelt sich in einem Gewebe zwischen Tannennadeln. Die Puppe ist rothbraun. Der Schmetterling erscheint im Mai und Juli. In den meisten Gegenden Deutschlands keine Seltenheit.

Metrocampa.

Margaritata.

Der Körper zeigt sich in einem zarten Perlweiß; die Farbe der gezackten Flügel ist ein sanftes Gelbgrün. Über die Vorderflügel hinweg ziehen sich zwei gleiche, röthlichgrüne Querlinien oder schmale Querstreifen, die nach Außen weiß begrenzt sind. Zwischen ihnen ist auch die Farbe der Flügel mehr düster als sanft. Die Hinterflügel haben nur einen solchen schmalen Querstreifen.

Die Raupe ist dunkelgrün, braun eingefärbt. Über den Rücken hinweg und an den Seiten führt sie weißliche Flecken, auch, wiewohl undeutlich, Zeichnungen von schwärzlichen Strichen und Punkten. Sie lebt in den ersten Frühlingstagen und auch im Mai und Juni, auf Buche. Sie verwandelt sich auf der Erde, wo sie eine Höhle baut, in einem leichten Gewebe. — Die Puppe ist röthlichbraun. Flugzeit: April und Juli. In den meisten Gegenden Deutschlands.

Eugonia.

Alniaria.

Taf. XII., Fig. 5.

Die Raupe ist schlank, nach hinten allmälig dicker, von Farbe bräunlich, schwarzgrau oder auch braungrau, selten aschgrau. Die Ringe sind fast nicht zu unterscheiden. Oben auf dem Rücken führt sie schwulstige Erhöhungen; auch ist sie hier und gegen das Ende hin an den Seiten braun und ockergelb. Sie lebt, im Juni und Juli, auf Erle, Birke, Rüster, Hasel, Hainbuche, Linde, dem Apfel- und Birnbaume, und fast auf jedem Steinobst tragenden Baum oder Strauch. Zur Verwandlung umgiebt sie sich mit einem leichten, netzartigen Gewebe zwischen Blättern. — Die Puppe ist nur klein, von Farbe grünlich weiß und blau bereift. Sie äußert bei der Berührung eine lebhafte Bewegung. Die Phaläne — überall in Deutschland — erscheint im Juli und August.

Selenia.

Illustraria.

Taf. XII., Fig. 6.

Die Raupe ist rindenfarbig braun oder rothbraun und am ganzen Körper runzlich. Die Höcker sind gewöhnlich weiß gestrichelt, der Leib hat hin und wieder dunklere Flecken und Striche. Sie lebt, im Juni und Juli, zum zweiten Male im Herbst, auf Birke, Eiche und einigen andern Bäumen. Flugzeit: Mai und August. Die Sommergeneration ist kleiner und weniger lebhaft in der Farbe. Nirgends selten.

Crocallis.

Elinguaria.

Kopf, Rücken und Vorderflügel sind strohgelb. Zwischen zwei rostbraunen Querlinien, deren äußere gegen die Franzen weiß gesäumt ist, sind jedoch diese Flügel dunkler gelb und es hat hier das Ansehen einer Binde. In der Mitte tiefer zeigt sich ein schwarzer oder brauner Punkt.

Die Raupe ist grau und dabei bräunlich, gelblich oder röthlich, auch wohl grünlich gefleckt. Der platte, fast dreieckige Kopf führt oben einen dunklen Querstrich. Sie lebt, im Mai und Juni, auch im August, auf Geißblatt, Schlehe, Birnbaum, Eiche, Heckenkirsche, Besenpfrieme und noch andern Bäumen und Pflanzen. Ihre Verwandlung geschieht in einem leichten Gewebe zwischen Blättern und Moos. — Die Puppe ist glänzend rothbraun, am Vordertheile dunkler. Die Phaläne — allenthalben in Deutschland — erscheint im Juli.

Angerona.

Prunaria. (Pflaumenspanner.)

Taf. XII., Fig. 7.

Die Raupe ist blaßbraun und hierbei auf dem Rücken hier und da dunkler eingefärbt, oder auch wohl aschgrau und hierbei hier und da mit dunklerer Einfärbung. Auch führt sie Wärzchen und, außer dunklen und hellen Strichchen am Unterleibe und an den Seiten, einen dunklen Strich und zwar ihrer Länge nach vom ersten Ringe an. In der Ruhe hält sie sich mit dem Hinterleibe ihres Körpers fest und streckt so den Körper steif weg. Sie lebt, im April und Mai, auf Schlehe, Geißblatt, Hainbuche, Rüster, Hasel, Besenpfrieme, Flieder und breitem Wegerich. Sie besteht den Winter. Zur Verwandlung umgiebt sie sich mit einem leichten Gewebe zwischen zusammengesponnenen Blättern. — Die Puppe ist rothbraun, an den Flügelscheiden und den Decken schwarz oder braunschwarz. Dieser Spanner — in den meisten Gegenden Deutschlands — zeigt sich im Juni nicht selten an Hecken.

Urapteryx.

Sambucaria. (Hollunderspanner.)

Taf. VII., Fig. 8. 9.

Die Raupe hat verschiedene höckerige Absätze und einen vorn abgeplatteten Kopf. Von Farbe ist sie bald dunkelbraun, bald röthlich- oder gelblichbraun oder grau. Dabei ist sie der Länge nach mit vielen dunkleren gekrümmten Linien gezeichnet und hat das Ansehen eines verkürzten Stieles oder dürren Baumzweiges. Sie lebt, im April und Mai, auf Hollunder, Weide, Birnbaum, Linde und auf allen Arten des Pflaumenbaumes. Sie überwintert. Ihre Verwandlung geschieht in einem freihängenden, sackförmigen, holzigerdigen Gewebe. — Die Puppe ist spindelförmig, weißlich, gelbbraun oder rothbraun mit vieler dunkler Befleckung. Erscheint — in Deutschland nirgends selten — im Juni und Juli.

Hibernia.

Defoliaria. (Waldlindenspanner.)

Der Körper ist gelb, die Vorderflügel sind trübgelb, rostbraun bestäubt, die Hinterflügel schmutzig gelbweiß. In dem helleren Mittelfelde der Vorderflügel zeigt sich ein schwarzer mondförmiger Fleck, von diesem nicht weit ab eine schwarzbraune Querlinie und dahinter eine mattrostfarbige Binde. Kopf und Körper des fast flügellosen Weibes sind ockergelb, erstere mit schwarzen Fleckchen, letztere mit schwarzstaubigen Querstrichen.

Die Raupe, durchaus von gleicher Dicke, ist braunroth, an jeder Seite mit einem schwefelgelben Streifen, in welchem sich auf jedem Ringe ein rothbraunes Strichchen befindet. Auch ist zwischen jedem Gelenkschnitte ein grauer Querstrich. Der oben herzförmige Kopf ist hellbraunroth. In der Ruhe sitzt sie mit gekrümmtem Leibe und den Kopf nebst den drei ersten Ringen aufgerichtet, die Brustfüße auseinander sperrend. Sie lebt, im Mai und Juni, auf Linde, Eiche, Buche, Hainbuche, Birke, Erle, Rüster, Elzbeere, Weißdorn, Schlehe und fast auf allen Obstbäumen. In Menge ist sie eine schädliche Raupe. — Sie verwandelt sich in einer nur wenig besponnenen Erdhöhle. — Die Puppe ist rothbraun, hinterwärts zugespitzt, mit einem Endstachel. Entwickelung: im Spätherbste. Überall in Deutschland, mehr oder minder häufig.

Biston.

Hirtarius. (Kirschenspanner.)

Sein Körper ist braun, auf dem Vordertheile schwarz querstreifig. Die Vorderflügel sind aschgrau, mit ein- und ausgebogenen dunkleren Querstreifen, die Hinterflügel sind hellgrau oder fast weiß, mit mehreren geschlängelten Linien. Vorder- und Hinterflügel aber sind rauh.

Die Raupe ist braungrau, auch wohl rothbraun oder aschgrau, mit blaßrothen Längsstreifen, gelbem Vorderrand des ersten Ringes und gelbpunktirtem Querstreif des vierten, achten und elften Ringes, welcher letztere schwarz gehöckert ist. Längs unten ist sie jedoch lichter als der übrige Körper, den Kopf ausgenommen, denn dieser ist schwarzpunktirt blaßroth. Sie lebt, im Juli bis September, auf dem Kirschbaume und Schlehenstrauche, auf Linde, Pappel, Weide, Eiche, vorzüglich auf Rüster, deren Blätter in der Gefangenschaft ihre liebste Nahrung sind. Bei Tage sitzt sie in den Furchen der Baumrinde. Zur Verwandlung dient ihr eine nicht ausgesponnene Erdhöhle. — Die Puppe ist kurz, dick, rauh, schwarzbraun, mit feinen Borsten besetzt. Dieser Spanner — allenthalben in Deutschland, nicht selten — zeigt sich im März und April.

Amphidasis.

Betularia. (Birkenspanner.)

Taf. XII., Fig. 10.

Sein Körper ist auf dem Vorderleibe grau, auf dem übrigen Leibe gelblich- oder schmutzig weiß. Letzteres sind auch die Flügel; diese aber sind querüber in Schwarz kurzstreifig, viel gefleckt und noch mehr punktirt. Auch führt jeder Flügel in der Mitte einen deutlichen schwarzen Fleck.

Die Raupe ist rindenfarbig braungrau, mit gelblichen Flecken und Strichen und mit zwei eckigen Erhöhungen auf dem ersten Absatze, einer braungelben Warze und zwei gelblichen Warzen zu beiden Seiten auf dem achten Absatze und noch zwei solchen Erhöhungen nahe beisammen auf dem elften Absatze. Der hellbraune, herzförmige Kopf führt ein schwarzes V auf sich. Sie lebt, im Juli bis October, auf Birke, Weide, Pappel, Eiche, und vorzüglich Rüster. Zur Verwandlung dient ihr eine Erdhöhle. — Die Puppe ist glänzend schwarzbraun, dick, kolbig, mit einer schlanken Stielspitze. Diese Phaläne — allenthalben in Deutschland — erscheint im Mai.

Boarmia.

Roboraria. (Steineichenspanner.)

Taf. XII., Fig. 11.

Die Raupe ist rindenfarbig braungrau marmorirt, mit weißlichen Flecken und Streifen, auch auf den Ringen über den Bauchfüßen mit zwei gelblichen Flecken und mit einer dunklen Linie längs des Rückens. Sie lebt, im Mai und im August, auf Eiche und Buche. Ihre Verwandlung erfolgt in der Erde. Die Puppe ist rothbraun und die Phaläne entkommt aus ihr nach einigen Wochen oder auch erst nach dem folgenden Winter. Erscheint — in den meisten Gegenden Deutschlands — im Juni und Juli.

Lichenaria. (Baumflechtenspanner.)

Körper und Flügel sind weißgrau, jedoch mit Moosgrün oder Baumgrün, auch wohl mit Aschgrau oder Braun eingefärbt. Die Vorderflügel führen nicht weit ab von der Wurzel eine gebogene, doppelte, mit Weiß ausgefüllte, braune Querlinie und das Mittelfeld hat einen schwarzen Punkt. Die Hinterflügel sind weißlicher in erwähnter Farbe.

Die Raupe ist auf allen ihrer Ringe, die drei ersten ausgenommen, höckerig und ihr Kopf ähnelt einer gedrückten Kugel. Sie ist bläulichgrün, auch wohl gelbgrün oder gelblich aschgrau. An jeder Seite der drei ersten Ringe führt sie fünf braune Punkte und vom vierten Ringe ab zur Seite eine geschlängelte schwarze Längslinie, welche bei jedem Einschnitte zweimal unterbrochen ist. Sie lebt, im Mai und Juni, an der Baumflechte und an andern Flechten und verwandelt sich unter einer solchen Flechte, wo sie zuvor alle Öffnungen bespinnt. — Die Puppe ist länglich, schmal, von Farbe dunkelbraun, an den Einschnitten violett und mit mehreren Häkchen an der Schwanzspitze. Diese Phaläne — allenthalben in Deutschland, wiewohl nicht häufig — zeigt sich im Juli.

Fidonia.

Carbonaria.

Körper und Flügel sind rußig schwarz. Quer durch die Vorderflügel ziehen drei gebrochene gelbe Linien, und im Mittelfelde findet sich ein schwarzer Mondfleck. Die gelben schwarz gestrichelten Franzen werden von kleinen schwarzen Halbmonden eingefaßt.

Die Raupe ist bläulichschwarz, mit einigen Reihen rothgelber Warzen, auf deren jeder schwarze, gegen die Spitze weißliche und gekrümmte Haare stehen. Sie lebt, im Juni und Juli, am Knotenmoos, doch gewöhnlicher an der Wandflechte, auch von faulem Holze. Sie verwandelt sich in der Erde. — Die Puppe ist stahlgrün glänzend und sehr lebhaft. Dieser Spanner — fast allenthalben in Deutschland — erscheint im August.

Thamnonoma.

Wawaria. (W.-Spanner.)

Der Körper ist weißgrau oder hellaschgrau. So sind auch in ihrer Hauptfarbe alle Flügel, sie sind aber viel und äußerst fein punktirt, sodaß sich die Flügel am Hinterrande schattig zeigen. Auf den Vorderflügeln läßt sich ein W, auf den Hinterflügeln eine verloschene Binde bemerken.

Die Raupe ist bläulichgrün. Zu beiden Seiten führt sie eine hochgelbe breite Längslinie, über den Rücken hinweg eine zarte, weiß eingefaßte dunkle Linie und außerdem viele erhabene schwarze Punkte. Der Kopf ist schwarz punktirt glänzend grünlichbraun. Vor der Verwandlung entfärbt sich jedoch das Grüne in Rothbraun oder Violett. Sie lebt, im Mai und Juni, auf dem Johannisbeer- und dem Stachelbeerstrauche. Zur Verwandlung umgiebt sie sich mit einem dünnen Gewebe, über der Erde. — Die Puppe ist klein, kolbig, mit kurzer Endspitze, von Farbe rothbraun. Flugzeit: Juli. Nirgends selten.

Lythria.

Purpuraria.

Der Körper hat eine schwärzliche Farbe, führt aber goldfarbigen Staub. Die Vorderflügel des Mannes sind olivengrün, die des Weibes goldgelb. Über die Fläche hinweg zeigen sich zwei purpurrothe Streifen und im Mittelfelde bemerkt man, oft mit dem Vorderrande in Verbindung, einen purpurfarbenen Mondfleck. Die Franzen sind gleichfalls purpurroth. Die Hinterflügel sind goldgelb, am Innenrande schwärzlich angeflogen. Die bleich purpurrothen oder fast gelblichen Franzen haben vor sich einen purpurrothen Saum der Fügel.

Die Raupe ist auf dem Rücken gelblichbraun, zu beiden Seiten braun eingefaßt; darunter hinweg zieht eine weiße Linie. Die Unterseite des Körpers ist grasgrün, der Kopf aber ist schwärzlich gestrichelt grün. Sie lebt, im Mai und Juni, auf Wegetritt (Polygonum aviculare), auch auf Eiche und Schwarzdorn. Zur Verwandlung, auf der Erde, umgiebt sie sich mit einem leichten Gewebe. Die sehr lebhafte Puppe ist braunschwarz. Diese — in den meisten Gegenden Deutschlands häufige — Phaläne zeigt sich im Juli und August.

Minoa.

Murinata. (Euphorbiata.) (Wolfsmilchspanner.)

Der ganze Körper und alle Flügel, sowohl oben als unten, haben nur ein einzige Farbe, nämlich braungrau oder blaßröthlichgrau und zwar im nördlichen Deutschland; denn im südlichen Deutschland findet sich solche bräunlichgelb oder auch weißgrau.

Die Raupe ist meist gelblichgrün mit weißen und schwarzen Punkten, einem schwarzen Flecken auf ihren Endringen. Auch findet man sie wohl schwarzbraun, so wie es bei ersterer Farbe der Kopf ist. Sie lebt, in unbestimmten Zeiträumen, auf verschiedenen Arten der Wolfsmilch. Ihre Verwandlung erfolgt in einem feinen Gewebe unter oder auf der Erde. Dieser Spanner — nicht selten, wo Wolfsmilch wächst — erscheint vom Frühling bis zu Ende des Sommers.

Odezia.

Chaerophyllata.

Körper und sämmtliche Flügel, sowohl unten als oben, sind braunschwarz; nur die Spitze der Vorderflügel hat eine andere, nämlich weiße Farbe.

Die Raupe ist dünn, stengelförmig, grün, wie mit einem zarten Sammt überzogen, ohne Punkte oder andere Zeichen. Sie ist gesellig und lebt, im Mai bis Ende Juli, auf dem wilden Kerbel oder Kälberkern, zuweilen in Menge. Ihre Verwandlung geschieht in einem leichten Gewebe. Diese Phaläne — nicht selten in Deutschland — erscheint im Juni und auch im August.

Anaitis.

Plagiata. (Johanniskrautspanner.)

Kopf, Halskragen und Rücken sind hellaschgrau. Die Vorderflügel zeigen sich bläulich aschgrau, mit mehreren rostbraunen Wellenlinien bindenförmig überzogen. Auch bemerkt man an der Flügelspitze einen gelblich-rostbraunen Strich. Die Hinterflügel sind hellgrau.

Die Raupe ist kupferbraun, mit einer dunklen Rücken- und hellgelben Seitenlinie. Sie ist gesellig und lebt, im Mai, auf dem Johanniskraute (Hypericum perforatum). Ihre Verwandlung erfolgt ohne besondere Umgebung auf der Erde oder zwischen dürren Blättern. — Die Puppe ist hellerdbraun, gestreckt und hat eine lange Flügelscheide. Die Phaläne — allenthalben in Deutschland — erscheint vom Juni bis August.

Lobophora.

Sexalata.

Kopf und Rücken sind mit Hellgrau gemischt braun, der Hinterleib aber ist bräunlich geringelt weißgrau. Die Vorderflügel sind gelblich grau mit drei weißlichen Binden und einer hinter diesen befindlichen weißen, kleingezackten Linie. Die Hinterflügel sind weiß, am Hinterrande aber viel dunkler.

Die Raupe ist weißlichgrün mit drei weißen Streifen längs des Rückens. Der Kopf ist platt, oben herzförmig, das Schwanzende gabelförmig. Sie lebt, im August, auf Saalweide und verschiedenen Pappelarten. Zur Verwandlung begiebt sie sich in die Erde. Aus der eben nicht ausgezeichneten Puppe entkommt die Phaläne im Frühlinge des folgenden Jahres. Allenthalben in Deutschland.

Chimatobia.

Brumata. (Frostspanner.)

Der Körper, und zwar der des Mannes, ist grau, doch oben am Vorderleibe, sowie am Kopfe und auch an den Füßen mehr braun. Die Vorderflügel sind braungrau, die Hinterflügel weißgrau oder schmutzig weiß. Das Weib hat nur Stumpfflügel.

Die Raupe ist in ihrer ersten Lebenszeit grau, nach der ersten Häutung aber gelblich bleichgrün, mit schwarzem Kopf und kaum deutlichen weißen Linien längs des Rückens. Nach der zweiten Häutung ist sie grüner und sind die Längslinien deutlicher, und nach der letzten Häutung ist sie blaß gelblichgrün, auch wohl dunkler, mit einer dunkleren zarten Rückenlinie, neben der zwei andere weißgelbe stehen, und noch einer hellen Linie unter letzteren Linien. Der Kopf aber ist matt gelblich oder glänzend hellbraun. Sie lebt gesellig im März, April und Mai auf fast allem Laubholz, namentlich Obstbäumen. Zur Verwandlung kriecht sie in die Erde und umgiebt sich hier mit einem Gehäuse. — Die Puppe ist dick und gelbraun, mit zwei auswärts gebogenen Spitzen am Ende. Die Phaläne erscheint im October oder November, auch wohl erst im December. Allenthalben gemein und in der Raupe oft schädlich auftretend.

Lygris.

Prunata.

Kopf und Rücken sind braun, der Hinterleib bräunlich mit schwarzpunktirten Gelenkseinschnitten. Die Vorderflügel zertheilen sich in vier Felder, wovon das erste und dritte sammtartig schwarzbraun oder auch wohl rothbraun ist. Das zweite Feld führt auf weißlichem Grunde mehrere lichtere und dunklere, braune oder röthliche Linien und hat ein künstlich durchbrochenes Ansehen. In dem vierten Felde zeigt sich eine braun oder röthlich gefärbte weiße Binde, mit einer Reihe schwarzer oder schwarzbrauner weißgerandeter Flecken und Halbmonde. Die Hinterflügel sind bräunlich oder röthlichweiß, mit drei zackigen weißen Linien und mit einem an der Wurzel befindlichen kleinen braunen Punkte.

Die Raupe ist grün, grau oder braun. An jeder Seite führt sie eine unterbrochene rothe Linie, längs des Rückens aber eine Reihe rother, auch wohl bräunlicher Fleckchen, deren das letzte sich wie ein Strich zeigt. Auch hat sie ein glänzend schwarzes Halsschild. Sie lebt, im Mai bis Juli, zwischen zusammengezogenen Blättern, auf allen Arten von Obstbäumen, vorzüglich Zwetschen, auch auf Stachelbeersträuchern, Rüster, Pappel und noch andern Bäumen. Im Falle der Noth dient ihr auch die Moosdistel und der Salat. In Menge ist sie eine schädliche Raupe. Ihre Verwandlung geschieht innerhalb zusammengesponnener Blätter.

Diese Phaläne — in mehreren Gegenden Deutschlands — zeigt sich von Mitte Juli bis in den September.

Cidaria.

Hastata.

Kopf, Rücken und Hinterleib sind schwarz mit weißen Querstreifen. Sämmtliche Flügel sind schwarz und auch weiß in band- oder bindenförmiger Anlage; nämlich von der Wurzel ab zeigt sich erst ein schwarzes Band mit weißen, gezackten Streifen, dann ein schmales weißes Band mit schwarzer Punktreihe; in der Mitte ist ein schwarzes gezacktes Band mit weißen Streifen und diesem folgt eine weiße Binde mit einer schwarzen Punktreihe in ihrer Mitte. Der breite Hinterrand der Vorderflügel, welcher schwarz ist, führt mehrere weiße Striche und Flecke.

Die Raupe ist zimmtbraun oder schwarzbraun oder auch wohl fast schwarz, bei ersterer Farbe mit einer dunkelbraunen, bei jeder der letzteren mit einer schwarzen Linie längs oben des Körpers. An jeder Seite aber führt sie eine Reihe goldgelber Flecken von einer hufeisenähnlichen Gestalt, welche durch goldgelbe Pünktchen zusammenhängen und so eine Kette bilden. Der gerundete kleine Kopf ist glänzend schwarzbraun, mit einem dreieckigen gelbbraunen Fleck über dem Maule. Sie ist gesellig und lebt, im Juli und August, auf Birkenbüschen, in einer Umgebung von zusammengesponnenen Blättern, welche sie inwendig benagt, bis sie durchlöchert sind, wo sie sich nun eine andere solche Umgebung verschafft. Ihre Verwandlung erfolgt innerhalb zusammengesponnener Birkenblätter oder auch in der Erde. — Die Puppe ist glänzend gelb, zuletzt glänzend rothbraun. Ihr Kopf ist unter sich gebogen, der Mittelleib dick, und der Hinterleib spitzig. Die Stielspitze besteht aus zwei nach außen gekrümmten Spitzen. Entwickelung: Mai und Juni. Allenthalben, jedoch nicht eben häufig.

Eupithecia.

Rectangularia.

Die Oberseite der Flügel ist dunkel saftgrün mit schwarzbrauner Bestäubung. Die Vorderflügel wechseln zwischen einem bräunlichen und entschiedenen Grün. Längs des Vorderrandes stehen starke schwarze Flecken, aus denen feine braune Zackenlinien entspringen. Die erste befindet sich nahe an der Wurzel. Die zweite und dritte fassen einen breiten Mittelraum ein, der oft ganz mit Braun verfinstert erscheint. Die dritte Linie macht in ihrer Mitte einen vorspringenden Winkel und ist weiß begrenzt. Hierauf wird der Grund erst grün, dann braun, oder gefleckt, bis zur weißen Zackenlinie vor den Franzen. Die Hinterflügel sind ebenfalls braun oder grün, aber die bindenartigen Zeichnungen der vorderen laufen nur verloschen fort.

Die Raupe ist apfelgrün, mit kleinem braunen Kopf und tiefen Ringeinschnitten. Sie lebt, im Mai und Juni, auf Obst-, namentlich Apfelbäumen. Flugzeit: Juni und Juli. Nirgends selten in Deutschland.

Systematisches Verzeichniss
der deutschen Schmetterlinge
nebst Angabe der im Handel üblichen Preise.

Die Preise sind in Silbergroschen verstanden; wenn zwei verschiedene Beträge angegeben sind, so ist der Betrag links für das Männchen, rechts für das Weibchen gemeint.

Es können diese Schmetterlinge jederzeit in einzelnen Stücken oder in Mehrzahl von **Ernst Heyne** in Leipzig, Poststrasse Nr. 12, bezogen werden.

Rhopalocera.

Papilio.
- Podalirius 2
- Machaon 1

Thais.
- Polyxena 3

Parnassius.
- Apollo 4
- Delius 5:8
- Mnemosyne 3

Pieris.
- Crataegi 2
- Brassicae 1
- Rapae 1
- Napi 2
- Callidice 6
- Daplidice 2

Anthocharis.
- Cardamines 2

Leucophasia.
- Sinapis 2

Colias.
- Palaeno 4
- v. Philomene 12:18
- Phicomone 4
- Hyale 2
- Myrmidone 4
- Edusa 3

Rhodocera.
- Rhamni 1

Thecla.
- Betulae 2
- Spini 2
- W. album 5
- Ilicis 2
- Pruni 4
- Quercus 2
- Rubi 2

Polyommatus.
- Virgaureae 2
- Thersamon 5:6
- Hippothoë 6:8
- Eurydice 2
- Alciphron 4
- Gordius 8
- Dorilis 1
- Phlaeas 1
- Helle 3

Lycaena.
- Tiresias 3
- v. Polysperch. 5
- Aegon 2
- Argus 3
- Battus 3
- Hylas 4:6
- Orbitulus 3
- Medon 3
- Eros 5:10
- Eroides 10:15
- Icarus 1
- Chiron 4:6
- Amanda 4
- Adonis 3
- Corydon 2
- Dorylas 3:4
- Daphnis 4
- Admetus 3
- Damon 3
- Alsus 2
- Cyllarus 2
- Jolas 6
- Alcon 6
- Diomedes 2
- Arion 5
- Arcas 3:4

Nemeobius.
- Lucina 3

Apatura.
- Iris 6:10
- Ilia 7:12
- ab. Clytie 5:8

Limenitis.
- Populi 5:12
- ab. Tremulae 20
- Camilla 6:8
- Sibylla 4
- Lucilla 5
- Aceris 8

Vanessa.
- Levana 1
- ab. Porrima 8
- v. Prorsa 2
- C. album 2
- Polychloros 2
- Xanthomelas 12
- V. album 15
- Urticae 1
- Io 1
- Antiopa 2
- Atalanta 2
- Cardui 2

Melitaea.
- Cynthia 5
- Maturna 3
- Artemis 2
- v. Merope 6
- Cinxia 2
- Phoebe 3
- Didyma 3
- Athalia 1
- Dictynna 3
- Britomartis 6
- Parthenie 3
- Asteria 6

Argynnis.
- Aphirape 5
- Selene 1
- Euphrosyne 1
- Pales 3
- ab. Isis 6
- v. Arsilache 4:6
- Dia 2
- Amathusia 6
- Daphne 4
- Ino 2
- Hecate 3
- Latonia 2
- Aglaja 2
- Niobe 2
- ab. Eris 3
- Adippe 4
- Laodice 12
- Paphia 3

Melanagria.
- Galatea 1
- Lachesis 4:6
- Clotho 4
- Psyche 5:7

Erebia.
- Medusa 2
- Medea 3:4
- Ligea 2
- Euryale 3:5

Chionobas.
- Aëllo 7

Satyrus.
- Proserpina 4
- Hermione 3
- Alcyone 3
- Briseis 3
- Semele 2
- Statilinus 6
- Fidia 7
- Phaedra 3:5
- Cordula 5:7

Pararga.
- Maera 3
- Megaera 1
- Egeria 2
- Dejanira 4:8

Epinephele.
- Lycaon 2
- Janira 1
- Tithonius 2
- Hyperanthus 1

Coenonympha.
- Hero 2
- Iphis 2
- Arcania 2
- Pamphilus 1
- Davus 3:4

Spilothyrus.
Malvarum 2
Lavaterae 3:4
Syrichthus.
Carthami 4
Alveus 3
Malvae 1
ab. Taras 10
Erynnis.
Tages 2
Hesperia.
Thaumas 1
Lineola 1
Actaeon 6
Sylvanus 2
Comma 2
Carterocephalus.
Paniscus 4:5
Silvius 10:12

Heterocera.

A. Sphinges.

Acherontia.
Atropos 10
Sphinx.
Convolvuli 6
Ligustri 2
Pinastri 2
Deilephila.
Vespertilio 10
Galii 3
Euphorbiae 2
Celerio 60
Elpenor 3
Porcellus 4
Nerii 40
Smerinthus.
Tiliae 2
Quercus 20
Ocellata 3
Populi 2
Pterogon.
Oenotherae ... 6
Macroglossa.
Stellatarum ... 2
Bombyliform. 5
Fuciformis 5
Trochilium.
Apiforme 4
Bembeciforme 20
Sciapteron.
Tabaniforme .. 5

Sesia.
Scoliiformis ... 25
Spheciformis .. 6
Cephiformis ... 12
Tipuliformis ... 4
Conopiformis . 15
Asiliformis ... 8
Myopiformis .. 8
Culiciformis ... 5
Formiciformis 5
Ichneumoniformis 4
Uroceriformis. 20
Muscaeformis. 10
Empiformis ... 5
Astatiformis .. 6
Bibioniformis . 8
Bembecia.
Hylaeiformis .. 6
Thyris.
Fenestrella 4
Ino.
Pruni 2
Geryon 4
Statices 2
Zygaena.
Minos 2
Brizae 6
Cynarae 4
Meliloti 4
Angelicae 3
Trifolii 2
Lonicerae 2
Filipendulae .. 2
Hippocrepidis 6
Ephialtes 5
v. Peucedani .. 3
Fausta 5
Carniolica 2
Syntomis.
Phegea 2
Naclia.
Ancilla 3

B. Bombyces.

Sarrothripa.
Revayana 5
Earias.
Clorana 4
Hylophila.
Prasinana 2
Quercana 5
Nola.
Togatulalis 6

Nudaria.
Mundana 2:4
Murina 6
Calligenia.
Miniata 4
Setina.
Irrorella 2
Roscida 3:6
Mesomella 2
Lithosia.
Muscerda 5
Griseola 2
Depressa 3
Complana 2
Aureola 3
Gnophria.
Quadra 3
Rubricollis 3
Emydia.
Grammica 3
Deiopeia.
Pulchella 4
Euchelia.
Jacobaeae 2
Nemeophila.
Russula 2:6
Plantaginis ... 2
ab. Hospita 5
Callimorpha.
Dominula 2
Hera 5
Pleretes.
Matronula 35
Arctia.
Caja 2
Villica 4
Purpurea 4
Hebe 4
Aulica 3
Spilosoma.
Fuliginosa 2
Luctifera 4
Mendica 3
Lubricipeda ... 2
Menthastri 2
Urticae 6
Epialus.
Humuli 4
Sylvinus 3
Lupulinus 4
Hectus 2
Cossus.
Ligniperda 4
Terebra 40

Zeuzera.
Aesculi 12
Limacodes.
Testudo 2
Asellus 15:10
Psyche.
Unicolor 3
Graslinella 20:10
Fumea.
Pulla 4
Pentophera.
Morio 2
Orgyia.
Gonostigma ... 6
Antiqua 2
Ericae 10:6
Ocneria.
Detrita 8
Dispar 2
Psilura.
Monacha 2
ab. Eremita ... 10
Panthea.
Coenobita 12
Leucoma.
Salicis 1
Porthesia.
Chrysorrhoea . 2
Auriflua 2
Laria.
V. nigrum 10
Dasychira.
Pudibunda 2
Fascelina 3
Selenitica 7
Cnethocampa.
Processionea .. 4
Pityocampa ... 6
Bombyx.
Crataegi 8
Populi 3
Franconica 12:10
Castrensis 3
Neustria 2
Lanestris 2
Catax 6
Rimicola 10
Trifolii 4
Quercus 2
Rubi 3
Lasiocampa.
Dumeti 10:15
Potatoria 3
Pruni 15

Pini	5
Quercifolia	3
Populifolia	60
Betulifolia	3
Ilicifolia	12
Endromis.	
Versicolora	5:7
Saturnia.	
Pyri	10
Spini	6
Pavonia	2
Aglia.	
Tau	3:5
Platypteryx.	
Falcataria	2
Curvatula	7
Sicula	5
Lacertinaria	3
Binaria	5
Cultraria	4
Cilix.	
Spinula	2
Harpyia.	
Bicuspis	60
Furcula	6
Bifida	3
Erminea	12
Vinula	2
Stauropus.	
Fagi	5
Uropus.	
Ulmi	3
Hybocampa.	
Milhauseri	45
Notodonta.	
Dictaea	4
Dictaeoides	5
Ziczac	3
Tritophus	15
Tremula	4
Torva	12
Dromedarius	2
Chaonia	3
Querna	10
Dodonaea	3
Bicoloria	5
Argentina	20
Lophopteryx.	
Carmelita	15
Camelina	2
Cucullina	15
Pterostoma.	
Palpina	3
Drynobia.	
Velitaris	5

Melagona	15
Gluphisia.	
Crenata	20
Ptilophora.	
Plumigera	4
Pygaera.	
Bucephala	2
Clostera.	
Anastomosis	4
Curtula	2
Anachoreta	3
Reclusa	2
Gonophora.	
Derasa	5
Thyatira.	
Batis	2
Cymatophora.	
Ocularis	15
Or	2
Duplaris	6
Fluctuosa	20
Asphalia.	
Diluta	6
Flavicornis	2
Ridens	4

C. Noctua.

Diloba.	
Caeruleoceph.	2
Demas.	
Coryli	2
Acronycta.	
Leporina	2
Aceris	1
Megacephala	1
Alni	60
Tridens	3
Psi	2
Cuspis	10
Menyanthidis	4
Auricoma	2
Euphorbiae	5
Euphrasiae	5
Rumicis	1
Ligustri	1
Bryophila.	
Ereptricula	6
Glandifera	3
Perla	3
Moma.	
Orion	3
Diphthera.	
Ludifica	4
Agrotis.	
Porphyrea	3

Ericae	45
Sigma	5
Janthina	6
Linogrisea	4
Fimbria	3
Sobrina	30
Augur	4
Ravida	4
Pronuba	1
ab. Innuba	2
Orbona	3
Comes	3
Neglecta	20
Triangulum	2
Baja	5
Speciosa	40:50
Candelisequa	10
C. nigrum	2
Tristigma	5
Xanthographa	2
Rubi	8
Brunnea	2
Festiva	4
Depuncta	8
Multangula	4
Ocellina	4
Plecta	3
Flammatra	3
Simulans	3
Lucipeta	20
Fugax	5
Putris	3
Signifera	3
Forcipula	4
Fimbriola	3
Latens	12
Exclamationis.	2
Ripae	25
Tritici	5
v. Vitta	10
Obelisca	3
ab. Ruris	12
Saucia	5
Clavis	2
Corticea	5
Crassa	5
Praecox	3
Herbida	2
Occulta	4
Charaeas.	
Graminis	5
Neuronia.	
Lolii	5
Cespitis	6

Mamestra.	
Leucophaea	2
Advena	4
Tincta	6
Nebulosa	2
Contigua	3
Thalassina	3
Suasa	3
Pisi	2
Brassicae	1
Persicariae	2
Oleracea	2
Genistae	3
Glauca	5
Dentina	1
Marmorosa	10
Chenopodii	1
Saponariae	4
Dysodea	2
Serena	3
Dianthoecia.	
Albimacula	6
Compta	3
Conspersa	4
Capsincola	1
Cucubali	3
Carpophaga	3
Irregularis	4
Episema.	
Scoriacea	5
Ammoconia.	
Caecimacula	4
Polia.	
Polymita	10
Flavicincta	5
Chi	3
Dryobota.	
Protea	2
Dichonia.	
Convergens	3
Aeruginea	6
Aprilina	2
Chariptera.	
Culta	8
Miselia.	
Bimaculosa	5
Oxyacanthae	2
Valeria.	
Jaspidea	15
Oleagina	8
Apamea.	
Testacea	2
Nickerlii	50
Luperina.	
Matura	5

Virens	5
Hadena.	
Satura	8
Adusta	10
Ochroleuca	6
Furva	6
Lateritia	3
Polyodon	4
Lithoxylea	4
Infesta	3
Basilinea	2
Rurea	2
ab. Combusta	4
Scolopacina	10
Hepatica	10
Gemina	6
ab. Submissa	10
ab. Remissa	10
Unanimis	5
Oculea	3
Connexa	20
Ophiogramma	8
Strigilis	2
Furuncula	4
Dipterygia.	
Pinastri	3
Hyppa.	
Rectilinea	20
Rhizogramma.	
Petroriza	4
Chloantha.	
Hyperici	5
Perspicillaris	5
Radiosa	8
Eriopus.	
Pteridis	6
Trachea.	
Atriplicis	3
Euplexia.	
Lucipara	2
Habryntis.	
Scita	20
Brotolomia.	
Meticulosa	2
Mania.	
Maura	6
Naenia.	
Typica	2
Jaspidea.	
Celsia	90
Helotropha.	
Leucostigma	8
Hydroecia.	
Nictitans	8
Micacea	20

Gortyna.	
Flavago	4
Nonagria.	
Nexa	10
Algae	8
Typhae	3
ab. Fraterna	10
Senta.	
Maritima	8
Leucania.	
Pallens	2
Obsoleta	3
Comma	5
Conigera	3
L. album	3
Albipuncta	3
Lithargyrea	3
Turca	4
Grammesia.	
Trigrammica	4
Caradrina.	
Pulmonaris	4
Alsines	2
Taraxaci	4
Lenta	4
Rusina.	
Tenebrosa	3
Amphipyra.	
Tragopoginis	2
Pyramidea	3
Taeniocampa.	
Gothica	2
Miniosa	4
Cruda	2
Populeti	8
Stabilis	2
Gracilis	4
Incerta	2
Opima	5
Munda	4
Panolis.	
Piniperda	2
Pachnobia.	
Leucographa	15:20
Rubricosa	3
Dicycla.	
Oo	6
Calymnia.	
Pyralina	5
Affinis	2
Diffinis	2
Trapezina	1
Cosmia.	
Paleacea	10

Plastenis.	
Retusa	2
Subtusa	4
Cirrhoëdia.	
Ambusta	4
Centrago	8
Cleoceris.	
Viminalis	5
Orthosia.	
Lota	4
Circellaris	1
Rufina	2
Pistacina	4
Nitida	6
Laevis	5
Litura	3
Xanthia.	
Citrago	3
Aurago	10
Togata	3
Fulvago	2
ab. Flavescens	6
Gilvago	3
Oporina.	
Croceago	3
Orrhodia.	
Erythroceph.	4
ab. Glabra	4
Veronicae	4
Silene	5
Rubiginea	3
Vaccinii	1
Scopelosoma.	
Satellitia	2
Scoliopteryx.	
Libatrix	2
Xylina.	
Semibrunnea	20
Socia	3
Furcifera	3
Ornithopus	2
Calocampa.	
Vetusta	4
Exoleta	4
Solidaginis	8
Xylomiges.	
Conspicillaris	2
Asteroscopus.	
Nubeculosa	10
Sphinx	5
Xylocampa.	
Lithoriza	10
Lithocampa.	
Ramosa	25

Calophasia.	
Opalina	4
Platyptera	7
Lunula	3
Cucullia.	
Verbasci	3
Scrophulariae	2
Tapsiphaga	4
Asteris	2
Umbratica	2
Chamomillae	3
ab. Chrysanth.	8
Tanaceti	3
Artemisiae	2
Absynthii	3
Argentea	5
Eucarta.	
Amethystina	5
Plusia.	
Triplasia	2
Asclepiadis	8
Urticae	5
Concha	7
Moneta	3
Consona	4
Illustris	4
Chrysitis	2
Festucae	5
Jota	10
Gamma	1
Aedia.	
Leucomelas	8
Anarta.	
Myrtilli	3
Heliaca.	
Tenebrata	3
Heliothis.	
Dipsacea	2
Chariclea.	
Delphinii	5
Umbra	3
Acontia.	
Luctuosa	2
Erastria.	
Bankiana	3
Uncana	3
Agriphila.	
Sulphuralis	4
Euclidia.	
Mi	1
Glyphica	1
Pseudophia.	
Lunaris	6
Catephia.	
Alchymista	20

Catocala.	
Fraxini	5
Elocata	4
Nupta	4
Sponsa	4
Promissa	6
Paranympha	12
Spintherops.	
Spectrum	8
Toxocampa.	
Pastinum	7
Viciae	10
Craccae	6
Aventia.	
Flexula	5
Zanclognatha.	
Tarsiplumalis	5:7
Brephos.	
Parthenias	2
Notha	3
Puella	4

D. Geometrae.

Pseudoterpna.	
Pruinata	5
Geometra.	
Papilionaria	6
Nemoria.	
Viridata	5
Acidalia.	
Aureolaria	3
Rufaria	3
Muricata	8
Pallidata	3
Rusticata	2
Aversata	2
Emarginata	7
Immorata	2
Tesselaria	20
Rubricata	3
Remutata	1
Zonosoma.	
Pendularia	3
Porata	3
Punctaria	3
Timandra.	
Amataria	2
Pellonia.	
Vibicaria	3
Rhyparia.	
Melanaria	8
Zerene.	
Grossulariata	2
Sylvata	3
Adustata	2
Marginata	2
Bapta.	
Temerata	4
Terpnomicta.	
Cararia	24
Cabera.	
Pusaria	2
Exanthemata	2
Numeria.	
Pulveraria	6
Ellopia.	
Fasciaria	3
v. Prasinaria	6
Metrocampa.	
Margaritata	6
Honoraria	15
Eugonia.	
Angularia	4
Alniaria	5
Canaria	5
Quercaria	15
Selenia.	
Illunaria	2
Lunaria	5
Illustraria	3
Pericallia.	
Syringaria	8
Therapis.	
Evonymaria	6
Himera.	
Pennaria	2
Crocallis.	
Elinguaria	2
Eurymene.	
Dolabraria	3
Angerona.	
Prunaria	5
Urapteryx.	
Sambucaria	6
Rumia.	
Crataegata	2
Epione.	
Apiciaria	10
Advenaria	3
Venilia.	
Macularia	2
Macaria.	
Notata	3
Alternata	3
Liturata	6
Hibernia.	
Leucophaearia	1
ab. Nigricaria	5
Aurantiaria	4
Progemmaria	2
Defoliaria	3
Anisopteryx.	
Aescularia	2
Phigalia.	
Pilosaria	2
Biston.	
Hispidarius	10
Pomonarius	4
Zonarius	4
Hirtarius	2
Stratarius	4
Amphidasis.	
Betularia	2
Boarmia.	
Cinctaria	3
Repandata	2
Roboraria	6
Consortaria	2
Viduata	7
Lichenaria	3
Crepuscularia	1
Luridata	3
Sthanelia.	
Hippocastanaria	6
Fidonia.	
Carbonaria	5
Roraria	5
Limbaria	5
Eurranthis.	
Plumistaria	5
Ematurga.	
Atomaria	2
Bupalus.	
Piniarius	1
Thamnonoma.	
Wawaria	2
Brunneata	6
Phasiane.	
Clathrata	1
Scoria.	
Dealbata	3
Lythria.	
Purpuraria	2
Ortholitha.	
Plumbaria	2
Limitata	2
Moenitata	3
Bipunctaria	2
Minoa.	
Murinata	2
Anaitis.	
Plagiata	1
Chesias.	
Spartiata	3
Obliquata	5
Lobophora.	
Halterata	3
Carpinata	2
Chimatobia.	
Brumata	2
Eucosmia.	
Undulata	5
Scotosia.	
Vetulata	3
Lygris.	
Prunata	5
Pyropata	20
Testata	3
Populata	2
Cidaria.	
Pyraliata	3
Fulvata	5
Ocellata	2
Bicolorata	5
Variata	2
Juniperata	3
Siterata	2
Truncata	2
Olivata	3
Pectinataria	6
Fluctuata	1
Luctuata	4
Hastata	3
Tristata	2
Biriviata	2
Bilineata	1
Elutata	2
Impluviata	3
Silaceata	6
Capitata	5
Berberata	2
Derivata	5
Eupithecia.	
Rectangulata	3
Centaureata	2

Europäische (ausserdeutsche) Schmetterlinge.

Rhopalocera.

Papilio.
v. Feisthamelii 12
Alexanor 12

Thais.
Cerisyi......... 12:25
Rumina......... 10:15
v. Medesicaste 6

Doritis.
Apollinus...... 25:35

Anthocharis.
Eupheno 3:4

Zegris.
Eupheme 20

Colias.
Nastes......... 20:30
Chrysotheme.. 6:8

Rhodocera.
Cleopatra 5

Thecla.
Acaciae 5

Thestor.
Ballus 5:10

Polyommatus.
v. Miegii 15

Lycaena.
Optilete 4:6
v. Aquilo 25
Sebrus.......... 6:10
Coelestina 10:15
Melanops 8:12

Libythea.
Celtis 5

Charaxes.
Jasius.......... 20

Apatura.
v. Metis 30:–

Vanessa.
Egea 7
v. Ichnusa 20

Melitaea.
v. Desfontainii 4
Trivia 3

Argynnis.
Polaris 60
Pandora 12

Melanagria.
v. Herta 4:8

Erebia.
Mnestra 5
Evias........... 6:10
Alecto 6:10
Epistygne 12:16
Afra............ 8
Manto 5
Gorge.......... 4:6
Goante 4:6

Chionobas.
Norna 20:30
Taygete 15:20
Oeno........... 60

Satyrus.
Anthe 25:20
v. Aristaeus... 8
Anthelea 20:30
v. Amalthea... 20
Iolaus 12:15
Arethusa 3
Actaea 6:8

Pararga.
Roxelana 20
v. Adrasta 6
Hiera 5
v. Tigelius 12
v. Meone....... 6

Epinephele.
Ida 3
Pasiphaë 4

Coenonympha.
Oedipus 8:12
Leander 8
Philea 4

Triphysa.
Phryne 10

Syrichthus.
Proto 6
v. Moeschleri . 5:10
v. Fritillum.... 2
Centaureae ... 15

Cyclopides.
Steropes....... 5

Heterocera.

A. Sphinges.

Deilephila.
Hippophaës ... 12

Macroglossa.
Croatica med. 30

Trochilium.
Laphriiforme . 50

Sesia.
Stomoxyform. 35
Masariformis.. 30
Annellata...... 10
Braconiformis. 10
Stelidiformis .. 40
Doryliformis .. 45

Aglaope.
Infausta 4

Ino.
Globulariae ... 3
Chloros......... 6
Budensis 4

Zygaena.
Exulans 3
Lavandulae ... 6
Rhadamanthus 6
Laeta 8
Baetica........ 12:20
Occitanica..... 5

B. Bombyces.

Setina.
Aurita 5
v. Ramosa 4

Emydia.
Cribrum 6

Nemeophila.
Metelkana..... 120

Arctia.
Flavia 120
Pudica 8
Spectabilis 10
Quenselii 120
Maculosa 6
Casta.......... 20

Ocnogyna.
Corsica 15:10
Parasita 15:10

Spilosoma.
Sordida 10

Epialus.
Velleda......... 4:6

Phragmataecia.
Castaneae 15:12

Hypopta.
Thrips 40:60
Caestrum 100

Stygia.
Australis 20

Endagria.
Pantherina 6:8

Psyche.
Malvinella 15

Fumea.
Undulella 30

Epichnopteryx.
Pectinella...... 5

Orgyia.
Aurolimbata.. 10
Dubia 12

Ocneria.
Rubea 8

Laelia.
Coenosa 4

Dasychira.
Abietis 60

Cnethocampa.
Solitaria....... 20

Bombyx.
Loti 15
Eversmanni ... 50

Lasiocampa.
Taraxaci 20
ab. Lunigera .. 18
Lineosa........ 12
Otus........... 50

Saturnia.
Caecigena...... 25
Isabellae 480:420

Harpyia.
Verbasci 30

Pygaera.
Bucephaloides 6

Asphalia.
Ruficollis 8

C. Noctuae.

Simyra.
Nervosa 12
v. Argentacea 40

Eogena.
Contaminei ... 40

Clidia.
Geographica .. 4

Bryophila.
Receptricula... 3

Agrotis.
Polygona 3
Interjecta 15
Chardinyi...... 60
Senna 20

Hyperborea	60
Laetabilis	90
Umbrosa	20
Florida	60
Conflua	10
Glareosa	12
Margaritacea	15
Elegans	24
Leucogaster	32:40
Sagittifera	15
Lucernea	25
Simplonia	25
Cos	30
Cursoria	6
Recussa	25
Eruta	12
Christophi	40
Trux	6
Nigricans	4
Brithys.	
Pancratii	6
Mamestra.	
Leineri	35
Albicolon	5
Aliena	15
Dianthoecia.	
Proxima	16
Caesia	6
Filigramma	6
Oncocnemis.	
Confusa	50
Episema.	
Trimacula	5
Ulochlaena.	
Hirta	12
Aporophyla.	
Nigra	8
Australis	6
Epunda.	
Lichenea	8
Polia.	
Rufocincta	15
Caerulescens	40
Nigrocincta	3
Argillaceago	50
Suda	20
Thecophora.	
Fovea	15
Dryobota.	
Roboris	5
Saportae	24
Valeria.	
Orbiculosa	600
Luperina.	
Haworthii	5
Rubella	35
Hadena.	
Amica	60
Solieri	15
Pernix	45
Maillardi	30
Exulis	45
Rubrirena	45
Literosa	10
Onychina	30
Microglossa	20
Eriopus.	
Latreillii	12
Polyphaenis.	
Sericata	5
Trigonophora.	
Flammea (Empyrea)	15
Jodea	45
Mycteroplus.	
Puniceago	30
Tapinostola.	
Hellmanni	20
Extrema	40:50
Elymi	10
Sesamia.	
Nonagrioides	15
Calamia.	
Lutosa	10
Phragmitidis	50
Meliana.	
Flammea (Dubiosa)	24
Leucania.	
Scirpi	30
Vitellina	8
Littoralis	25
Caradrina.	
Morpheus	5
Kadenii	20
Cubicularis	2
Terrea	15
Respersa	5
Gluteosa	30
Palustris	8:12
Perigrapha.	
J. cinctum	15
Mesogona.	
Oxalina	6
Acetosellae	3
Cosmia.	
Abluta	15
v. Glaucula	35
Imbuta	60
Orthosia.	
Humilis	20
Xanthia.	
Sulphurago	3
ab. Palleago	5
Orrhodia.	
Serotina	16
Daubei (Buxi)	40
Xylina.	
Ingrica	20
Scotochrosta.	
Pulla	8
Epimecia.	
Ustulata	35
Cleophana.	
Antirrhini	6
Anarrhini	30
Cucullia.	
Prenanthis	12
Lychnitis	8
Scrophulariphaga	45
Blattariae	10
Balsamitae	30
Santonici	18
Xeranthemi	35
Argentina	24
Eurhipia.	
Adulatrix	4
Plusia.	
Deaurata	30
Beckeri	75
Modesta	8
Orichalcea	8
V. argenteum	55
Accentifera	15
Gutta	12
Chalcites	8
Daubei	25
Hochenwarthi	5
Devergens	8
Anarta.	
Cordigera	10
Melaleuca	30:40
Melanopa	10
Algida	60
Schoenherri	75
Quieta	60
Heliodes.	
Rupicola	20
Omia.	
Cymbalariae	10
Heliothis.	
Cognata	4
Cardui	4
Purpurascens	60
Maritima	40
Incarnata	20
Chariclea.	
Purpurites	5
Xanthodes.	
Graëlsii	25
Euterpia.	
Laudeti	35
Acontia.	
Titania	30
Moldavicola	50:60
Thalpochares.	
Arcuinna	5:10
Amoena	4
Parallela	15
Purpurina	8
Rosina	12
Paula	2
Mesotrosta.	
Signalis	10:16
Haemerosia.	
Renalis	30
Metoponia.	
Flava	10
Metoptria.	
Monogramma	8
Euclidia.	
Munita	40:45
Triquetra	3
Pericyma.	
Albidentaria	25
Leucanitis.	
Cailino	60:80
Grammodes.	
Bifasciata	10
Pseudophia.	
Tirrhaea	10
Catocala.	
Dilecta	25
Pacta	45
Electa	15
Puerpera	12
Neonympha	25
Hymenaea	12
Eutychea	60
Diversa	40
Separata	50
Nymphagoga	8
Spintherops.	
Cataphanes	20
Toxocampa.	
Lusoria	5
Limosa	10

Lebende Raupen.

Gefällige Bestellungen auf die nachfolgenden, in der Leipziger Gegend vorkommenden Raupen wolle man rechtzeitig, womöglich schon einen bis zwei Monate vor Eintritt der bezeichneten Jahreszeit, einsenden. Für gesunde und gut behandelte Exemplare, sowie für zweckmässige Verpackung, unter Beifügung frischen Futters, wird in jedem Falle gesorgt.

Ernst Heyne in Leipzig.

Puppen werden mit einem unbedeutenden Aufschlag abgegeben.

Die Buchstaben F. S. H. bedeuten: Frühling, Sommer und Herbst.

Pap. Podalirius	S.	1
- Machaon	-	1/2
Pier. Crataegi	F.	1/2
Rhod. Rhamni	-	1/2
Thecla Betulae	-	1
- Pruni	-	2
- Quercus	-	1
Apat. Iris	-	4
- Ilia	-	4
Limen. Populi	-	5
- Sibylla	-	3
Van. Levana	H.	1/2
- v. Prorsa	F.	1
- C. album	S.	1
- Polychloros	F.	1/2
- Jo	-	1/2
- Antiopa	-	1
- Atalanta	S.	1/2
- Cardui	-	1/2
Melit. Maturna	F.	1
- Artemis	-	1
- Athalia	-	1/2
Syr. Malvarum	S.	1
Acher. Atropos	S.	6
Sph. Convolvuli	-	4
- Ligustri	-	1
- Pinastri	-	1
Deil. Galii	-	1
- Euphorbiae	-	1/2
- Elpenor	-	1
- Porcellus	-	2
- Nerii	-	25
Smer. Tiliae	-	1/2
- Ocellata	-	1
- Populi	-	1
Macr. Stellatarum	-	1
Ino Pruni	F.	1
Zyg. Trifolii	-	1/2
- Filipendulae	-	1/2
Synt. Phegea	-	1/2
Ear. Clorana	S.	2
Hyl. Prasinana	H.	1/2
- Quercana	F.	1
Gnophr. Quadra	-	1/2
Euch. Jacobaeae	S.	1/2
Call. Dominula	F.	1
- Hera	-	2
Pler. Matronula	-	10
desgl. (klein)	H.	2
Arctia Caja	F.	1/2
- Villica	-	2
- Purpurea	-	2
- Aulica	-	1/2
Spil. Fuliginosa	H.	1/2

Spil. Lubricipeda	H.	1/2
- Menthastri	-	1
- Urticae	-	2
Coss. Ligniperda	F.	1
- Terebra	-	15
Limac. Testudo	-	1
Psyche Unicolor	-	1/2
Fumea Pulla	-	1/2
Org. Gonostigma	-	2
- Antiqua	-	1/2
Ocn. Detrita	-	3
- Dispar	-	1/2
Psil. Monacha	-	1/2
Porth. Chrysorrhea.	-	1/2
- Auriflua	-	1/2
Laria V. nigrum	-	3
Das. Pudibunda	H.	1/2
- Fascelina	F.	1
Cneth. Processionea	-	1
Bomb. Crataegi	-	4
- Populi	-	1
- Lanestris	-	1
- Rimicola	-	2
- Trifolii	-	1
- Quercus	-	1
- Rubi	-	2
- desgl.	H.	1/2
Lasioc. Dumeti	F.	5
- Potatoria	-	1/2
- Pruni	-	8
- Pini	-	2
- Quercifolia.	-	1
- Populifolia.	-	25
- Betulifolia	S.	2
- Ilicifolia	-	5
Endr. Versicolora	-	2
Sat. Pavonia	-	1
Agl. Tau	-	2
Plat. Sicula	-	2
- Binaria	-	2
Cil. Spinula	-	1
Harp. Bicuspis	-	30
- Furcula	-	4
- Bifida	-	2
- Erminea	-	6
- Vinula	-	1
Staur. Fagi	-	3
Hyboc. Milhauseri	-	25
Notod. Dictaea	-	2
- Dictaeoides.	-	3
- Ziczac	-	1
- Tritophus	-	8
- Tremula	-	1
- Torva	-	5
- Dromedarius	-	1
- Chaonia	-	1

Notod. Querna	S.	4
- Dodonaea	-	1
- Bicoloria	-	2
- Argentina	-	10
Lophopt. Carmelita.	-	6
- Camelina.	-	1/2
Pterost. Palpina	-	1
Dryn. Velitaris	-	2
Gluph. Crenata	-	8
Pyg. Bucephala	-	1/2
Clost. Anastomosis	-	2
- Curtula	-	1
- Anachoreta	-	1
- Reclusa	-	1
Gonoph. Derasa	H.	3
Thyat. Batis	-	1
Cymat. Or	S.	1/2
Asph. Flavicornis	-	1/2
- Ridens	-	2
Dil. Caeruleocephala	F.	1/2
Demas Coryli	S.	1
Acron. Leporina	-	1
- Aceris	-	1/2
- Megacephala	-	1/2
- Alni	-	25
- Tridens	-	1
- Auricoma	-	1
- Rumicis	-	1
Moma Orion	-	1
Agr. Fimbria	F.	1
- Augur	-	1
- Pronuba	-	1/2
- Comes	-	1
- Triangulum	-	1/2
- C. nigrum	-	1/2
- Xanthographa	-	1
- Brunnea	-	1
- Occulta	S.	2
Mam. Advena	F.	2
- Tincta	-	3
- Pisi	S.	1
- Brassicae	-	1/2
- Persicariae	-	1/2
- Oleracea	-	1
Dianth. Capsincola.	-	1/2
- Cucubali	-	1
Dich. Aprilina	F.	1
Mis. Oxyacanthae	-	1
Lup. Virens	-	3
Hyppa Rectilinea	S.	8
Cloan. Perspicillaris	-	3
Eriop. Pteridis	-	4
Eupl. Lucipara	-	1
Brotol. Meticulosa.	-	1/2
Mania Maura	F.	3

Naenia Typica	F.	1/2
Gort. Flavago	S.	2
Leuc. Lithargyrea	F.	1
- Turca	-	2
Gramm. Trigrammica	-	2
Amph. Tragopoginis	S.	1
- Pyramidea	-	1
Taenioc. Miniosa	-	1
Pan. Piniperda	-	1
Dic. Oo	F.	3
Cal. Pyralina	-	1
Scop. Satellitia	-	1
Scol. Libatrix	S.	1/2
Caloc. Vetusta	-	2
- Exoleta	-	1
Aster. Nubeculosa	-	5
- Sphinx	F.	1
Cuc. Verbasci	S.	1
- Scrophulariae.	-	1
Plus. Triplasia	-	1
- Moneta	F.	1
- Chrysitis	-	1
- Festucae	S.	3
- Gamma	-	1/2
An. Myrtilli	-	1
Holioth. Ononis	-	4
Char. Umbra	-	1
Pseud. Lunaris	-	3
Cateph. Alchymista	-	6
Catoc. Fraxini	F.	2
- Elocata	-	2
- Nupta	-	1
- Sponsa	-	2
- Promissa	-	4
Breph. Parthenias	S.	1
- Notha	-	2
Geom. Papilionaria	F.	1
Zer. Grossulariata	-	1/2
Ell. Fasciaria	-	2
Eug. Angularia	S.	1
- Alniaria	-	2
Sel. Illustraria	-	2
Peric. Syringaria	F.	5
Ang. Prunaria	-	2
Urapt. Sambucaria	-	3
desgl. (klein)	H.	1
Hib. Defoliaria	F.	1/2
Phig. Pilosaria	S.	1
Bist. Hirtarius	-	1
- Stratarius	-	1
Amph. Betularia	-	1
Boarm. Roboraria	-	3
- Lichenaria	F.	1
- Crepuscularia	-	1/2
Bup. Piniarius	S.	1/2

Schmetterlings-Kalender.

Frühling.

Polyxena.
Rhamni.
Phlaeas.
Polychloros.
Io.
Antiopa.
Latonia.
Egeria.

Malvae.
Stellatarum.
Pudibunda.
Palpina.
Flavicornis.
Caeruleocephala.

Miniosa.
Incerta.
Oo.
Rubiginea.
Libatrix.
Ornithopus.
Argentea.
Chrysitis.

Gamma.
Dipsacea.
Sulphuralis.
Glyphica.
Puella.

Murinata.
Sexalata.

Februar.

Parthenias.

März.

Versicolora. Ridens. Parthenias. Hirtarius.

April.

Napi.
Daplidice.
Cardamines.
Rubi. (Thecla.)
C. album.
Tages.

Paniscus.

Clorana.
Prasinana.
Versicolora.
Tau.

Vinula.
Ziczac.
Chaonia.
Carmelita.
Ridens.

Orion.
Piniperda.
Myrtilli.
Parthenias.

Margaritata.
Hirtarius.

Mai.

Podalirius.
Machaon.
Brassicae. (Pieris.)
Daplidice.
Cardamines.
Sinapis.
Hyale.
Rubi. (Thecla.)
Dorilis.
Helle.
Lucina.
Levana.
Artemis.
Cinxia.
Athalia.
Selene.
Euphrosyne.
Dia.
Medusa.
Medea.
Maera.
Megaera.
Pamphilus.
Malvarum.
Paniscus.

Convolvuli.
Ligustri. (Sphinx.)

Pinastri. (Sphinx.)
Galii.
Euphorbiae. (Deil.)
Livornica.
Celerio.
Elpenor.
Porcellus.
Tiliae.
Quercus. (Smer.)
Ocellata.
Populi. (Smer.)
Oenotherae.
Bombyliformis.
Fuciformis.
Apiforme.
Tipuliformis.

Prasinana.
Plantaginis.
Hebe.
Aulica.
Lubricipeda.
Menthastri.
Testudo.
Coenobita.
Pityocampa.
Betulifolia.
Ilicifolia.

Pyri.
Spini. (Sat.)
Pavonia.
Tau.
Falcataria.
Lacertinaria.
Spinula.
Erminea.
Vinula.
Milhauseri.
Dictaea.
Dictaeoides.
Ziczac.
Tritophus.
Tremula.
Torva.
Dromedarius.
Chaonia.
Querna.
Dodonaea.
Bicoloria.
Carmelita.
Camelina.
Bucephala.
Curtula.
Batis.

Megacephala.

Psi.
Rumicis.
Ligustri. (Acron.)
Orion.
Pisi.
Brassicae. (Mam.)
Oleracea.
Lucipara.
Meticulosa.
Flavago.
Piniperda.
Verbasci. (Cuc.)
Scrophulariae.
Triplasia.
Myrtilli.
Delphinii.
Luctuosa.
Lunaris.

Papilionaria.
Viridata.
Pendularia.
Punctaria.
Vibicaria.
Fasciaria.
Illustraria.
Betularia.
Hastata.

Juni.

W. album.
Quercus. (Thecla.)
Eurydice.
Alciphron.
Aegon.
Battus.
Argiolus.
Cyllarus.
Arion.
Populi. (Limen.)
Camilla.
Sibylla.
Maturna.
Artemis.
Cinxia.
Didyma.
Athalia.
Selene.

Euphrosyne.
Daphne.
Adippe.
Medusa.
Medea.
Megaera.
Dejanira.
Hero.
Iphis.
Arcania.

Atropos.
Convolvuli.
Ligustri. (Sphinx.)
Pinastri. (Sphinx.)
Galii.
Euphorbiae. (Deil.)
Livornica.

Celerio.
Elpenor.
Porcellus.
Tiliae.
Quercus. (Smer.)
Ocellata.
Populi. (Smer.)
Bombyliformis.
Fuciformis.
Apiforme.
Tabaniforme.
Tipuliformis.
Pruni. (Ino.)
Statices.
Minos.
Scabiosae.
Cynarae.
Meliloti.

Trifolii. (Zyg.)
Filipendulae.
Phegea.

Clorana.
Quercana.
Aureola.
Rubricollis.
Russula.
Plantaginis.
Dominula.
Matronula.
Caja.
Villica.
Purpurea.
Hebe.
Aulica.
Lubricipeda.

Menthastri.
Humuli.
Hectus.
Ligniperda.
Terebra.
Testudo.
Morio.
Monacha.
Chrysorrhoea.
V. nigrum.
Rubi. (Bomb.)
Quercifolia.
Populifolia.
Betulifolia.
Spinula.

Bicuspis.
Bifida.
Erminea.
Fagi.
Milhauseri.
Tritophus.
Tremula.
Querna.
Bicoloria.
Argentina. (Notod.)
Crenata.
Bucephala.
Derasa.
Batis.
Or.

Megacephala.
Ligustri. (Acron.)
Fimbria.
Pronuba.
Nebulosa.
Pisi.
Brassicae. (Mam.)
Oleracea.
Tincta.
Polyodon.
Lucipara.
L. album.
Alsines.
Verbasci. (Cuc.)
Scrophulariae.

Triplasia.
Delphinii.
Luctuosa.

Aureolaria.
Punctaria.
Marginata.
Prunaria.
Sambucaria.
Roboraria.
Plagiata.
Hastata.
Rectangularia.

Juli.

Machaon.
Apollo.
Napi.
Sinapis.
Rhamni.
Betulae. (Thecla.)
Spini. (Thecla.)
W. album.
Ilicis.
Pruni. (Thecla.)
Quercus. (Thecla.)
Virgaureae.
Eurydice.
Alciphron.
Helle.
Tiresias.
v. Polysperchon.
Aegon.
Adonis.
Damon.
Argiolus.
Cyllarus.
Arion.
Iris.
Ilia.
Populi. (Limen.)
Camilla.
Sibylla.
v. Prorsa.
Didyma.
Athalia.
Selene.
Euphrosyne.
Daphne.

Aglaja.
Niobe.
Adippe.
Paphia.
Galatea.
Medea.
Ligea.
Proserpina.
Hermione.
Alcyone.
Briseis.
Semele.
Phaedra.
Maera.
Egeria.
Dejanira.
Tithonius.
Hyperanthus.
Hero.
Arcania.
Pamphilus.
Malvarum.
Tages.
Thaumas.
Comma. (Hesp.)

Atropos.
Nerii.
Apiforme.
Tabaniforme.
Tipuliformis.
Ichneumoniformis.
Infausta.
Globulariae.

Pruni. (Ino.)
Statices.
Minos.
Scabiosae.
Cynarae.
Meliloti.
Filipendulae.
Carniolica.
Phegea.
Ancilla.

Irrorella.
Aureola.
Quadra.
Rubricollis.
Grammica.
Jacobaeae.
Russula.
Dominula.
Hera.
Matronula.
Caja.
Ligniperda.
Terebra.
Aesculi.
Testudo.
Unicolor.
Monacha.
Salicis.
Chrysorrhoea.
Neustria.
Trifolii. (Bomb.)
Quercus. (Bomb.)
Potatoria.

Pruni. (Lasioc.)
Pini.
Quercifolia.
Falcataria.
Lacertinaria.
Spinula.
Dictaea.
Dictaeoides.
Ziczac.
Bicoloria.
Camelina.
Crenata.
Anastomosis.
Curtula.
Batis.
Or.

Megacephala.
Rumicis.
Ligustri. (Acron.)
Orion.
Fimbria.
Pronuba.
Tritici.
Graminis.
Nebulosa.
Virens.
Polyodon.
Lucipara.
Meticulosa.
Maura.
Typica.
Albipuncta.
Alsines.

Tragopoginis.
Pyramidea.
Oo.
Trapezina.
Citrago.
Tanaceti.
Chrysitis.
Festucae.

Myrtilli.
Dipsacea.
Luctuosa.
Sponsa.
Paranympha.

Aureolaria.
Vibicaria.

Grossulariata.
Marginata.
Fasciaria.
Margaritata.
Alniaria.
Elinguaria.
Sambucaria.
Roboraria.

Lichenaria.
Wawaria.
Purpuraria.
Plagiata.
Prunata.
Rectangularia.

August.

Machaon.
Apollo.
Daplidice.
Rhamni.
Betulae.
Virgaureae.
Eurydice.
Alciphron.
Helle.
Tiresias.
v. Polysperchon.
Arion.
v. Prorsa.
Athalia.
Selene.
Euphrosyne.
Dia.
Aglaja.
Niobe.
Paphia.
Galatea.
Proserpina.
Hermione.

Alcyone.
Briseis.
Semele.
Phaedra.
Maera.
Egeria.
Tithonius.
Hyperanthus.
Pamphilus.
Malvarum.
Tages.
Thaumas.
Comma. (Hesp.)

Infausta.
Minos.
Filipendulae.
Ephialtes.
v. Peucedani.
Fausta.
Grammica.
Aesculi.
Monacha.

Trifolii. (Bomb.)
Quercus. (Bomb.)
Potatoria.
Pruni. (Lasioc.)
Bifida.
Dictaea.
Dictaeoides.
Ziczac.
Tritophus.
Torva.
Dromedarius.
Argentina. (Notod.)
Camelina.

Aprilina.
Virens.
Meticulosa.
Maura.
Typica.
Flavago.
Algae.
Albipuncta.
Tragopoginis.

Pyramidea.
Oo.
Citrago.
Ornithopus.
Exoleta.
Tanaceti.
Festucae.
Luctuosa.
Glyphica.
Fraxini.
Paranympha.

Punctaria.
Grossulariata.
Marginata.
Alniaria.
Illustraria.
Carbonaria.
Purpuraria.
Chaerophyllata.
Plagiata.
Prunata.

Sommer.

Crataegi. (Pieris.)
Brassicae. (Pieris.)
Rapae.
Hyale.
Edusa.
Dorilis.
Phlaeas.
Argus.
Icarus.
Corydon.

C. album.
Polychloros.
Urticae. (Van.)
Io.
Antiopa.
Atalanta.
Cardui. (Van.)
Amathusia.
Latonia.
Megaera.

Janira.
Malvae.

Stellatarum.
Formiciformis.

Mundana.
Gonostigma.
Antiqua.
Dispar.

Palpina.

Psi.
Flavicincta.
Argentea.
Gamma.
Sulphuralis.

Pendularia.
Murinata.

September.

Hyperanthus.

Populi (Bombyx).
Rimicola.
Anastomosis.

Curtula.

Aprilina.
Flavago.
L. album.
Rufina.

Citrago.
Rubiginea.
Satellitia.
Ornithopus.
Exoleta.
Sphinx.

Festucae.
Glyphica.

Marginata.
Prunata.

October.

Brassicae. (Pieris.)
Rapae.

Hyale.

Populi (Bombyx).

Rimicola.
Curtula.

Rufina.
Sphinx.
Brumata.

Herbst.

Dorilis.
Phlaeas.
Argus.
Io.
Antiopa.
Latonia.
Janira.

Atropos.
Convolvuli.
Euphorbiae. (Deil.)
Nerii.
Stellatarum.

Antiqua.

Processionea.
Lanestris.

Caeruleocephala.
Exclamationis.
Libatrix.
Triplasia.

Gamma.

Papilionaria.
Viridata.
Defoliaria.

November und December.

Brumata.

Tabelle

über die für den Entomologen nothwendigen

Geräthschaften,

welche von Ernst Heyne in Leipzig, Poststraße, Nr. 12, jederzeit zu den beigefügten billigen (Herstellungs-) Preisen zu beziehen sind.

---

a) Einfache Einrichtung für den Anfang.

1) Drei Stück Holzschachteln mit Gaze-Bezug und Stöpseln zum Einsammeln von Raupen, in verschiedenen Größen (s. Seite 15). à 1, $2^1/_2$ und 5 Ngr.

2) Ein Glascylinder, $1^1/_2$ Fuß hoch, 10 Zoll weit, mit hölzernem Teller und Gaze-Deckel, zur Raupenzucht (s. Seite 18.) 20 Ngr.

3) Ein Klappnetz (Scheere) von Draht und Drahtgaze (s. Seite 23.) 25 Ngr.

4) Ein Sacknetz (Hamen) von Draht mit Marly-Sack und Stab (s. Seite 23.) 15 Ngr.

5) Drei Stück Holzschachteln mit Auslage von westphälischem Torf, zum Schmetterlingsfang, verschiedene Größen (s. Seite 24.) à 5, $7^1/_2$ und 10 Ngr.

6) 300 Stück Insecten-Nadeln, je 100 Stück in verschiedener Stärke (s. S. 24.) $7^1/_2$ Ngr.

7) Drei Spannbreter, mit Torf unterlegt, in verschiedener Größe und Rinnenbreite (s. Seite 27.) 20 Ngr.

8) Ein großer Glaskasten mit Falz, Torfauslage und mit weißen Papier ausgeklebt (s. Seite 28.) 1 Thlr. 10 Ngr.

9) Torfsteine (à 3 Platten) als Vorrath. à St. 1 Ngr.

---

b) Einrichtung in größerem Maaßstabe.

1) Drei Stück Blechschachteln mit Drahtgaze-Bezug und Stöpseln zum Einsammeln von Raupen (s. Seite 15.) à 6, $12^1/_2$ und 25 Ngr.

2) Ein Klopfer von Eisen mit Gummi-Bezug nebst Handriemen, zum Erschüttern der Räume behufs Erlangung von Schmetterlingen und Raupen (s. Seite 15.) 5 Pfund $2^1/_2$ Thlr., 8 Pfund 4 Thlr., 12 Pfund 6 Thlr.

3) Ein Schöpfer, zum Fange von Raupen (s. Seite 16.) 1 Thlr. 10 Ngr.

4) Ein Gaze-Kasten, drei Fuß lang, zehn Zoll breit, ein Fuß hoch, zur Raupenzucht (s. Seite 18.) 1 Thlr.

5) Eine Scheere und ein Hamen (wie unter a, Nr. 3 und 4.) 25 und 15 Ngr.

6) Ein Decknetz von Draht und Marly mit Stab (s. Seite 24.) 12½ Ngr.

7) Drei Stück Blechschachteln mit Auslage von westphälischem Torf, zum Schmetterlingsfang, verschiedene Größen (s. Seite 24.) à 6, 12½ und 15 Ngr.

8) 600 Stück Insecten-Nadeln, je 100 Stück in verschiedener Stärke (s. S. 24.) 15 Ngr.

9) Sechs Spannbreter, mit Torf unterlegt, in verschiedener Größe und Rinnenbreite (s. Seite 27.) 1 Thlr. 10 Ngr.

10) Ein Schrank, mit Fußgestell vier Fuß hoch, zwei und einen halben Fuß breit, mit zwei Thüren nebst Gewinde und Schloß, enthaltend 36 Schubkästen in drei Reihen, wovon 24 mit Glasdeckel, und 12 mit Glasdeckel und Glasboden (s. Seite 29.) 40 Thlr.

11) Ein Schrank, drei und einen halben Fuß hoch, ebenfalls mit zwei Thüren, Gewinde und Schloß, enthaltend 30 große Schubkästen in zwei Reihen, mit Glasdeckeln (s. Seite 29.) 36 Thlr.

12) Torfsteine (à 3 Platten) als Vorrath. à St. 1 Ngr.

Wo abweichende Wünsche in Bezug auf Einzelnheiten bei der einen oder andern Einrichtung vorliegen sollten, so wolle man solche gefälligst nur genau bezeichnen, worauf bestens Rücksicht genommen wird.

Erste Anlage

einer

Schmetterlings-Sammlung.

Durch Ernst Heyne in Leipzig, Poststraße Nr. 12, zu beziehen:

Ein Sortiment Schmetterlinge

	25 Stück	für 1 Thlr.,	$1\frac{1}{2}$ Thlr.,	$2\frac{1}{4}$ Thlr.,	$3\frac{1}{3}$ Thlr.,	oder	5 Thlr.
oder	50 „	„ 2 „	3 „	$4\frac{1}{2}$ „	$6\frac{2}{3}$ „	„	10 „
„	100 „	„ 4 „	6 „	9 „	$13\frac{1}{3}$ „	„	20 „

Ein eleganter Kasten mit Torfauslage und den Namen der Schmetterlinge auf Etiquetten zu 25, 50 und 100 Stück à 6, 8 und 12 Ngr.

Ein eleganter Kasten, mit Glasdeckel, Torfauslage und den Namen der Schmetterlinge auf Etiquetten zu 25, 50 und 100 Stück, à 12, 16 und 24 Ngr.

Bei Abnahme mehrerer Kästen gleichzeitig ist der Inhalt jedes einzelnen Kastens ein verschiedener; zudem werden in Betreff der Auswahl etwaige besondere Wünsche nach Möglichkeit berücksichtigt, sowie wegen des Bezuges einer reichhaltigeren Sammlung über Preis und Zusammenstellung genügende Auskunft bereitwilligst ertheilt.

Der Versender erhält durch thätige Sammler und Züchter immerfort frische Vorräthe und fällt die Besorgniß fort, veraltete Exemplare zu erhalten.

Register

über

die in diesem Buche beschriebenen Schmetterlinge.

Tafeln

Taf. I.

Taf. II.

1.
2.
3.
4.
5.
6.
7.

Taf. IV.

Taf. VI.

1.
2.
3.
4.
5.
6.
8.
7.
9.
10.

Taf. VIII.

Taf. IX.

Taf. X.

Taf. XI.

Taf. XII.